李红梅 黄燕尤 葛桂录 著

比较文学视野里的中外名篇

齐鲁书社

序

　　许多工作在中学教育岗位的老师都在思考:在当今全球化时代,应该把我们的学生培养成什么样的人才？他们应该具备什么样的品质？他们与过去计划经济时代的学生有什么不同？老师们也会不约而同地想到:在当今时代,学生们在德智体美全面发展的基础上,特别需要具备一种适合时代需要的品质,那就是开放的心态、全球的意识和宏观的眼光。的确,这是时代对年轻一代提出的要求,是新一代社会主义建设者必须具备的品质。如果谈到今天我们培养的对象与过去的学生有什么不同的话,这恐怕是其中极其重要的不可缺少的一个方面。同样,这也是新时代对我们教育工作提出的要求:应该把培养学生的这种品质当做工作的重点。问题是,我们怎样来培养学生的这种品质？这要引起我们的重视。我们的教育的各个方面,各个环节,各门课程都负有这样的责任。值得注意的是,当今学术界兴起的一门学科——比较文学,在这方面有着特殊的优势,如果把它运用在我们的语文教学中,必将使我们的语文教学打开一个新天地,更好地发挥语文教学在培养新一代学生方面的作用。

　　比较文学是文学研究的一个分支。它的特点,它与文学研究

的其他分支的不同之处,就在于它有国际的视野、开放的心态和宏观的眼光。在我国的学术界,它曾长期被误解、被埋没,因此也没能在语文教学中得以运用。改革开放以来,由于它特别适合时代的需要而突然崛起,成为当今的一门显学。语文教学本来就不是单纯的知识传授和能力培养,它对培养学生的思想品质有着潜移默化的作用,许多学生在形成自己思想和品格的过程中,都有着语文课教学的影响。因此,我们在考虑如何培养适应新时期需要的学生的时候,应该有意识地把比较文学,把这种特别适合当今时代的观念和方法引进语文教学中来。我们相信,比较文学与语文教学相结合能够给语文教学带来新气象,使语文教学更具有时代气息。进一步讲,它将推动语文教学的改革,成为语文教学改革的途径之一。

20世纪80年代以来,有些语文老师已经注意到比较文学对语文教学有着特殊的意义,而且在自己的工作中尝试引进这种新观念、新方法,结果取得成功,受到学生的欢迎。有些学校也很重视这项工作,取得了可喜的成绩。在这里,我们要特别提到潍坊学院和刘献彪教授。潍坊学院比较文学研究所不仅把这项工作列为重点,而且多年来持之以恒,进行了各种努力,曾经主办过这方面的大型学术讨论会,曾经与有志于此的学校和老师进行探讨和试验。刘献彪教授老当益壮,把这项工作当做自己的事业,勤勤恳恳,带头苦干。他们的精神值得敬佩,他们的成绩也得到了大家的肯定和赞赏。

与此同时,也有许多老师在研究和试验这项工作。北方民族大学的黄燕尤老师、福建师范大学的葛桂录老师、潍坊学院的尹建民、李红梅老师等,都把它作为自己的研究课题。他们深入基层调查研究,与许多高校和中学的老师共同切磋,总结经验。他们不仅从理论上探讨,而且为了更有效地帮助中学语文老师在教学中运

用比较文学,集体撰写了一本非常有实用价值的著作。这就是呈现在诸位面前的《比较文学视野里的中外名篇》。

据我所知,这是多位老师多年来研究和实践的结晶,饱含着他们的经验和心血。正因为如此,本书的特点就在于它既有理论的高度,又能密切结合中学语文教学的实际,具有实用性。它以当前语文课本中的选文为对象,运用比较文学的观念和方法加以诠释和发挥,放眼看去,在世界文学的天地里广泛联系,以期获得新的认识。本书的第九章还对中外文学交流的历史作了简明的介绍,便于中学老师们发挥自己所长,举一反三。这是一本我们久已盼望的好书,相信它在推进比较文学与语文教学相结合的实验中,在语文教学的改革中,能起到积极的作用。

陈 惇

2014 年 5 月 1 日

前　言

如何立足于普及性和实用性的基石,将比较文学理念与中学语文教材建设和中学语文教学改革相融会,这一课题已在中国文学界和中学语文教育界持续发酵了数十几年之久。如今,这一承载着几代学者的殷切期盼,肩负着现代语文教育改革重任的工作,在经过了漫长的筹备和等待之后,终于结出了丰硕的果实。作为国内首部面向中学的比较文学读本,本著作的诞生既是新时期中国文学界科研成果向教育效益转化的一大硕果,也是中国比较文学近三十年来传播应用研究的又一重大成果。

在准备把这本《比较文学视野里的中外名篇》推荐给青少年朋友和中学教育工作者的时候,我们想先和大家谈谈比较文学是怎样一门学科,它具有什么样的研究方法,在现在的文学研究中有着怎样的地位。因为,本著作的阅读就是从这里出发的,而且只有了解了比较文学在现今众多学科中的作用和地位,才能知道我们为什么要从比较文学的角度来认识文学作品,才会知道这种阅读的意义。

比较文学作为一门学科诞生于 19 世纪中后期,至今已经有100 多年的历史,或许比起其他人文学科如语言学、考古学等,它是一门比较年轻的学科,但也正因此,它既充满了探索性的特点,也

独具一种开拓性的意识和不断奋进的精神。比较文学的开拓性和探索性突出地表现在其学科方向的几次自我反省、自我批判式调整发展方面。"比较文学"这一名称,1816年由两位法国中学教师最早提出。为了学生学习和阅读的便利,这两位老师将一些英、法、德等不同国家的文学作品并列地辑录在一本书中,并定名为《比较文学》。由此可见,"比较文学"这一词汇最初仅仅用来表示不同国别、民族文学自然的并列存在状态,并不具备自主、深入的学术研究的意义。19世纪中后期,经过俄、意、德、英、法等多国学者的共同努力,"比较文学"被发展成为一种严肃的学术研究范式,并开始在欧美各国的高等院校中建制开课,一门真正的学科由此诞生了。

比较文学学科的早期发展阶段,在学科属性上带有明显的"文学史"的性质。以法国学者为代表,这一时期的比较文学通常被理解为是"国际文学关系史"研究,而非是"文学的比较"。它主要关注的是不同民族、国别文学之间的事实影响关系,如歌德对法国文学的借鉴接受对他的创作产生了什么样的影响,法国文学中的某一作家的作品是如何流传到德国去的,法国与英国之间的民间文学是如何交流和沟通的等等。因此,这一时期的比较文学较多关注的是文学创作的外部因素,如作家的声誉传播、文学题材的渊源等,同时以严密的历史事实研究为特色的考证法也就成了这时期比较文学学科极为推崇的一种研究方法。

20世纪50年代,美国学者对比较文学的早期学科定位和研究方向提出了异议,并作出了新的战略调整:"比较文学是一国文学与另一国或多国文学的比较,是文学与人类其他表现领域的比较。"①美国学者呼吁,比较文学的落脚点是文学作品本身,而非是

---

① 〔美〕亨利·雷马克著:《比较文学的定义与功能》,载张隆溪选编《比较文学译文集》,北京大学出版社1982年版,第1页。

思想、宗教、政治等外部因素,即比较文学应切实面对的是文学作品本身的审美性和文学性问题,而非声誉、传播等历史渊源问题。如许多民族共有的上古神话"大洪水"的故事,虽未有直接的事实影响关系,但并不影响它们之间在文学形象和文学主题上存在着某种平行比较的可能性与必要性。另外,为了进一步彰显"文学性"的独特性,美国学者还建议,文学可以在与人类的其他艺术领域如美术、音乐,其他科学领域如物理学、心理学等的比较关系的建构中更好地突出自身。美国学者的这次战略调整促成了比较文学研究方向上的两个重要的转向,即从历史关系研究回归文学审美研究,从跨民族研究转向跨学科研究。此后,以美国学者为代表的文学"审美平行研究"和以法国学者为代表的文学"事实影响研究"并举,共同成为比较文学研究方法的两大支柱。同时,跨学科研究也成为比较文学的重要研究方法。

20 世纪 80 年代以来,为适应全球化发展趋势,比较文学又出现了一次新的方向调整,即"摒弃欧洲中心主义,而提倡多元文化主义","扩大文学研究的语境,将文学研究扩展到文本赖以产生的文化语境"。① 这次调整,不仅在一定程度上纠正了美国学者过于重视文学的内部研究而忽视文学的外部研究的弊端,同时进一步扩大了比较文学研究的范围,把比较文学从传统的文学领域拓展到文化领域,而且它也进一步淡化了传统比较文学唯西方是从的"殖民文化"心态,吸引和争取到了越来越多的东方国家和第三世界国家学者加入到比较文学研究的队伍中,促成了比较文学学科又一次新的振兴和繁荣。其中,中国比较文学的建设在近三十年的发展尤为迅猛。在此过程中,中国学者不仅积极地把以中国为

① 查明建著:《当代美国比较文学的反思》,《中国比较文学》2008 年第 3 期,第 15 页。

代表的东方文化、文学大量地推介到世界文学研究的平台上,而且中国学者也尝试着以一种新的视野、思维建构一种全新的完整的比较文学理论体系,促使西方学界重新调整东西方文化的主体地位。这些努力使今天的中国比较文学在国际舞台上发展迅猛、生气勃勃、引人注目。诚如西方著名比较文学学家雷马克所说:"我深信,就目前比较文学的发展来看,世界上还没有任何国家能像印度和中国那样富有活力和富有建设性。"①

中国比较文学的活力,在国内学界还突出地表现在其建制速度和发展规模的迅捷性上。"自20世纪80年代开始,全国已有数十所高校成立了比较文学研究所(室)或教学研究中心,先后开设了这门课程。到了90年代,教育部将比较文学列为高校中文教学的'主干课程'。这块过去少人问津的学术领地,如今已成为每年有成千上万新生涉足的文学研究新天地。北京、上海、江苏、四川、山东乃至边远的黑龙江等许多省、市的高校,每年都招收比较文学的硕士、博士研究生和博士后研究员,我国在短短的十来年间,就建立与完善了培养比较文学专门人才的教学体制。"②

客观说来,作为当今文学研究界的一门"显学",比较文学学科对传统的文学研究领域如文学史、文学批评、文学理论等的促进和升华意义是十分明显的。"通常的国别文学史、文学理论和文学批评,它们所研究的文学对象,大多局限在一个民族、国家或文化体系之内,因此,所获得的认识常受到国家、民族或同一文化体系的局限。"③而比较文学所特有的超越于国界、族界、文化体系与科学

---

① Chandra Mohan: *Aspects of Comparative Literature: Current Approaches*. India Publishers & Distributors, 1989, Ⅶ.

② 孙景尧著:《简明比较文学——"自我"和"他者"的认知》,中国青年出版社 2003 年版,第 3 页。

③ 孙景尧著:《简明比较文学——"自我"和"他者"的认知》,中国青年出版社 2003 年版,第 3 页。

界的世界文学视野,使其在文学研究中所处的地位就仿佛是今日国际社会中的联合国,其所特有的牵线搭桥、穿针引线的作用在全球化时代对促进各国别、民族文学的自省、自觉,相互对照,及共同建构和谐的世界文学关系,意义重大而且必不可少。

尤其应该值得关注的是,比较文学的"比较",并不仅仅是指学科方法,它更重要的意义是表示一种新的辩证观念、一种自觉的辩证思维方式,它强调世界多种文学的差异性存在与互生,强调世界多元文化的对话与融合。也就是说,比较文学的真正品质并不在于平面性的不同或好坏对比,而在于它对世界各国、各民族文学的内在思想、深层美学涵义的体系性会通。

世界各国文学之间的历史实证关系、逻辑审美关系及科际整合关系是比较文学的主要研究对象。具体而言,历史实证关系主要是指不同民族、国别文学之间的事实性的亲缘或因果影响关系,如我国古典小说《西游记》中的孙悟空能七十二变,就吸收了印度史诗《罗摩衍那》中的神猴哈奴曼会三十六变的成分,孙悟空大闹天宫又发展了印度佛经《贤愚经》中顶生王闹天帝宫殿的故事。又如我国古代文学中并没有话剧,直到 20 世纪初新文化运动中,在西方戏剧的影响下,我国现代文学中才产生了话剧这种文学类型。逻辑审美关系则指各民族、国别文学间虽不存在历史实证关系,但又在一定意义上具有某些契合性或类似的规律性等的关系,如唐朝诗人白居易在《琵琶行》中写过无声的美:"水泉冷涩弦凝绝,凝绝不通声暂歇。别有幽情暗恨生,此时无声胜有声。"英国诗人济慈在他的《希腊古瓮颂》中也同样有相似的美学感受和表达:"听得见的声音固然美,听不见的声音则加倍幽美。"另外把自己拟物化,希望变身为某种物件,与爱人身体亲密接触的手法,在中外文学中都不乏其例。《乐府吴调》中有一曲写道:"变一只绣鞋儿,在你金莲上套;变一领汗衫儿,与你贴肉相交;变一个竹夫人,在你怀儿里

抱;变一个主腰儿,拘束着你;变一管玉箫儿,在你指上调;再变上一块香茶,也不离你樱桃小。"欧洲的诗歌也有这类描写,"愿变为心上人的口边之笛","愿变为意中人腰间之带","愿变为心上人身边的跳蚤与虱子"。科际整合关系则是指文学与其他学科、人类其他知识领域、意识形态之间的关系,如文学与宗教、心理学、科学技术的关系等。

与特定的研究对象相适应,比较文学的研究方法通常也分为三大类:影响研究、平行研究和跨学科研究,而这三大方法结合具体的研究领域又可以做更为细致的分类。如影响研究中包括有"渊源学"、"流传学"、"媒介学"、"译介学"、"形象学"等多种方法。其中渊源学是寻找文学的起点,流传学是研究作家、作品的终点接受,而媒介学关注的则是影响过程中的中介。平行研究中包括"文类学"、"主题学"、"比较诗学"等研究领域。其中文类学是对各种文学体裁如小说、诗歌等文体类型在不同语言、民族文学中的发展过程及其规律、特点的研究。主题学探索的则是文学作品的主题(具体包括母题、题材、意象、情境和套语等)在不同国家、不同时代、不同作品中的不同处理及其变化过程和规律。

我们这部阅读读物中运用最多的是平行研究中的主题学:第一章中的《童年画册》收集了不同国家的作家回忆童年的文字,是相同题材的不同表现,其中的"乡情"和"爱心"是共同的母题;第二章中的《狼的故事》是介绍相同母题——人与狼的关系——在不同民族文学中的不同境遇,狼是同样的,但其所受到的褒贬大相径庭;《人性异化的悲哀与挣扎》是"人变虫"母题在不同国家、不同时代的表现;第三章中的《爱情与诗》探讨了世界文学中大量爱情题材诗歌的共同主题——真诚和自由;《挂在天上的诗》分析的是世界诗歌中月亮意象的多种涵义;《献给保姆的赞歌》《秋韵中的人生》等都是以相同的诗歌意象,从不同国家的作家的不同经历来探

讨其中所表现的意义的异同;第六章中的《五个吝啬鬼》评价了世界文学画廊中相同意义的五个人物;第八章中的《生生死死的恋爱》介绍了世界戏剧文学中生死恋爱主题的故事……

同时,本书中的不少篇目还运用了影响研究的方法,这主要集中在第七章《媒介与流传》中。《徐志摩在康桥》从"媒介学"出发介绍现代抒情诗人徐志摩在中西文化之间的学习、生活和文学创作,以及由此为中国现代文学所带来的西学养分;《〈药〉与外来影响》则介绍鲁迅写作《药》所受到的俄国作家的影响;《曹禺和他的〈雷雨〉》《阅读〈杜十娘〉和〈舞姬〉》等都是谈文学接受中的作品的影响,前者是外来作品对中国现代话剧从形式到内容的影响,后者是中国古代文学作品对日本文学的影响。

本书的第一篇《漂荡在心海里的小纸船》的阅读方法则既有平行研究也有影响研究:以相同的意象——纸船寄托不同国家作家的相似的情感,是平行研究的领域;冰心对泰戈尔的自觉学习和模仿,则是影响接受研究。

另外,本书还有一些篇目采用了跨学科研究的方法。如第二章的内容是从文化研究出发分析世界文学作品的文化内涵;第五章介绍的则是文学和科学、文学和艺术的关系,以及科学、艺术和文学的交会。

总之,我们写作的宗旨是:趣味性和学术性相结合。希望能通过对目前中学语文课本中文学作品的比较文学方法的阅读,拓展教师教授文学作品的宏观视野,并引起学生对世界文学的兴趣。同时,希望通过这种阅读,能逐渐培养起学生发散式的思维方式、认识世界的开阔视野和为人立世的豁达胸襟。

(李红梅)

导　读

　　素质教育是教育改革最基本的原则和最重要的内容。在中学语文课的文学教学中，素质教育要求通过中外文学作品的学习，培养学生健康的审美情趣，增长知识，开阔视野，逐步培养起发散的思维习惯，激发创造性。因此，初中和高中的语文课程都配有篇目数量可观的以文学作品阅读为主要内容的课外教材，就初中而言，《语文课程标准》规定"九年课外阅读总量应在400万字以上"，高中的课外阅读量更应该有增无减。显然，教育部门在语文学科的素质教育上，对课外阅读寄予了不小的期望。传统的语文课外阅读选用的是中外名篇或名著的片段，可以通过阅读陶冶情感、增长知识。但是，在21世纪的今天，学科之间的相互渗透几乎成了规律，单纯的文学阅读显然与当今文学中蕴涵各种学科知识的现象存在着距离。因而，一些学生甚至教师对课外阅读兴趣不高，也不甚重视。那么，在信息时代的今天，传统的文学经典将如何重现它们的价值？我们又应如何使课外阅读这个窗口真正起到激发学生创造性的教学目的呢？以跨越性研究为学科特征的比较文学，将会给我们带来新的视野和新的尝试。

一、开阔视野，激发认知好奇心

现代教育理论重视认知学习的重要性，认为学习的过程中，认知因素（理解、思考、推理、演绎、归纳、领悟等）起着重要作用。其中，激发学生的认知好奇心是培养兴趣、引起思考、促进理解和领悟的有效教学方法之一。研究发现，具备新奇、变化、夸张、复杂甚至含糊不清这些特点的信息会作为诱因唤起学生的认知好奇心。[①] 引导学生课外阅读《比较文学视野里的中外名篇》，就会产生这样的效果。

例如，《都市与乡村》一文。这篇文章分析的是鲁迅的小说《社戏》，几乎所有版本的中学教材都选了鲁迅的这篇作品，我们都在中学学习过这篇脍炙人口的小说。然而，从比较文学的角度来阅读，会给我们带来很多新意。文章从鲁迅在"五四"时期写《摩罗诗力说》开始谈起，介绍鲁迅向往自由、率真的世界，厌弃虚伪做作的都市文明。他所以写"社戏"，就是通过对清新纯朴的乡村生活的呼唤，把自由自在、充满活力的大自然视为精神的归宿与安慰。这一点，与欧洲浪漫诗人是相通的。这篇小说在收入中学语文课本时，将前面近四分之一的篇幅删去了。《都市与乡村》一文则介绍了这四分之一的内容，因为正是在这里，鲁迅的创作意图显示得最清楚。

《社戏》的开头以"我"成年后在北京的两次看戏经历谈起，第一次，戏园里"人满为患"，好容易等到有了一张座位，却是使人"联想到私刑拷打的刑具"似的狭窄板凳，最终"毛骨悚然"地离开了戏园；第二次的情况更糟，"我"不仅忍受了长时间对名角的等待，而

---

① 张向葵主编：《教育心理学》，中央广播电视大学出版社 2003 年版，第268 页。

且还因为不知道某一位什么时髦人物，而遭到身边胖绅士的轻视。于是"我省悟到这里不适于生存"，便离开了。通过对这两次经历的描绘，作者告诉我们，在充满隔阂的都市里，生存是艰辛的。理解了这一点，我们才会明白，"我"为何会如此深情地回忆少年时代看社戏之类的点点滴滴的往事。

从这里的介绍，可以激发学生进一步了解鲁迅的好奇心，也能更准确地理解《社戏》的主题。接着，文章从童年记忆的角度，进一步介绍写作和童年经历的关系：

> 其实，世界上许多作家成年以后的创作，都和他们童年的记忆不可分割。苏格兰诗人彭斯家境贫困，从小就跟父亲下地干活，在劳动生活中他接触的民歌、民谣滋养了他的艺术天分。狄更斯的父亲因负债被关进监狱，10岁的他成了一家之主，不得不在鞋油作坊当学徒。童年的苦难后来化作狄更斯作品中一个重要的主题——对不幸儿童的怜悯和关心。安徒生的父亲是一个鞋匠……他所生活的丹麦富恩岛人追求精神幸福的乐天观念深深影响了他，尤其是跟着父亲在大自然里游逛，听着父亲肚子里的故事时，更是充满快乐……之后，安徒生一生坎坷，却始终承继了父亲富于幻想的天性。

这样，文章从"社戏"的创作意图引出了文学创作的一个共同规律，以人们熟知的几位世界大师的经历，令人信服地指出了文学创作和童年生活的密切关系。这样的介绍已经深入到文艺理论的领域，法国19世纪文艺理论家泰纳（1828—1893）认为，文学创作和它的发展决定于三种力量，即：种族、环境、时代。我们在以现实主义理论分析文学作品时，也时常讲艺术来源于生活。同时，现代心理学研究特别强调人的童年生活，认为会影响他的一生。"心理

学中的大量事实证明,人在发育到十一岁时,其内在心理会发生某种较大的变化",在此之前,儿童特有一种"整体知觉形象的能力",在此之后,开始形成逻辑思维能力,而童年的记忆保留在潜意识中影响他的人生。① 这些,是学生进入大学和成年以后必然会遇到的人生或学科常识,在中学未必能接触到。那么,以上文章中以耳熟能详的作品、轻松易懂的叙述告诉学生的故事,其实也是给予他们一些相关理论的感性知识,为今后理解和领悟相关知识奠定了认知基础。

再如《徐志摩在康桥》。几乎所有版本的中学教材都收入了徐志摩的《再别康桥》,学生也很喜欢这首诗歌,很多学生能够背诵。有的教师在课堂上还运用多媒体手段,以康桥的画面配上《高山流水》的音乐,把学生的朗读置于诗情画意之中,别具风格。

《徐志摩在康桥》一文,介绍了徐志摩远渡重洋求学的经历,他怎样到美国,为什么又转道英国。介绍徐志摩在何时何地写下《再别康桥》,介绍康桥(现译剑桥)是徐志摩一生求知的圣地,是他梦萦魂绕的地方,是他人生的机遇和转折,也是他相遇知己、结交朋友、萌发爱情的乐园。因此,在徐志摩的感情中,有着浓重的"康桥情结",这也贯穿在他一生的诗文中。徐志摩是中国现代文坛的骄子,而他的哲学思想,他的浪漫诗情,他的爱的追求,他的人生境界,都和康桥、和英国、和欧洲紧密联系着。《徐志摩在康桥》一文介绍了很多徐志摩的生平事迹,材料大多鲜为人知。文章的内容选自2003年出版的《类型研究的再发现——中西文化间的徐志摩》一书,是比较文学研究的最新成果,其中很多材料来自港台地区。我们在征得作者同意后,写出了这篇文章。学生阅读这篇文

① 滕守尧著:《审美心理描述》,中国社会科学出版社1985年版,第357—358页。

章后,会在对诗人的亲切感中,更深入地理解《再别康桥》的思想感情,更全面地认识诗歌的艺术特色。

本书中很多文章都是这样,在学生读来都是新鲜的,不仅能够开阔视野,而且能以盎然的趣味引发学生的好奇心和求知欲。这是一种趣味学习,也使他们对文学作品的理解从思想内容、艺术特色等作品本身的认识上升到对作家以及与作家作品相关问题的关注,进而引起对一些相关学科的注意。这样的阅读,还可以激发起学生的联想,对以后接触的文学作品也会提出一些相关的问题,从而提高认识问题乃至解决问题的能力。

二、改变知识结构

张向葵博士主编的《教育心理学》中有这样一段话:"教师在教学中必须注意利用学习迁移的规律,促进学生知识、技能、情感与态度等的正向迁移,从而有效地提高学生学习的效果与质量。"①学习迁移(transfer of learning),是在某一种学科或情境中获得的技能、知识、理解或态度对在另一学科情境中技能、知识、理解或态度的获得的影响。简单地说,学习迁移就是指一种学习活动对另一种学习活动的影响。学习迁移的产生在学习中起着至关重要的作用,被认为"是教育最后必须寄托的柱石"②。

一些有影响的学习迁移理论认为,学生具有的知识结构对于他对新知识的理解、技能的形成、情感的确立和对待世界的态度都有着决定性的影响。因而,在中学学习阶段,建立怎样的知识结构

---

① 张向葵主编:《教育心理学》,中央广播电视大学出版社 2003 年版,第187 页。

② 张向葵主编:《教育心理学》,中央广播电视大学出版社 2003 年版,第187 页。

也就成为素质教育的重要环节。在初中、高中的语文教材中都收入了相当篇幅的文学作品,和前面提到的阅读教材一样,这些文学课文是文学史上的名篇或名著的片段,这已经成为中学语文教学的一个传统。这样的文学学习可以从知识上和情感上建构学生的认知结构。但是,互不联系的单篇文学学习,会使学生的文学知识结构呈现单一性和割裂性,久之,会影响他们对文学的认识。《比较文学视野里的中外名篇》是在中学语文课文的基础上,以现代自然科学、社会科学和文学艺术的视野,对数篇文学课文进行解读,这样的解读势必会改变学生的知识结构,使之成为联系的、整体的结构。我们期望通过这样的阅读,使得无论文科或理科学生,都能对世界文学产生整体的认识,以在中学形成的多层次的知识结构正确地认识和评价今后遇到的复杂的文学现象,不断产生良好的学习迁移效果。

阅读《响彻基督教寰宇的春雷——走近达尔文和进化论》一文也可以获得类似的效果。本文讲述了达尔文如何经过成百上千次的考证,提出"进化论"的科学生命观以及这一理论对世界的影响。关于达尔文和进化论,学生是熟悉的。而进化论是怎样提出的,进化论的意义和围绕进化论展开的辩论,甚至到20世纪20年代,在反对达尔文主义的宗教运动后,还出现过和这些事件有关的文学作品[1925年,美国田纳西州审理了一起案件——斯科普斯审判案(反对达尔文学说的人称其为"猴子审判案"),就是对进化论的又一次激烈的争论,1960年美国拍摄了反映这个事件的电影《往事随风》],这些事情学生知之甚少。当文章把这些故事讲述出来时,定然会引起学生的阅读兴趣。这篇文章能够使学生比较深入地了解科学的生命观和基督教教义之间的斗争,对更好地理解西方文化有重要作用。这篇文章还生动地讲述了世界各种动物的生存状态,讲述了达尔文与动物的和谐相处,意在引发学生的思考:人与

自然应该是怎样的关系？"生态美学"是 2000 年以来学术界的热门话题，人与自然的关系正是其中的重要问题。这样，学生在趣味盎然的阅读中，已经接触到学术前沿的问题了，并且在潜移默化中改变了"人类中心主义"的传统知识结构，树立起 21 世纪的生命观，为今后走向社会更多更深地学习建立起相应的知识结构，也就使得今后的"学习迁移"有了良好的知识结构基础。

《想象和诗化的建筑艺术——遥想〈阿房宫赋〉描绘的中国古代宫殿》一文是从文学与建筑艺术的关系出发对名著的解读。中国文化艺术有着"诗画同源"的传统，所谓"诗中有画"、"画中有诗"。学生或许对诗歌和艺术的相互渗透有所感受，但是对艺术的门类知识了解不多。这篇文章将古人对阿房宫的想象联系宫殿建筑艺术，在描绘出阿房宫壮丽风貌的同时，给予学生适量的建筑艺术知识，开阔学生的视野，将阅读的范围从文学作品扩大到文学艺术的整体。比较文学是一门跨文化、跨学科的课程，我们希望通过比较文学的阅读，能使学生对文学以外艺术的语言有一个大概的认识，在以后类似作品的阅读中，能从文学艺术相互间的关系去认识作品的内涵，也是对学生现有知识结构的一种改变。

三、培养创造意识

培养学生的创造意识是素质教育的目的，也应该是我们教育的最重要的任务。"大量的实践告诉我们，创造意识可以通过培养不断地得到强化。"①《比较文学视野里的中外名篇》的阅读目的也在于培养学生的创造意识，具体地说，是通过视野开放的阅读，逐

---

① 张向葵主编：《教育心理学》，中央广播电视大学出版社 2003 年版，第238 页。

步培养起学生的发散性思维方式。当发散性思维表现在行为上时,就是具有创造性质的行动。

"吉尔福特认为,思维可以分为发散性思维(divergent thinking)和聚合性思维(convergent thinking)。发散性思维是指能够从已有的信息中尽可能地扩展开来,从不同的方向、不同的角度、不同的层次去思考问题,提出假设,寻求问题解决方法的思维活动。聚合性思维则是尽可能多地利用已有的知识和经验,把信息引导到有条理的逻辑推理中,通过分析综合得出正确的解答。发散性思维主要有3个基本特征,即流畅性、变通性和独特性。流畅性指在限定的时间内能想出较多的问题解决的方案,变通性是指思维灵活,遇到阻碍能够另辟蹊径,找到解决问题的方法,独特性是指能够打破常规,别出心裁,提出新颖的与众不同的观点。吉尔福特认为,发散性思维是创造性的核心特征,发散性思维表现在行为上,即代表个人的创造性。"[①]

上面这段话引自最新的教育心理学教材,非常准确精练地概括了发散性思维的特征和在"创造性"问题中的意义。从上述发散性思维的三个主要特征,我们完全可以说,《比较文学视野里的中外名篇》正是培养学生发散性思维的适用的阅读教材。

《比较文学视野里的中外名篇》里的多数文章,都有着从不同方向、不同角度、不同层次分析作品的性质,有着超越传统评介的新颖见解和独到的审美视野。同时,这些文章又都流畅自然,平易朴实,有的妙趣横生,有的感人至深,有的说理透彻,有的诗意盎然。它应该成为中学生的好朋友,在轻松愉快的阅读中启迪年轻心灵的智慧和灵感。

---

① 张向葵主编:《教育心理学》,中央广播电视大学出版社2003年版,第233—234页。

　　例如,《狼的故事》一文,是针对人教版初中《语文》第一册所选《聊斋志异》中一则"狼的故事"的课文而写的。这个人与狼的故事在《聊斋志异》中共有三则,课文选了第二则。阅读文章首先将另外两则故事简要地介绍给学生,总结出中国文化中"狼"的形象是凶恶、狡诈的。接着,文章又讲述了民间故事如明代传奇《中山狼传》和清代大学士纪晓岚所作的《狼》等,这里的故事和《聊斋志异》中一样,狼不仅凶恶,而且还忘恩负义!进一步说明中国文化中狼形象的性质。既而,文章开始把目光转向西方,狼在西方社会的形象是复杂的。《伊索寓言》中"狼和小羊"的故事中的狼凶恶而霸道;法国中世纪的《列那狐传奇》中有一只狼叫伊桑格兰,不仅凶恶,而且愚蠢;德国格林童话《小红帽》中的狼也是既凶恶又狡诈,这些故事中狼的形象和中国人眼中的并无二致。

　　但是,西方文化传统中的狼并不都是这样,也有英勇、坚定、强悍甚至慈爱的形象。传说罗马第一位国王罗慕洛就得到过狼的哺育,所以罗马城以狼的雕塑作为标志;德国诗人海涅在他的著名长诗《德国——一个冬天的童话》中,把狼比喻为坚定的革命者;信仰"适者生存"的美国作家杰克·伦敦的第一部小说集的标题即为《狼的儿子》;在以后的小说《海狼》中,船长赖森在文明与野蛮的较量中成为吃人的"海狼",体现了"适者生存"的超人哲学;《野性的呼唤》被认为是杰克·伦敦最好的小说。作者满怀激情地呼唤狼的"野性",在精心塑造的狼形象中寄寓了自己的向往、奋斗和失落、幻灭,有着极其丰富的内涵。

　　这样的故事可以使学生会对世界文化有一个最基本的认识,即我们传统中的善恶标准不是绝对的,其他民族在一些很极端的事情上,例如人人喊打的狼这样的动物身上,往往会有着和我们截然相反的态度。并且,可以从这样的事例中体会西方文化和中国文化完全不同的内涵。

再如《漂荡在心海里的小纸船——阅读冰心、泰戈尔诗〈纸船〉》一文，是针对有的初中课本选了冰心的诗《纸船》而写的。文章借着冰心的这首小诗，向学生介绍了诗人质朴天然的诗情和讴歌母爱、童心、自然的诗歌内容，而这一切，都是在印度诗人泰戈尔的影响下形成的。巧合的是，泰戈尔也写有一篇小诗《纸船》，两首诗歌在内容上和形式上有不少相似之处，影响的痕迹不难看出。冰心景仰泰戈尔，她曾感叹说：泰戈尔的信仰、他的天然的美感、他的诗词"都渗入我的脑海中，和我原来的'不能言说'的思想，一缕缕的合成琴弦，奏出缥缈神奇无调无声的音乐"。为了让学生更好地理解两位诗人，文章在最后附上了两篇抒情小诗《纸船》。这篇文章从一首小诗中介绍了文学作品博大的背景，跨越国界、跨越民族的文学创作是比较文学研究的对象，学生也许尚不熟悉。但是，一旦有了这样的认识，他们的视野就会越过大洋，不会再拘泥于单纯的作品分析了。

比较文学是世界上的"显学"。近十多年来，我国的比较文学在国际上赢得了很高的声誉，在教育领域也取得了辉煌的成绩，1998 年被国务院学位办和原国家教委列为中国语言文学类的二级学科。但是，当前社会上对比较文学的学习并不普遍，比起一些发达国家，我们对比较文学的普及还很不够。为中学生编写比较文学课外阅读教材，引导学生从阅读中了解比较义学的学科知识和方法运用，是辅助中学素质教育的一种尝试，也是普及比较文学的一项举措。中国比较文学教学研究会成立十余年来，前辈学者对比较文学在中学的普及教育寄予了深切期望，做了大量的工作。如今，《比较文学视野里的中外名篇》已经完成，即将出版，我们相信它将成为素质教育的得力教材，为培养现时代人才架桥铺路。

（黄燕尤）

目　录

第二章　寓言传说的文化内涵

第三章　诗歌阅读

第四章　比较阅读

第五章　文学与科学和艺术

第六章　名作中的人物

第七章　媒介与流传

第一章 童心·亲情·爱国之情

漂荡在心海里的小纸船

——阅读冰心、泰戈尔诗《纸船》

　　一位世纪老人在年轻的时候,曾向素未谋面的朋友倾诉:"在去年秋风萧瑟、月明星稀的一个晚上,一本书无意中将你介绍给我……你的存蓄'天然的美感',发挥'天然的美感'的诗词,都渗入我的脑海中,和我原来的'不能言说'的思想,一缕缕的合成琴弦,奏出缥缈神奇无调无声的音乐。"①你们知道这位世纪老人和她的朋友分别是谁吗? 一个是端庄秀丽的女作家冰心,另一个是白须飘然的印度诗圣泰戈尔。而一只小小的纸船,竟成为这两位诗人共同的抒情载体,相同的纸船上,承载着不同的梦,凝结着两位诗人爱的情怀。

　　1923 年初夏,冰心以优异的成绩毕业于燕京大学,获得了金钥匙"斐托斐"奖。同年 8 月,冰心赴美留学。船行太平洋,站在一段生命新航程的起点上,她常常伫立栏旁,纵目眺览:"蓝极绿极,凝成一片。斜阳的金光,长蛇般的自天边直接到阑旁人立处。上自

---

　　① 卓如编:《冰心美文精粹》,作家出版社 1992 年版,第 1 页。

穿苍,下至船前的水,自浅红至于深翠,幻成几十色,一层层,一片片的漾开了来。"粼粼的海波,飞翔的海鸥,复苏了诗人爱海的童心,使诗人再次享受到大自然的美。而母爱随着起航时的汽笛声,被远远隔在大洋彼岸,熟悉的景致越发加深了她远离母亲的孤独、惆怅。于是诗人独立船头,执著地叠着一只只纸船,遥寄对母亲的思念。写下一首清新隽永的绮丽小诗《纸船》。这首小诗也被收入中学语文课本。

诗歌的第一节就尽显一颗天真的童心。那个无助、孤独的孩子在专心地叠着纸船。"从不肯妄弃了一张纸",叠着"一只一只"的船儿……然后,诗人将它们一一抛入海里。可怜的小纸船怎能承载太平洋的海浪?于是在诗歌的第二节又展现了令人心碎的一幕:"有的被天风吹卷到舟中的窗里,有的被海浪打湿,沾在船头上。"其实,太平洋的海浪打湿的何止是小小的纸船?还有"我"的一颗童稚的心啊。然而,诗人"仍是不灰心的每天的叠着",即使船儿的命运未卜,"我"仍然希望:"有一只能流到我要它到的地方去"。而理智的诗人明白:那也只是希望。诗人思念至极,心驰神往,竟幻想有一只船儿带着自己的爱进入母亲的梦境。让两颗彼此牵挂思念的心在梦中相会。"母亲,倘若你在梦中看见一只很小的白船儿,不要惊讶它无端入梦。这是你至爱的女儿含着泪叠的,万水千山,求它载着她的爱和悲哀归去。"这种幻想,是甜蜜的。但短暂的甜蜜之后呢?仍是丝丝缕缕的思念与惆怅。

泰戈尔,于1913年,以他的诗集《吉檀迦利》获诺贝尔文学奖。尽管他的文学著作很多,但他主要还是一个诗人。白云,流水,月夜,星空,似锦的繁花,潺潺的溪水都生动地呈现在他的诗里。诗歌《纸船》在以善写儿童而著名的《新月集》中,也算得是挺别致的一首。全诗只有八句,却虚实结合,层次有致地展示出儿童富有幻想的心理特征。诗的前三句写现实,"写我的名字和我住的村名在

纸船上",而且为了醒目,用"大黑字"书写。然后把它投入急流,渴望异地的人知道"我"是谁。第四到第六句写幻想,希望纸船把"我"的园中长的花朵带到岸上,希望朵朵白云能到河里来与"我"的纸船比赛。这些想象多么奇特而富有幻想。尤其那绝妙的比喻,"小朵的云正张着满鼓着风的白帆",那白帆不正承载着年幼的"我"的希望和梦想? 于是,在最后两句诗里,"我"的梦境中,那小小的纸船正在子夜的星光下,载着睡仙和"我"的美好的梦驶向远方。诗歌按现实——幻想——梦境的层次展开,在三幅瑰丽的图画上,又蒙上了一层梦一般的薄纱,创造出绮丽和谐的意境。

细读冰心和泰戈尔的《纸船》,我们不难发现二者竟有许多相似之处。的确,一代文学巨匠泰戈尔的思想和作品曾对中国诗坛产生过很大的影响。大家都知道,冰心正是受到泰戈尔的影响,"偶尔在一本什么杂志上,看到郑振铎译的《飞鸟集》连载",于是将自己许多"零碎的思想",写成无标题的自由体小诗,结集为《繁星》和《春水》。① 这 300 余首无标题的格言式自由体小诗,以自然和谐的音调,抒写作者对自然景物的感受和人生哲理的思索,歌颂母爱、人类之爱和大自然,篇幅短小,文笔清丽,意蕴隽永,显示了独特的思想感情和审美意识,在"五四"新诗坛上别具一格,很有影响。当时文坛上模仿泰戈尔写小诗的人很多,比较成功的还有诗人宗白华,而冰心的成就最高。无怪冰心在《遥寄印度哲人泰戈尔》中深情地感叹:"泰戈尔! 谢谢你以快美的诗情,救治我天赋的悲感;谢谢你以超卓的哲理,慰藉我心灵的寂寞。"②

两篇诗歌都从小小的纸船写起,都是那般执著、虔诚地叠着纸

---

① 冰心著:《世纪之忆——冰心回想录》,南海出版公司 1999 年版,第171 页。

② 卓如编:《冰心美文精粹》,作家出版社 1992 年版,第 1—2 页。

船,一个"从不肯妄弃";另一个"每天把纸船放在急流的溪中",因为那纸船上寄托着一个孩子的梦。在梦里,跳跃着孩子的幻想。由"现实"——"梦境"表现了两首诗相同的构思。然而,在相同的结构里,相同的纸船上,寄寓了两位诗人不同的情感。冰心的纸船承载的是对母亲无尽的绵绵思念。泰戈尔的纸船承载的是一个孤独的孩子渴望被人理解的心情和梦幻般的希望。

新月代表儿童,郑振铎的《新月集》译本,向当时的读者展现了一个从未体味过的秀嫩天真的儿童天地。现代著名诗人徐志摩、郭沫若都是泰戈尔的崇拜者。郭沫若形容自己读泰戈尔诗:"分外感受着清新而恬淡的风味。"①徐志摩则把自己发起的诗社定名为"新月社",可见对泰戈尔的喜爱。在众多的作家中,为什么冰心在借鉴泰戈尔、丰富自己的创作方面取得的成绩最大呢?

仔细研究两位诗人的生平与创作经历,我们会发现他们有许多共同之处。

虽然他们各自的社会和家庭背景不同,但两位诗人接受的都是东西方文化相交融式的教育,都对宗教思想有自己的看法。泰戈尔的家庭是当时孟加拉的知识中心之一,他曾赴英留学,印英教育都受了一些,主要靠家庭传统和自学成家。印度传统的哲学思想和西方资产阶级的哲学思想都对他产生了影响,但他思想的主要基调还是印度古代的泛神论,主张神与自然万物(包括人)是统一的,只是泰戈尔更强调人的力量。正因为这样,他不仅仅是一个神秘的宗教诗人,也不仅仅是一个歌咏孩子、自然、爱情的诗人,他的一生都与印度民族独立斗争相始终,他写过许多爱国诗篇,其中一首《印度的主宰》于1947年印度独立时被选为国歌。

冰心识字很早,母亲、舅舅都是她的启蒙老师,从7岁起,就自

① 阎焕东编著:《郭沫若自叙》,山西教育出版社1990年版,第100页。

己阅读《三国志》等古典小说,又从父亲统领的水兵手中,接触到许多外国文学译本。11 岁在福州女子师范学院第一次接受正规的学校生活。1913 年,随家到北京,翌年秋进入教会学校贝满女子中学,在这所新型学校里接受了从欧美借鉴过来的系统的科学教育。冰心自幼及长,家中父母兄弟,均情浓爱重;贝满女子中学是一所具有浓郁基督教文化的学校,学校开设的《圣经》课,更深地触发她思考"爱"对于人类的意义。对于"三位一体"、"复活"等宣讲,冰心都不相信,但十分推崇基督"爱人如己"的博爱精神。她总结自己思想的形成时说:"同时因着基督教义的影响,潜隐地形成了我自己的'爱'的哲学"(《〈冰心全集〉自序》)。五四运动的浪潮,把冰心卷出了狭小的家庭和教会学校的门槛,她参加罢课、游行和街头宣传等活动,热心阅读《新青年》《新潮》等杂志,并发表了一些宣传性的文章。在新思潮的激荡下,1919 年 9 月以"冰心"为笔名发表了第一篇小说《两个家庭》。

最重要的,他们都曾在动荡的时世里忧思着祖国的未来,在漫漫的人生里遭遇着生离死别,而无论他们经历怎样的不幸,他们的思想、作品和为人始终都充满着爱。

20 世纪最初的几年,是泰戈尔个人生活中最不幸的时期,1902 年,他的妻子病逝,第二年,他的一对儿女相继夭亡,可是他仍然能写出充满童趣的文章,他心中的爱,是对生命的爱,对孩子的爱,爱的力量是伟大的。

"有了爱就有了一切"是冰心的名言,也是她一生坚持的信念。靠这个信念的支撑,她承受了母亲、父亲、弟弟、丈夫等亲人的离去,以一颗澄明的心,善待生活,满怀希望。她的《寄小读者》《再寄小读者》《三寄小读者》都是写给孩子、充满爱心的。晚年,她无私无畏地揭露黑暗、腐朽的东西,并把自己的稿费 20 余万,捐给孩子。

世界上有多少诗人歌咏过母爱、叹赏着童真？纪德说："艺术居于柔情之乡"，"母爱、童心、自然"是两位诗人共同的文学思想，所以才会有这两只飘荡在心海里的小纸船，用那饱蘸童稚情感的笔写出的灿烂童心。

冰心诗《纸船》

我从不肯妄弃了一张纸，
总是留着——留着，
叠成一只一只很小的船儿，
从舟上抛下在海里。
有的被天风吹卷到舟中的窗里，
有的被海浪打湿，沾在船头上，
我仍是不灰心的每天的叠着，
总希望有一只能流到我要它到的地方去。
母亲，倘若你梦中看见一只很小的白船儿，
不要惊讶它无端入梦，
这是你至爱的女儿含着泪叠的，
万水千山，求它载着她的爱和悲哀归去。

泰戈尔诗《纸船》

我每天把纸船一个个放在急流的溪中。
我用大黑字写我的名字和我住的村名在纸船上。
我希望住在异地的人会得到这纸船，知道我是谁。
我把园中长的秀利花载在我的小船上，希望这些黎明开的花能在夜里被平平安安地带到岸上。

我投我的纸船到水里,仰望天空,看见小朵的云正张着满鼓着风的白帆。

我不知道天上有我的什么游伴把这些船放下来同我的船比赛!

夜来了,我的脸埋在手臂里,梦见我的纸船在子夜的星光下缓缓地浮泛前去。

睡仙坐在船里,带着满载着梦的篮子。

(任海林　赵峻)

童年画册(上)

——世界著名作家童年的"百草园"

所有上过中学的朋友,都学习过鲁迅回忆童年的散文《从百草园到三味书屋》,并且都会非常喜欢这篇作品。文中娓娓畅叙的童年情趣,与我们自己的童年学习生活自然而然地融合在一起,成为很多成年人至今最难忘的记忆和浪漫情怀中最纯真的色彩。在浩瀚绚烂的文学寰宇中,灿若星辰的文学大家们,也都有着和我们相同的心曲,也都和鲁迅一样写有记录自己童年生活画面的美丽文章,就让我们从这芬芳的花丛中撷取几朵小花,以飨热爱生活、热爱文学的少年读者吧。

一、感伤的科波菲尔

查理斯·狄更斯(1812—1870)是英国 19 世纪著名文学家,被马克思称为"现代英国的一派出色的小说家"的主要代表。狄更斯出身贫苦,他的祖父母都是名门世家的上等仆人,他的父亲是海军部门的小职员。在狄更斯 10 岁时,由于父亲负债,全家被迫迁入

负债人监狱。狄更斯12岁时即开始独立谋生。狄更斯一生写了
十多部长篇小说，如：《匹克威克外传》《奥列弗·特维斯特》《老古
玩店》《艰难时世》《双城记》《远大前程》等，其中《大卫·科波菲
尔》是他怀着亲切、强烈的感情完成的一部自传体长篇小说。他
说："在我所有的著作中，我最爱这一部。……我在内心的最深处
有一个得宠的孩子，他的名字就是'大卫·科波菲尔'。"在这部小
说中，狄更斯记叙了科波菲尔从孤儿到作家的成长过程。科波菲
尔还没出生父亲就去世了，他的童年生活在母亲身边。狄更斯深
情地描写了他家被称为"鸦巢"的老屋，他的母亲，他的保姆辟果提
以及他对家园最早的观察和感受。小科波菲尔以一颗敏感的心呼
唤着美好生活，字里行间真情荡漾，虔敬纯真：

……

　　从云雾中出现的，我们的房子——在我眼中不是新的了，
但是很熟悉，保持最早的记忆中的样子。下层是辟果提的厨
房，与后院相通；后院中央的杆子上有一个鸽子笼，其中并没
有什么鸽子；角上有一个大狗窝，并没有什么狗；还有一群我
觉得高得可怕的家禽，摆出吓人的凶猛的样子，走来走去。有
一个飞到柱子上来啼的公鸡，当我从厨房窗子看它时，仿佛格
外注意我，它非常可怕，使我发抖。边门外有一群鹅，当我走
过那里时，它们伸着长脖子摇摆着追我，我夜间梦见它们：正
如被野兽环绕的人会梦见狮子一般。

……

　　在我所知道的不拘什么地方，没有东西有那墓地的草一
半绿，没有东西有那里的树一半阴凉，没有东西有那里的墓石
一半安静。在清晨，当我从母亲的卧室的套间里的小床上跪
起来向外看时，有羊在那里放，我看见在日晷仪上照耀的红

光,于是在内心里想,"我不知道,日晷仪是否因为它又能报时而高兴呢?"

……

　这时我看见我们住宅的外部,卧室的格子窗敞开来,透进新鲜的空气,那些破碎的旧鸦巢依旧在前面花园深处的榆树中间摆动。现时我在后面花园中,在空鸽子笼和空狗窝所在的院子后面———一个很好的蝴蝶保育场———据我所记得的,有一道高围篱,一扇大门,还有一把钩锁;那里的果子累累地生在树上,比从来任何别的园子里的果子更多,更熟,我母亲在那里把一些果子摘进篮子,我则急急忙忙吞着偷来的莓子站在旁边,尽力作出若无其事的样子。一阵大风刮起,夏天一下子就过去了。我们在冬季的黄昏中游戏,在客厅里跳舞。当我母亲喘不过气来、在靠手椅上休息时,我看她把她那光洁的卷发绕在她的手指上,伸一伸她的腰,没有人比我知道得更清楚,她喜欢作出健康的样子来,并以长得这样美丽自豪。

……

———狄更斯《大卫·科波菲尔》

二、尴尬的猎手———尼考林卡和逃逸的野兔

　列夫·尼古拉耶维奇·托尔斯泰(1828—1910)是俄国 19 世纪最伟大的作家。托尔斯泰出生在离莫斯科不远的一个叫做雅斯纳亚·波良纳的地主庄园,父母的家族都是古老而有名望的大贵族。托尔斯泰 2 岁丧母,10 岁丧父,但是他在两个姑姑相继监护下,得到很好的照顾和教育。托尔斯泰在 1852 年发表的第一篇作品《童年》,和随后陆续发表的《少年》《青年》是他的自传体三部

曲。《童年》里描绘的富裕舒适的地主庄园和那个聪明但不漂亮、天真善良而又羞却、好梦想的小主人公尼考林卡,正是作者童年生活和个性的真实写照。《童年》描写了庄园的生活,尤其是打猎,使渴望成功的尼考林卡令人难忘:

……

土耳其人骑着马走近猎场,……他解开那群狗的皮带,不慌不忙地绑在他的马鞍上,又上了马,吹着口哨消失在小白桦树后面。解开皮带的那群狗,先摇摇尾巴表示喜悦,又抖抖身子振作一番,然后就闻一闻,摇摇尾巴,迈着小步向四面八方跑去。

"你有手帕吗?"爸爸问。

我从口袋里掏出一块给他看。

"好吧,就用这块手帕绑住那条狗……"

"热兰吗?"我带着内行的神气问道。

"是的,顺着大路跑,到了林中那块空地,就停下来。注意,打不到兔子不要回来见我。"

……热兰因此拼命地往前冲,我好容易才把它勒住。在到达指定的地点以前,我摔了好几个跟头。我在一棵大橡树下选了一个阴凉、平坦的地方,躺在青草上,让热兰卧在我身边,开始等待。在这种情形下总是如此,我的想象力远远脱离了现实。当树林里传来第一只猎狗的吠声时,我已经在想象我纵犬去追第三只兔子了。土耳其人的声音在树林里显得更加响亮,更有劲。一只猎狗尖叫了一声,接着便越来越经常地听到他的声音。另一个低一些的声音加进去,接着第三个、第四个……这些声音有时沉寂下去,有时争先恐后地响起来。声音逐渐加强,连续不断,最后汇合成一片响亮的、喧闹的嘈杂声。猎场上充满了声音,那群猎狗齐声狂吠着。

……

热兰突然吠叫起来，猛地往前一冲，使我险些儿摔了个跟头。我回头一看，林边有一只兔子在跳跃，它的一只耳朵耷拉着，另一只耳朵竖起来。热血涌上我的头，在这一瞬间我什么都忘掉了。我拼命地叫起来，松了狗，一纵身跑过去。但是，我刚这么做，就后悔了，因为兔子蹲下把身子一纵，我就再也看不见它了。

但是，当土耳其人紧跟着那群一齐向林边奔来的猎狗从树丛后出现的时候，我是多么羞愧啊！他看见了我的过失（就是我没有控制住自己），轻蔑地瞪了我一眼，只说了一声："唉，少爷！"但是，你应该听听他说这话的腔调！他还不如把我像只兔子一样吊在马鞍上，我还比这样轻松些呢。

我十分绝望地在那儿站了好久，没有唤狗，只是一个劲儿拍打着大腿念叨：

"天啊，我干了什么蠢事啊！"

我听见那群猎狗跑远了，林边发出一阵咔嚓声，捉住了一只兔子，土耳其人用他的大号角召唤猎狗，我却依旧动也不动……

——托尔斯泰《童年》

三、像男孩子一样调皮的小姑娘——乔治·桑

乔治·桑（1804—1876）原名奥洛尔·杜班，是法国19世纪著名女作家。乔治·桑从小在祖母的庄园里过着自由自在的生活，她17岁时，祖母去世了，于是她成为偌大的庄园和一大笔财产的继承人。然而，性情开朗，坦荡率直的奥洛尔，依然天真未凿，并不

懂得交际场上的虚伪礼节。人们经常看到她头戴鸭舌帽,身穿肥大的男子礼服,或是一件长披风,一条长裤,裤管随意地塞在靴子里,肩扛猎枪,策马驰骋在田野上,兴致勃勃地追赶野兔,寻觅猎物。奥洛尔不喜欢被束缚在紧身衣和拖地长裙中,她无拘无束惯了,而且从小就喜欢男子的气概。写作成名后,她还给自己起了一个男子的名字:乔治。后来,她在自传里记录了儿童时代自己是如何热衷男孩子的游戏:

> 我还清楚地记得我当初怀着多么大的热情去搞那些假戏真做的游戏。开头的时候,我懒洋洋的对此一点儿都不起劲,我的姐姐或者那位玻璃商贩的大女儿来约我去玩什么蒙面游戏、送手游戏之类老一套玩意儿,我总觉得这些东西丝毫也不中我的意,因此很快地就感到兴味索然。可是当我和表妹克洛蒂尔德或者跟与我年龄相仿的孩子们一起玩耍时,我便一下子变得兴致勃勃,我们模仿着大人的样子打起仗来,穿过树林落荒而逃,在我那幼小心灵的想象中,这片树林是一个至关紧要的场所。后来,我们当中的一个人突然失踪了,于是大家四处寻找,大声呼唤,原来她正在一棵树下睡得正香呢,——那棵树其实是一张沙发。这时候我们便跑过去帮帮她的忙,由一个人扮演其他人的母亲,要不就装扮成一位将军,这是因为外界纷扰的战事已经强烈地震撼着我们这小小的一隅。我不止一次地装扮成皇帝,在沙场上指挥若定,大家一哄而上,把洋娃娃、画片和玩具之类统统撕成碎片。我的父亲似乎也像我们一样年轻幼稚,有着丰富的想象力,他简直无法容忍那可怕的战争又出现在家中这小小的天地里,因为他曾经上过战场,他对我的母亲说:"我求求你,把这帮孩子们的战场给我打扫干净吧!她们发疯啦!我一看到地上横七竖八地堆着这些手臂啦、大腿啦,还有这

些红颜色的破布烂片,心里就难受得要命。"

　　玩具和小人画片忍气吞声地经受着如此的践踏,我们却并不以为自己残酷无情。我们骑着假想的战马飞奔,手持着无形的刺刀在室内家具和我们的玩具上面乱砍乱戳,我们完完全全沉浸在疯狂的热情之中,人也变得如痴如狂。人们责骂我们简直像男孩子一样调皮,其实,我的表妹与我,我们两人倒真的渴望着有那么一股男性的激情。我特别记得某一年秋季里的一天,晚饭后,夜色已经笼罩住我们的房间,那天我们并不是在自己的家中,而是在沙尤我姑姑的家里。我相信的确是在那个地方,因为在姑姑的卧室里床上张挂着帷幔,而我们自己家里却没有这个东西。克洛蒂尔德和我,我们两人一前一后,在树林里——也就是在床幔的波状皱褶里穿来穿去地追逐嬉戏,在我们眼里,整个房间似乎都早已消失得无影无踪,我们真好像在夜色降临时的幽暗山林里穿行一般。人们叫我们去吃饭,我们只当做耳边风。我的母亲走过来一把抱住了我,把我安放在餐桌边坐好,我永远也不能忘记当我猛然间看到明亮的灯光、眼前的餐桌和其他实物的时候,心里是何等的惊异,我到底从完全的幻觉中清醒过来了,但我却感到很难一下子摆脱那种痴迷的境界。有时候,我明明身在沙尤,却总觉得是在巴黎自己的家里;有时候,明明是在巴黎,却又似乎感到人在沙尤。我常常非得付出很大的努力才能明白自己究竟身在何处,我看到在我这样一个年幼的小姑娘身上已经非常明显地出现了这种幻觉。

——《乔治·桑自传》

(黄燕尤)

童年画册(下)

——世界著名作家童年的"百草园"

四、孤儿川端康成

　　川端康成,日本现代文学"新感觉派"文学大师。1968 年,他以《雪国》《千只鹤》《古都》三部小说获诺贝尔文学奖。他早期的代表作《伊豆的舞女》在 20 世纪 30 年代就曾被搬上银幕,后来由山口百惠主演的电影《伊豆的舞女》被译介到我国,引起相当的轰动。川端康成有着一个凄惨悲凉的童年,从小父母双亡,稍长些时,抚养他的祖父母和唯一的姐姐也相继离开了人世。对于这样茕茕孑立的孤儿生涯,川端康成有着非常深刻的感受。他称自己是"精通葬礼的人"。何乃英先生在传记《川端康成》中,向我们讲述了作家的孤儿生涯:

　　　　"父亲在我 3 岁时死去,第二年母亲又死了,所以对于双亲我毫无印象。母亲连照片也没有留下。父亲也许因为漂

亮,喜欢照相,在我卖老家的房子时,从仓库里发现了他各种年龄的照片三四十张。我曾将其中拍得最好的一张放在中学宿舍的桌子上作为装饰,但其后几次变换住处,这些照片全都遗失了。不过即使看见照片也想不起什么来,所以虽然想象这是自己的父亲,仍然没有实际感受。听别人讲起父母的事,也并不感到多么亲切,立刻便忘掉了。"(短篇小说《油》)

......

川端康成的老家四周围着树篱,是个很大的宅子。在这个宅子里,他度过了自己的大部分童年和少年时光。

......

在这所大宅子里,祖孙三人的生活似乎是颇为阴郁的,但又是和乐的。有一次,川端康成不知因为什么事惹得祖父生气了。这种情况并不多见,但是这次祖父确实发起火来,追着非要打他不可。他在前边跑,祖父在后边追,不是撞在柱子上,就是碰破了隔扇。祖父越追越生气,越追越难过。后来川端跑累了,蜷缩在屋子角上。等祖父快抓住他时,祖母跑上前来护着他。这时,又着急又生气的祖父便不管三七二十一地打起来。祖母碰倒了碗橱,踢翻了水壶,弄湿了衣服,大声喊叫起来。祖父吃惊地站住不动,祖母躺着不动,川端则蹲着不动,随后三人一齐大哭起来。"那时,我们确实动不动就爱哭。"——川端后来写道。

......

祖母去世以后,这所大宅子仅仅留下川端康成和他的半盲的祖父,依靠亲戚的帮助和邻居的照料过日子,生活变得更阴郁了。不过这两个以前动不动就爱哭的人,现在却不哭了。用川端康成自己的话来说就是:祖母死后,祖父不哭了,我也不哭了,我变得更加发怵了。

"纸灯笼的灯光培育了我。当时已经是从明治三十年代向四十年代过渡,无论什么样的农村都没有不使用煤油灯的家庭了,但祖父认为煤油危险。祖父眼睛不好,煤油灯也好,纸灯笼也好,在他看来亮度差不多少,都是一样阴暗。灌上菜油,拨动灯芯,在旧纸灯笼的阴暗灯光下看书的人,在我们这辈人中,大概没有吧!我的幼小灵魂的新芽便是纸灯笼的朦胧光影。"(《纸灯笼》)"对方看不见我,所以我可以长久地盯视着对方。我就是这样生活过来的。我是祖父抚育的孩子,在家里非常任性。祖父气得直打哆嗦。我带着赔不是的目光流着泪水,直勾勾地望着祖父的脸。祖父看不见我的眼泪,依然怒气冲冲。我知道祖父看不见我,也就不觉得流泪是难为情的了。就如同对着人家的背影低头抽泣一样。即使在另一种时候长时间盯着祖父的脸,少年的我也不免会感染到一种无以名状的寂寞思绪。我有直勾勾盯视人脸的毛病。这种毛病说不定是同盲人单纯在一起生活了多年所养成的吧。"(《致父母的信》)……

……

也许由于这种环境过分寂寞了吧,川端康成从小喜欢画画儿和读书。在小学低年级的时候,他首先对绘画产生了兴趣。祖父爱好绘画,勉励孙子将来成为画家,川端康成自己也有这个打算。可是到了小学高年级的时候,他的兴趣又从绘画转向读书,成为书本的俘虏……"我在少年时代读过《源氏物语》《枕草子》等作品。那时,抓过什么便读什么。当然,意思并不了解。欣赏的仅仅是语言的音响和文章的格调。这种读法将我诱入少年的天真的感伤之中。即歌唱无意义的歌。"(《关于文章》)……

……"我还记得,在小学毕业或者刚上中学的时候,我好

几次趁天还未亮,独自登上那座庙的后山,是为了观日出。为什么要观日出呢?现在我已没有印象了。许是正月初一的早晨吧,那时候我读过的拟古文集里,一定描写过元旦的日出美景,实际上我也是很想观赏的。即使没有这一目的,我也经常这样做。我像一个轻松愉快地干活的花匠,爬上了庭院里的厚皮香树,坐在粗大的树枝上读书。在这里读书,远比在房间里读书心里更踏实。这种时刻,坐在树上,就如同坐在长途旅行的火车上,万般杂念皆抛诸脑后。也好比刚到旅馆,一仰脸就躺下,觉得非常清爽、坦荡而安闲一样。"

......

——何乃英《川端康成》

五、黑塞和他童年的朋友布洛西还有乌鸦

赫尔曼·黑塞(1877—1962),是德国著名小说家、诗人和散文作家,1946 年诺贝尔文学奖获得者。黑塞少年时曾在工厂和书店当学徒,1904 年以后成为自由写作者。第一次世界大战期间住在瑞士,写文章谴责军国主义和民族主义,获得法国作家罗曼·罗兰的友谊。1923 年成为瑞士公民。他的自传里记录了很多童年趣事,尤其是和布洛西的友情:

......

当时,他那只可怜的乌鸦还活着,到处欢蹦乱跳的,我们有一次把它带到我们家花园的小亭子里,放在横梁上,它在上面走来走去,就是没法下来。我向它伸出食指,开玩笑地说:"喂,约可波,咬吧!"于是它便啄了我的指头。虽然啄得并不

很痛,我却火了,想揍它一顿以示惩罚。布洛西却紧紧抱住我的身体不让我动,直至那乌鸦提心吊胆地走下横梁,逃到外面。"让我走,"我叫道,"它咬了我。"并且和布洛西扭打起来。

"你自己亲口对它说的:约可波,咬吧!"布洛西嚷嚷着,并向我说明,那鸟儿丝毫也没有错处。我有点怕他那教训人的口气,只好说,"算了",可是心里暗暗下定决心,另找机会再惩罚那只鸟。

事后,布洛西已经走出我家花园,半路上又折转身子,他叫住了我,一边往回走,我站着等他。他走到我身边说道:"喂,行啦,你肯真心向我保证,以后不对约可波施加报复吗?"见我不予答复,态度僵硬,他便答应送我两只大苹果,我接受了这个条件,他这才回家去了。

不久,他家园子里的苹果树第一批果子成熟了,他遵守诺言送我两只最大最红的苹果。这时我又觉得不好意思,犹豫着不想拿,直到他说"收下吧,并不是因为约可波的事,我是诚心送你的,还送一个给你的小弟",我这才接受下来。

……

——《外国文化名人自画像》

六、南美的雨水——聂鲁达湿漉漉的童年回忆

巴勃罗·聂鲁达(1904—1973),智利当代著名诗人。他从14岁正式发表作品,19岁出版第一本诗集《黄昏》。1924年,诗集《二十首情诗和一支绝望的歌》发表,使他登上智利文坛。聂鲁达一生坎坷,长期担任外交官,足迹遍及亚、非、欧、美许多国家。1949年被选进世界和平理事会,曾获斯大林国际和平奖金。聂鲁达的诗

歌创作汲取了文学史的多种营养,尤其是惠特曼的自由体形式。他的诗歌经历了现代主义、超现实主义、象征主义等形式的尝试,最后形成自己的特色:诗句与大自然融为一体,形象新鲜,比喻生动,声调丰满。1971 年,"因为他的诗作具有自然力般的作用,复苏了一个大陆的命运和梦想"而被授予诺贝尔文学奖。他在最后的著作《我的生活经历》中记录了童年的生活环境:

> 提起童年岁月,唯一使我难以忘怀的就是雨水。从合恩角到边境地区的天空,南方的大雨像瀑布那样泼洒下来。我就在这个边境地区——我的祖国的蛮荒的西部——降生到世上,开始面对人生,面对大地,面对诗歌和雨水。

> 我有了丰富的阅历之后,觉得在我的故乡阿劳卡尼亚地区施加过可怖而又不可思议的威力的雨水,已经失去艺术感染力。雨水整月整年地下个不停。一根根雨丝像长长的玻璃针,在屋顶砸得粉碎;有的打在窗上,形成透明的波涛。雨中的每一幢房屋,都像一艘船,正在严冬的大海中吃力地驶向港口。

> 美洲南方的这种冷雨同热雨一样,不会像鞭子那样劈头盖脸地猛浇下来,过后又是晴空万里。相反,这种雨很有耐性,会绵绵不断地从灰暗的天空中不停地落下米。

> 在我家前面,那条街变成了一片烂泥的汪洋。我从窗口透过雨帘,看见一辆大车在街心陷入泥淖。一位身披厚毛黑斗篷的农民正在抽打拉车的几头牛,它们在雨水和烂泥里再也拉不动了。

> 那时,我们常在人行道上踩着一块块石头,顶着严寒和雨水上学去。雨伞被风刮跑了,雨衣太贵,手套我不爱戴,鞋子湿透了。我永远都记得烤在火盆边上的湿袜子和许多冒着蒸

汽，像一只只小火车头似的鞋子。接着发了洪水，把河边住着最穷人家的村落冲走了。颤抖的大地也在晃动。还有几次，山峦上出现由可怕的光所形成的顶饰——亚伊马火山苏醒了。

——《外国文化名人自画像》

（黄燕尤）

都 市 与 乡 村

——看《社戏》中的两元对立世界

　　五四时期,是中国文人试图告别沉重而古老历史的时代,更是他们不断面向世界,接受新鲜血液,执行"拿来主义"的时代。在这一时期,许多知识分子接受了西方的浪漫主义。鲁迅也不例外,写下了《摩罗诗力说》,向国人介绍拜伦、雪莱、普希金等浪漫主义诗人。这里面除了唤起斗志的现实主义因素外,更重要的是鲁迅和他们在气质上的接近:热烈地向往着自由、率真的世界以及对所谓现代都市文明的虚伪做作的无比厌弃,对清新纯朴的乡村生活的向往。摩罗诗人们寻求自由,把自然视为充满活力的、可以寻求归宿与安慰的世界。

　　这无疑对鲁迅产生过一定的影响,这一影响从他的小说中可见一斑,《社戏》便是其中一例。在淡淡的笔墨中,鲁迅表达了对都市世界中所受束缚的不满以及对乡村自由生活的眷恋。

　　《社戏》是鲁迅小说集《呐喊》中的最后一篇,最初发表于1922年12月上海《小说月报》的第13卷12号。尽管文章的体裁是小说,然而文中的"我",即"迅哥儿",带有明显的自传性质。这篇近

乎散文的小说,时时闪现着鲁迅的身影,跳跃着鲁迅内心的那份乡思。

小说在选入中学课本时,前面近四分之一的篇幅被删除了。然而,如果能联系这四分之一,我们似乎会更加清晰地了解鲁迅写作本文的原意。王富仁评论《社戏》时说这"里面有着嘈杂的都市生活与恬静农村生活的对立,有粗俗自私的城市人和亲切和善的农民的对立,有愚陋倨傲的成人与聪明天真的儿童的对立,有矫饰的贵族化的都市文艺与朴素的平民化的民间文艺的对立",①而鲁迅正是在这一对立中,表达了自我的爱憎与臧否。

小说的开头,以"我"成年后在北京的两次看戏经历谈起。

第一次,"我"满怀着对京戏的热情,与朋友一起去看戏。然而,戏园里早已是人满为患。偶有空位,却早已有人预定了。等到有了一张座位,却原来是一条"坐板比我的上腿要狭到四分之三",又"联想到私刑拷打的刑具",最终"毛骨悚然"地离开了戏园。

第二次看戏,是向湖北水灾捐钱而得到的戏票。有好事者云谭叫天的戏不可不看,而"我"又忘了上次看戏的境遇。且或,有人告诉"我"这是新式舞台,因不用争座,就宽心不少。可是,这次看戏的情况似乎更糟,不仅忍受了长时间对谭叫天的等待,更因为"我"不知道"龚云甫"之类的人物,而遭到身边胖绅士轻视。于是"我省悟到这里不适于生存",便离开了。

这两次经历,描绘了纷乱矫情、充满隔阂的都市生活,这里有生存的艰辛,晚去一会儿,就无立足之地,人与人之间彼此提防,稍不小心暴露自己的无知,就会被熟知国粹谱、喜好卖弄的绅士所耻笑。

---

① 王富仁著:《中国反封建思想革命的一面镜子——〈呐喊〉〈彷徨〉综论》,北京师范大学出版社 1986 年版,第 206 页。

理解了这一点,我们似乎才明白"我"为何会如此深情地回忆起记忆长河里,关于少年时代,诸如看社戏之类点点滴滴的往事。

当时,"我"是随母亲归省外祖母家,绍兴有句俗话"外甥大如皇帝"。身为"外甥官"的到来,"我"受到了平桥村老老小小的爱护。大人们减少了孩子的"工作",让他们与"我"做伴游戏,而平桥村的小伙伴们陪"我"去掘蚯蚓钓虾,而钓到的虾总是全部归"我"吃的。

这乡间的朴实与真挚是多么让人难忘啊。在这种衬托之下,都市的自私与冷漠才显得如此的触目惊心。而小伙伴之间又是平等的,虽然彼此之间论起行辈来,有叔子,有太公,偶尔也会吵闹,打了太公,却也不会想起"犯上"一词。小伙伴带"我"去放牛时,"我"总是被欺负,只好远远地站立,他们又绝不会因为"我"是一个都市少年,会读诗书,便可原谅我的胆小。他们会发出善意的嘲笑,但这种嘲笑绝不是都市绅士之流的卖弄与轻视,因为"我们"很快就在一起嬉笑打闹了。

都市人是骄傲的,可是这种骄傲反体现了他们人性上的脆弱。在"我"看来,尽管乡间的小伙伴不懂得"秩秩斯干,幽幽南山",然而他们有着都市人无法企及的纯朴、智慧。

当"我"在为不能去看社戏而郁郁寡欢时,是双喜帮我解决了这个难题。他先想到了出行的工具——八叔的航船已经回来,接着又说服了母亲和外祖母,让"我"如愿以偿去看戏了。仅此而言,一个乐于助人、爽朗热情的农家少年便跃然纸上。用自己的言行为他人谋利,不是一种人性的睿智吗?

文中另一处充满情趣的情节——偷罗汉豆,则更加体现了乡间少年的那种纯朴无私。一边是阿发家的豆,一边是六一公公家的豆,可是阿发却主张"偷我们的罢,我们的大的多呢",而双喜认为再多偷,"倘给阿发的娘知道是要骂哭的"。罗汉豆对过着贫苦

生活的农民来说，应该是一种重要的经济来源，像六一公公，就是要到镇上去卖钱的，正因为如此，我们才从中看出了这些少年不同于都市人的淳朴无私。

都市生活充满了隔阂与冷漠，乡村生活却充满了温情与友爱；都市中的人群是庸庸碌碌的，乡村中却洋溢着鲜活的生命力。正如鲁迅所说，当他感到"所谓上流社会的虚伪和腐败时"就会怀念起乡间的"安乐"。

其实，不仅在人性、人情的描写中，鲁迅表达了自己的感受；在景物描写中，同样也体现了这种都市与乡村的对立。

都市的戏园台下"满是许多人头"，人都满了，只得挤在远处的人丛中，"耳朵只在冬冬皇皇响"，身边的胖绅士是"吁吁的喘气"，戏台上是"红红绿绿的晃荡"，污浊的气氛"使看客头昏脑眩"。

而乡间的社戏，则一路上行进于弥漫着豆麦和水草清香所散发出的空气，聆听着潺潺的流水声，小伙伴的欢歌笑语声，婉转、悠扬的笛声。朦胧的月色，点点的渔火，淡黑的起伏的连山，一派江南水乡的夏夜美景，让人神往，让人陶醉。皎洁月光下的戏台，则"飘渺得像一座仙山楼阁，满被红霞罩着了"，充满了诗情画意。

乡村的宁静淌过城市的喧嚣，成了"我"生命中汩汩流动的山泉。在"我"受到都市的挤压时，这份回忆便从心灵深处跃出，使"我"执著地与这个庸俗而冷漠的世界对抗着。这份乡间的和谐与安详，正是"我"精神家园之所在。

其实，世界上许多作家成年以后的创作，都和他们童年的记忆不可分割。苏格兰诗人彭斯家境贫困，从小就跟父亲下地干活，在劳动生活中他接触的民歌、民谣滋养了他的艺术天分。狄更斯的父亲因负债被关进监狱，10岁的他成了一家之主，不得不在鞋油作坊当学徒。童年的苦难后来化作狄更斯作品中一个重要的主题——对不幸儿童的怜悯和关心。安徒生的父亲是一个鞋匠，母

亲为了家计替别人洗衣裳。但是他所生活的丹麦富恩岛人追求精神幸福的乐天观念深深影响了他，尤其是跟着父亲在大自然里游逛，听着父亲肚子里的故事时，更是充满快乐。但是，父亲在安徒生11岁时就在贫困中去世了，之后，安徒生一生坎坷，却始终承继了父亲富于幻想的天性。

无疑，童年的世界并不都是淳朴温情的。大家都知道，家道中落给鲁迅先生的心灵也烙下了深深的伤痕。但是人在儿童时代对温馨的情感和美好的生活更为渴望，而天才的心更善于从贫瘠的土壤中贪婪地汲取养料。童年或者饱含着幻想的甜蜜，或者充满悲苦辛酸，都是作家精神家园的根基。那一点点温暖的人性之光，甚或对温暖的渴求，都会深深地植根于作家的心灵深处，成为他们一辈子的执著。

因此，无论鲁迅先生如何身处黑暗，总是执著战斗，总是对人生抱有希望，总是固守那心灵深处的一方乐园。儿时所感受的乡间的真善美，使他对人间的美好仍怀有希冀，也使他在现实的都市中有逃遁的净土。正如鲁迅所言："我曾有一时，曾经屡屡闪起儿时在故乡所吃的蔬果：菱角、罗汉豆、茭白、香瓜。凡这些，都是极其鲜美可口的；都曾是使我思乡的蛊惑。后来，我在久别之后尝到了，也不过如此；惟独在记忆上，还有旧的意味留存。他们也许要哄骗我一生，使我时时反顾。"①

鲁迅先生为什么要用"哄骗"这样的字眼呢？我们可以联想一下《故乡》里少年闰土和中年闰土的对比来理解这个问题。中年以后的闰土仍然生活在农村，然而"多子，饥荒，苛税，兵，匪，官，绅，都苦得他像一个木偶人了"。在幼时的"我"看来，那海边看瓜、雪地捕鸟的世界是一幅多么"神异的图画"；然而成年的我不免认识

① 鲁迅著：《朝花夕拾》，天津人民出版社2010年版，第4页。

到乡间并非净土,逃脱不了现代政治、经济、文明的剥蚀。

关于自然和文明的对立,在西方文学中也是一个备受关注的话题。早在 18 世纪,启蒙思想家卢梭就在他的一系列作品中提出文明腐蚀人、毁坏人的幸福的观点。在以后的欧美文学作品中,许多作家都对现代文明造成古老农村淳朴风俗的破坏甚至导致人性的丧失表现出极大的关注和惋惜,比如哈代、高尔斯华绥、劳伦斯、海明威等等;人的异化更成为现代派文学的中心主题。

不论我们的精神多么深地寄托在童年记忆中的稻花香里,都不能改变历史的进程。一方面,我们做不到卢梭提出的"返回自然";另一方面,在高速运转的都市节奏中、在日渐冷漠疏离的人际关系中,身不由己的我们总是在疲惫中渴望着简单的生活和单纯的人际关系。

这才是鲁迅写《社戏》的原因,他只是用这份对乡间温情的感悟与体验,来对抗残酷的都市。进一步说,作者并不是仅仅为了表现这种对立,在对立中,他表达了自身的价值依托,表达了对于至真至美至善的向往。1927 年,在《野草》集中的《好的故事》里,鲁迅先生又描绘了一幅"像一天云锦"般"美丽,幽雅,有趣"的图画。那里"有无数美的人和美的事",有茅屋、村妇而并非是哪一处真实的村景;在都市"昏沉的夜"里留不住一丝虹霓色的碎影——那是心灵深处绵延不绝的希望。

（黄孝萍 赵峻）

中法短篇小说的爱国主义主题

——读都德《最后一课》

爱国主义是人们心中最深厚最强烈的情感,进行爱国主义教育也历来是我们教育中最重要的内容之一。人教版初中《语文》第一册收入的都德的《最后一课》就是一篇爱国主义主题的短篇小说,写的是普法战争时期,普鲁士占领区的法国人民学习法语的事情,歌颂了法国人民的爱国主义情感。在普法战争的时候,法国作家写了很多表现人民爱国精神的作品,体现了法兰西的民族精神。

从鸦片战争到抗日战争,中国屡遭帝国主义的侵略蹂躏,国弱民穷。这种现实激发了作家们的爱国情感,所以在中国现代文学中,爱国主义主题的作品很多,其中当然有短篇小说。在我们阅读《最后一课》的时候,那种燃烧的爱国激情使我们联想到自己的国家。让我们走进中法爱国主义短篇小说的世界,看看作家们在表现这个主题时的不同匠心。

短篇小说的特点是短小精悍,作家们不是展现宏大的故事场景,而是选取生活的"横断面",从一个独特的叙述视角表现主题。

法国作家都德(1840—1897)的《最后一课》选择的叙述视角是

一个小学生的见闻与感受。这篇小说以"我"(小弗朗士)的自叙展开故事。整部作品以"我"的见闻和感受为线索,交代了作品的背景——普法战争期间法军失败、普军占领阿尔萨斯省;巧妙设置了悬念——镇公所门前贴的新布告:勒令学校改教德语;进而重点写语言教师韩麦尔先生心情沉痛的最后一堂法语课。

课堂上很静,后排的位子上还坐着镇上各种年龄的人。韩麦尔先生一反平日严厉的作风,耐心又深情地教学生要学好法语,他说:"法国语言是世界上最美的语言——最明白,最精确;我们必须把它记在心里,永远别忘了它,亡了国当了奴隶的人民,只要牢牢记住他们的语言,就好像拿着一把打开监狱大门的钥匙。"他这难忘的最后一课的教学,激发起了学生们以及镇上人们心中强烈的爱国感情。他们把法语和祖国视为同义语,爱法语就是热爱法兰西祖国!

这里,作者使用第一人称,通过"我"的眼睛和心灵,把所见所感讲述给读者,给人一种亲切真实的感受,如同亲身经历一般。同时,文章又很好地把握住"我"——一个天真纯洁的小孩子的叙述基调。因为人人都有童年,所以小说能使不同年龄的人都和作品中的"我"产生共鸣,受到强烈的感染和教育。于是,爱国主义这个抽象的概念,在儿童的感情和形象中,被深切地感受和理解了,作品的主题也就得到了充分的表现。

都德另外还有一篇作品《柏林之围》,是通过一名医生和一个老军人的孙女联合起来欺骗患病的老军人的故事,表现了老军人儒弗上校的爱国主义深情。这是一篇用"谎言"编织的令人心痛的美丽故事:儒弗上校突然中风,是因为他听到法军在维桑堡失败的消息。医生发现只有向老人报告法军胜利的消息才能真正"医治"他的病,可是现实是法军一再溃败直至巴黎被围。为了治好老人的病,医生和老人的孙女只好隐瞒了事实真相,骗他说,法军攻入

普鲁士并包围了柏林，还煞有介事地每天汇报最新战况。老人的病居然一天比一天好起来。当老人"全副武装"满心激动地站到阳台上准备观看法军凯旋的盛大游行时，残酷的现实是普鲁士军队正蜂拥入城。老人喊着"普鲁士人……快拿武器……"倒地而死。

这篇小说的叙述视角也是第一人称，只不过"我"成了一名医生，老军人的爱国主义情感通过这位医生的视角来展现。在这两篇作品中，都德都是以亲切的第一人称表现爱国情怀，并营造真实感人的氛围，让读者和叙述者甘苦与共，畅叙艰难岁月中的爱国激情。

同是表现法国人民的爱国主义感情，与都德同时代的法国短篇小说家莫泊桑在叙述视角上则不同。他的代表作《羊脂球》描写了1870年普法战争期间，卢昂城十名居民同乘一辆马车出逃的故事。莫泊桑以"普法战争"为背景的爱国主义小说还有《米龙老爹》《菲菲小姐》《蛮子大妈》等。在叙述视角上，这几篇小说采用的都是第三人称的全知全能的叙述方式，但是与传统有别的是作者采用一种冷静客观的叙述态度，近乎手术师那样，无情地又高度真实准确地解剖出了所谓上层和正经人物的丑恶灵魂，赞扬了下层人民的朴素而真挚的爱国主义情感。

中国现代作家郁达夫的《沉沦》也是表现爱国主义主题的小说。《沉沦》以一名留日中国学生的苦闷压抑的痛苦生活为故事，表达了对当时中国落后软弱状况的愤懑情绪。作品通过主人公的性压抑来表现主题。主人公"我"身在异国他乡，孤独忧郁，得不到友谊与爱，尤其是女人的爱。日本女学生瞧不起他，他恨，他苦闷，他去嫖妓，连日本妓女也瞧不起他，他更恨，最终因痛苦绝望而自杀。作者把主人公"我"的压抑痛苦的主要原因归于祖国的落后与软弱，正是国弱民穷造成自己的留学生在国外备受欺辱。在作品中作者借主人公之口，发出了"祖国呀祖国，我的死是你害我的！"

"你快富起来！强起来吧！"的痛苦呼喊。这篇小说曲折地表现了当时留学在外的中国知识分子内心难以排遣的忧郁痛苦以及爱国主义的思想感情。

郁达夫曾说："文学作品，都是作家的自叙传。"[①]所以他的小说多采用第一人称的写法，以自叙体的形式出现，宛如倾诉自己的所历所闻所感，抒情写意，坦诚自然，又充满感伤色调，他的沉郁真率在爱国主义主题中显出独特风格。

孙犁的《荷花淀》则是通过女性的感情视角，以诗意的笔触展现了抗日战争时期中国人民的对敌斗争。荷花淀是田园诗意和宁静柔美的家园，但是自从日本侵略军来了以后，就破坏了这一切。为了保卫家乡，水生等男人们悄悄参军跟敌人打仗。女人们思念丈夫，她们偷偷划船去看望丈夫，不巧部队已经离去，归途又遇上敌人的运输船，她们拼命往荷花淀里摇船，恰把敌人带进丈夫们部队的埋伏圈，帮助部队打了一个漂亮的歼灭战。经过战争的洗礼，女人们逐渐成熟起来，为了早点打败日本鬼子，她们自愿组织成民兵，配合丈夫们作战，并取得重大胜利。作品展现了中国军民同仇敌忾，团结一致，同入侵的日本鬼子英勇作战的爱国主义精神。

这篇作品把夫妻之情与家国之爱自然地统一起来，把严峻的战争同温柔的爱情诗意地结合起来，洋溢着纯真隽永的人性美与人情美，体现出中国特有的民族风格和民族特色。孙犁出身农村，非常熟悉家乡父老乡亲们的所作所为和优美情怀，他怀着一颗赤子之心，满腔热情地开掘它，表现它，歌颂它。诚如他自己所说："农民的爱国心和民族自尊心是非常强烈的。他们面对的现实是：强敌压境，自己的生命，自己的家园，自己的妻子儿女，都没有保障。他们要求保家卫国，他们要求武装抗日……至于那些青年妇

---

① 郁达夫著：《郁达夫文集》（第7卷），花城出版社1983年版，第145页。

女,我已经屡次声言,她们在抗日战争年代,所表现的识大体、乐观主义以及献身精神,使我衷心敬佩到五体投地的程度。"[1]正是有这样的认识和情感,决定了作家观照生活的独特视角,也形成了作家独特的"荷花淀派"风格。

世界文学中有着很多表现爱国主义主题的作品,它们以各种各样的视角赞颂着人民的伟大情感,号召正义的事业,鼓舞斗争精神,汇成一曲宏大强劲的正气之歌。

(张晋军)

---

[1] 孙犁著:《孙犁文集》(四),百花文艺出版社 1982 年版,第 611－612 页。

第二章 寓言传说的文化内涵

狼 的 故 事

　　人教版初中《语文》第一册选取了清代蒲松龄《聊斋志异》中的一篇关于狼的故事。这个故事只有约二百字的篇幅，却活灵活现地描画出两头凶恶而又狡诈的恶狼形象。

　　这篇故事像一部情节紧张的电视剧。晚归的屠夫，紧追不舍的恶狼，一下子就把人们带到一种剑拔弩张、生死攸关的紧迫氛围中。那个路遇恶狼的屠夫，他开始是害怕，想给狼点吃的东西把狼哄走——"屠惧，投以骨"；然而他担子里的剩骨头不够两只狼吃，而狼又紧随如故，屠夫只好抵御自卫了——"屠大窘，……乃奔倚其下，弛担持刀"。这时，屠夫是倚在一个麦场的柴草垛旁，拿着刀，狼一时不敢冒进，但也不走——"眈眈相向"，盯着屠夫。人狼对视了一会儿——"少时，一狼径去"，一只狼走了？另一只竟像狗一样端坐在屠夫面前，气定神闲，悠然假寐——"其一犬坐于前。久之，目似瞑，意暇甚"。屠夫趁此机会，跳起来——"以刀劈狼首，又数刀毙之"。屠夫的行动果决又干净利落，故事好像可以结束了：一只狼走了，一只狼被杀死。屠夫于是想赶紧离开这地方，没想到转身在柴堆后面却看到了另一只狼！它正在柴堆中刨洞，显然想穿过柴堆从后面攻击屠夫！屠夫顾不得多想，趁它只有屁股

和尾巴露在外边，举刀砍断了它的后腿——"亦毙之"。事后屠夫悟出："前狼假寐，盖以诱敌。"——前边那只狼假寐，是在麻痹我啊！

小说只用了短短202个字，却描述了一场多么生动的人狼之战！这个人与狼的故事在《聊斋志异》中共有三则，这是其中的第二则。另外二则也是说屠夫遇到狼的事儿，同样非常精彩。《聊斋志异》卷六《狼三则》的第一则故事讲，有一个屠夫，黄昏时担着肉回家。引来一只狼，因垂涎担子里的肉尾随他数里地。屠夫很害怕，就拿刀吓唬它，狼止了步，可是等屠夫举步走时，它又跟上来。屠夫想，狼是想吃肉呵，不如把肉先挂在树上，明早再来取吧。他用钩子把肉钩起来，又翘起脚把肉挂在了树上，然后，把空担子让狼看。狼于是止了步。屠夫回了家。黎明时分他去取肉，远远看见那棵树上悬着巨物，好像是一个人吊死在那儿。屠夫吓坏了，蹑手蹑脚地走近一看，原来是死狼！屠夫又仔细看，见狼口中含肉，钩子刺穿了它的上腭，就像鱼吞下了钓饵。屠夫就这样得到了一张昂贵的狼皮。

《聊斋志异》卷六《狼三则》的第三则故事说，有一个屠夫，日落时分在外行走，遭到狼的追逼。不得已，他躲进了路旁看夜人的小草屋。狼从外边把爪子穿透草编结的墙壁探进来，屠夫一把抓住了狼爪，狼往外拽，屠夫不松手，人狼僵持着。屠夫身边只有一把一寸多长的小刀，没有办法杀死狼。于是他割破狼爪下的皮，像杀猪那样往狼爪皮的破口中吹气，直到吹得感觉狼动弹不得了，才把狼爪扎住。出来一看，狼已胀得像头牛，腿不能弯，张开的嘴也合不上。屠夫于是把狼背回了家。

在《聊斋志异》的这三则故事中，狼都是凶恶甚至狡猾的，都是要吃人，被迫应战的人最终都战胜了凶残的狼。作者还在每则故事后加上了评语，嘲笑狼的愚蠢。显然，蒲松龄对狼是憎恶的，酣

畅淋漓地描述了恶狼的可耻下场。

　　蒲松龄讲述的狼的故事体现了我国民俗对狼的态度。在我国民间文学和故事中，狼不仅凶恶、狡诈、残酷，还忘恩负义。民间流传甚广的"中山狼"便是典型的例子。故事来自明传奇小说《中山狼传》。小说写战国时的赵简子在中山打猎，把一条狼追逐得走投无路。情急之间，狼向东郭先生乞求救命，善心的东郭先生把狼藏匿在布袋之中，使它得以脱险。然而，当追兵过去，东郭先生把狼放出来时，它竟要吃掉先生，还说是"救人要救到底"。从此，"中山狼"就成了忘恩负义的代名词。在清代小说《红楼梦》里，就把一个忘恩负义的小人孙绍祖称作中山狼。在中国人知恩图报的伦理观念中，忘恩负义是最遭人唾弃的劣性。

　　清代大学士纪晓岚也写过一篇《狼》，文中以家犬的忠诚与狼的忘恩负义相对照。和家犬一起饲养的两只小狼，长大后表面上和狗一样地驯服，可是背地里却伺机咬死主人。群犬察觉到危机，不断地"呜呜作怒声"，以提醒和卫护主人。终于，主人发觉了狼的野心——"二狼伺其未觉，将啮其喉"时，就果断地杀死了两头忘恩负义的狼。在文章的最后作者这样分析狼的行为：其一，"狼子野心"决不会因受恩而改变；其二，阳奉阴违的勾当比其野心更阴险——"阳为亲昵，而阴怀不测，更不止于野心矣"。看来，纪晓岚对狼也是深恶痛绝的。

　　无论是《聊斋志异·狼三则》《中山狼传》还是纪晓岚写的《狼》，在中国文人心中，狼是集凶残、阴险、忘恩负义而又愚蠢、贪婪于一身的作恶者。在常用语言中也有不少表示狼的这种品行的成语：狼狈为奸、狼狈不堪、狼奔豕突、狼心狗肺、狼戾不仁、狼子野心、声名狼藉、狼吞虎咽……从我国语言中亦可以看到狼那作恶者的形象，而且千百年来一直不曾改变。

　　那么，在西方人的眼中，狼是不是也凶残、愚蠢呢？

在西方的文艺作品中,狼的形象比较复杂,有的凶恶,有的愚蠢,也有的聪明、勇敢,甚至慈爱。狼的形象也不是固定不变的。

在古希腊的《伊索寓言》中有一则少年朋友都十分熟悉的《狼和小羊》的故事。狼看见小羊在河边喝水,就想吃掉小羊。狼先说小羊把水弄脏了,可是小羊是站在下游;狼又说小羊去年骂过它,而去年小羊还没出生。狼找不到借口,凶恶地扑过去吃掉了可怜的小羊。《伊索寓言》中的这只狼既凶残又霸道。

法国中世纪的市民文学《列那狐传奇》中,有一只叫做依桑格兰的狼。它贪婪而又愚蠢,在和狐狸列那的交往中,它屡遭暗算,凶相毕露却丑态百出。

在德国民间童话故事集《格林童话》中,狼也是一副贪婪、愚蠢相。《狼与人》《狼与狐狸》等故事中,狼被狐狸欺骗、暗算,处处被动挨打,叫苦不迭。在《小红帽》中,机关算尽的狼最后还是被猎人识破,难逃覆灭的下场。在西方的寓言和童话中,狼的形象大都也是负面的,在它承载的道德涵义中,凶残、专横、贪婪、愚蠢等恶性一再受到批判和嘲弄,但似乎少有"中山狼"般的忘恩负义。

与这些意义不同的故事也不少,在关于罗马第一个君王罗慕洛的传说中,狼被赋予了母性。故事说,相传战神马尔斯的一对孪生子罗慕洛和瑞穆斯被敌人抛进台伯河。一头母狼从缓缓的混浊不清的泥流中把一对兄弟救起并带到山洞里哺育。后来,兄弟俩又被牧人收养。长大后,罗慕洛和瑞穆斯推翻了敌人的统治,在母狼救出他们的台伯河畔建起一座新城。在建城过程中,喝狼奶长大的孪生兄弟发生了争执并自相残杀,最后哥哥获胜以自己的名字命名新城为罗马。在有关罗马的奠基人和第一任国王罗慕洛的传说中,那只极具母性的狼占据着特殊的地位。后世有无数的文艺作品,从雕塑、绘画到戏剧,不断礼赞着母狼的仁慈,而罗慕洛从狼身上继承的兄弟相残没有受到谴责。

德国诗人海涅在长诗《德国——一个冬天的童话》中,把狼比作坚定的革命者:粗犷的,"充满了饥饿"的狼嗥声是欢迎革命者的"小夜曲",狼的"闪闪烁烁"的"火红的眼睛","像是黑暗里的灯光"。诗中的"我"就是诗人自己,备受"政府的嫉恨"及"文艺界的绿林好汉们"攻击。所以,当他听到"狼弟兄们"嗥叫着欢迎他时,感到十分幸福!他高歌:"我永远是一只狼,我有狼的牙齿狼的心。我是一只狼,我也将要永远嗥叫,跟着狼群,你们信任我,我们要自助,上帝也就会帮助你们!……"这里,海涅对狼的赞扬,是在赞扬一种顽强、勇敢、不屈不挠地与黑暗势力作斗争的崇高品性。诗人以狼自诩并要在夜里与"狼兄弟们"会合表明了他坚定的革命立场。

在信仰"适者生存"的美国作家杰克·伦敦的笔下,狼被赋予了更为复杂的内涵。1900年,杰克·伦敦的第一部小说集出版,标题为《狼的儿子》。小说集收录的四篇"北方故事"充满了激烈、清新而又顽强的气息。劳动者在与大自然的搏斗中建立起的倔强、不怕死的精神就是作者所推崇的狼的精神。在新大陆这块广袤的土地上,这种"狼的精神"有着鲜明的美国民族的烙印。以后,在小说《海狼》中,"魔鬼号"的船长赖森在文明与野蛮的较量中成为吃人的"海狼",体现了"适者生存"的超人哲学。《野性的呼唤》被认为是杰克·伦敦写得最好的小说。故事中,作者满怀激情地呼唤狼的"野性",这是在一个"没有上帝的世界"里必须具备的"野性"。"野性的呼唤"贯穿在整个故事中并越来越强烈,直至最终获胜。小说的主人公布克是一条强壮、聪明的良种狗,几乎具有人的一切情感。它在自由自在的生活中被人盗走,被迫上了它的人生第一课:拿棍子的人就是主人——这是它被打得遍体鳞伤后学到的"真理"。布克被卖到阿拉斯加,它不再反抗,靠着自己默默的坚持,它学会了拉雪橇。有一次,在一场斗争中,它将一条强悍的狗

打败而成为狗群的领袖。这时候,潜藏在布克身上的"野性"已初露锋芒。荒野中,此起彼伏的狼的呼唤也越来越强烈地扰乱着布克的"默默的坚持"。后来,布克遇到恩人约翰·宋顿,得到了厚爱。但是,"荒野的呼唤"也显得更为强悍、雄浑。只是出于对约翰的感恩,布克才抵御住了那种深深吸引它的回归原始自然生活的呼唤。为了报答约翰,布克多次从危难中营救了他。但是,约翰最终被印第安人杀死。布克勇猛地为主人报了仇,终于走向荒野走进狼群,并以它的机敏、勇敢成为狼群的首领。布克离开了人类,对着苍白的月亮和朦胧的北极光"高歌一曲,唱着一支原始的年轻世界的歌曲,那就是狼群之歌"。

勇敢、强悍的布克用生命打出了一片天地,成功地响应"野性的呼唤"而回归自然,终于成为群狼之首。然而,每年夏天,它都要回到约翰墓前,然后长长地、凄凉地嗥叫着离开。杰克·伦敦的布克是"适者生存"的赞歌,又是因残存的人性温情而惆怅的孤独者。现实生活中,作者自己也曾在"适者生存"的原则下获得成功,然而没有找到精神的家园。成名后,他挥金如土,却找不到预期的快乐;花巨资兴建的豪宅"狼舍"未及迁入即毁于无情的大火。最终,作者在 40 岁时自杀。杰克·伦敦真诚呼唤着野性,在精心塑造的狼形象中寄寓了自己的向往、奋斗和失落、乃至幻灭,有着极其丰富的内涵。

从《伊索寓言》《列那狐传奇》《格林童话》中的恶狼、蠢狼到罗慕洛传说中的母狼;从海涅笔下坚强不屈的狼到杰克·伦敦小说中成群的狼,西方文艺作品中的狼形象是复杂多变的:或褒或贬、或抑恶扬善、或寄寓人生情怀、或张扬追求、梦想。这和中国是多么不同呵。深受中庸文化熏陶的中国人,温顺、平和而耻于用暴,重文轻武。所以,容易将狼的凶残、多疑等自然属性引申到道德批判的领域。在文学艺术将动物人格化的过程中,对狼又加进了一

些中国人深恶痛绝的劣性和恶行,如忘恩负义、贪赃枉法等。而生性崇拜力和美的西方人,喜欢冒险,向往以自己的勇敢和力量去开辟未来、征服世界。因此,在利用狼的自然属性进行道德说教、道德批判的同时,对狼性中的凶猛、强悍则给予了理想化的观照。这也就是为什么中、西方的狼形象不同的原因。阅读一篇又一篇狼的故事,不是可以让我们对东西方的文化差异有更感性、更深入的理解吗?

(胡亚瑜 黄燕尤)

《伊索寓言》中的文化信息

寓言是带有劝谕性或讽刺性的小故事,常用夸张手法描写人物或把动植物与没有生命的东西拟人化,以寄托深奥的生活哲理和道德教训,深受人们的喜爱。世界上有不少大文豪如俄国的列夫·托尔斯泰、印度的泰戈尔等都创作过很多寓言佳品。

在世界文学史上,寓言的产生比小说、戏剧都早。最早产生的文学形式,是神话和诗歌。那时人类还没有创造文字,神话和诗歌都只能在口头上代代相传,寓言也一样。

希腊、印度和中国被称为世界上寓言文学三大发祥地。在西方古代最有影响的莫过于伊索所作的《伊索寓言》了。今天人们一提到"寓言"二字,往往想到《伊索寓言》。

《伊索寓言》的作者伊索,生活在前 6 世纪前半期,传说他曾是萨摩斯岛的雅德蒙家的奴隶,因为才智过人,善于讲述寓言故事而被主人释放。他成为一个自由民后,游历了希腊各地,受到撒狄吕底亚国王克洛伊索斯的器重和信任,帮助克洛伊索斯完成了不少繁难的政务。后来,伊索作为克洛伊索斯的特使去了德尔斐,遭人妒忌而被控亵渎神灵,为当地居民杀害。

现在我们所知道的《伊索寓言》最早的集子是前 4 世纪与前 3

世纪之交,雅典哲学家得墨特里俄斯所编辑的有近二百个寓言的汇编。

在古代希腊的一些著作中,对伊索的研究占有重要地位。古代希腊的大哲学家苏格拉底,在狱中临刑前,仍努力想把散文体的《伊索寓言》改写成诗。而著名的希腊雕刻家吕西波斯曾为伊索雕像。

在雅典,从前5世纪开始,《伊索寓言》成了儿童故事的主要来源,低年级的学生从《伊索寓言》中学习民间智慧,高年级的学生则以之进行修辞训练。前1世纪罗马的著名教育家昆提利安以希腊的学校教育为根据,提出了自己的教学计划。依照这个计划,儿童入学后首先学习的就是《伊索寓言》,而荷马和维吉尔的史诗则在其后。

这些都说明了《伊索寓言》在古代所受的重视程度。直到今天,研究《伊索寓言》的著作简直可以用汗牛充栋来形容了。

那么,为什么古往今来这么多人都要去研究《伊索寓言》呢?其中重要的一点,就是因为《伊索寓言》蕴含了丰富的文化内涵。

首先,它有助于我们了解古代希腊社会的政治、经济、历史、思想等种种方面。

在伊索所生活的古代希腊奴隶制城邦中,奴隶和奴隶主之间的矛盾是当时的主要矛盾。在两者的激烈斗争中,寓言成了一种特殊的工具。受压迫的奴隶想要说出,但又不敢说出自己的感情,就通过寓言来表达,借虚构的笑话避免责难。

因此,《伊索寓言》中的不少篇幅是站在奴隶和穷人的立场上,表现了他们对极为不平等的社会的控诉,流露了他们对自由的渴望。比如,《燕子和蟒蛇》的故事中,试图免除遇害而在法院中做窝的燕子,仍然免不了雏燕被蟒蛇吃掉的命运,暗示了在一个没有公正可言的社会中,正义和法律对那些作恶多端的人是毫无作用的。

《狼和小羊》的故事,狼为了吃掉小羊,提出种种莫须有的理由,在遭到小羊的一一驳斥后,终于恼羞成怒,不加掩饰地暴露了要吃掉小羊的目的。《狼和狗》的故事中,饱餐却被套着脖套的狗无比羡慕挨饿的狼,表达了奴隶主枷锁下的奴隶们对自由的渴望和追求,宁可挨饿受冻,也不愿舍弃宝贵的自由。

其次,《伊索寓言》中还有相当一部分是对生活经验的概括和总结,不仅反映了当时社会的状况,见证古希腊人民思想发展的高度,而且其充满智慧的思想对今天的读者来说也是颇为有益的。

其中有的故事反映出当时的人们已具备了朴素的唯物主义思想和辩证法思想。比如说,《驴、公鸡和狮子》这则寓言中,驴子误以为被鸡声吓跑的狮子(据说狮子怕公鸡叫)是害怕自己,就去追赶狮子,最终被狮子吃掉。告诫人们要实事求是。《狮子和蚊子》的故事中,蚊子仗着轻巧,战胜了狮子,得意忘形之时,被蜘蛛网粘住了。可见,强弱、利弊在不同的环境下是可以转化的,应该辩证地看待他人和自身。《驮盐的驴》中的驴第一次驮的盐掉在水里,溶化后减轻了负担,第二次驮海绵时,驴也想如法炮制,结果适得其反,加重了负担。说明凡事都应具体情况具体分析,不能拘泥不变。《打破神像的人》中的穷人天天供奉神,却越来越穷,终于不再相信神而打破了神像,反而获得了财富,是对人和神的关系的大胆挑战。

有的故事表现了当时平民的生活和信念。他们相信勤勉能换来丰收的果实。比如《农夫和他的孩子们》中,农夫临终前告诉自己的孩子,葡萄园中埋着宝藏,孩子们犁地般地翻遍了园子也没有找到,但因此收获了大量葡萄,这不是真正的财富所在吗?而《蚂蚁和蝉》的故事则相反,蝉因为没有储备粮食,而不得不向早作准备的蚂蚁乞讨,不经过辛苦劳动,怎么可能坐享其成呢?

这一类寓言中往往总结了希腊人对生活、对人性、对宇宙万物

的探索和认识，寄寓着深刻的真理。如《农夫和蛇》的故事，表明当时的人们已经认识到恶人的本性是无法改变的；《乌龟和兔子》告诫人们骄兵必败，做人要像乌龟一样有恒心、有毅力，坚持到底；《乌鸦和狐狸》提醒人们警惕阿谀和奉承；在《狐狸和豹》中的狐狸和豹比美，狐狸就认为心灵美比形体美更重要。《蚂蚁和鸽子》中鸽子救了快淹死的蚂蚁，而蚂蚁又使鸽子免于遭受捕鸟人的捕捉，说明与人为善的重要。《开玩笑的牧人》很类似中国的《狼来了》的故事，其中的牧人在没有狼的情况下，屡次呼救，结果真有狼来的时候，就没有人再愿意相信他了。《衔肉的狗》中的狗看到自己在水中的倒影，为了去抢那块水中的肉，放弃了口中的肉，结果水中肉没捞到，口中肉也被冲走了。说明人如果贪得无厌，就会一无所获。这些朴素的真理至今还闪烁着智慧的光芒。

仅就文学而言，《伊索寓言》不仅是古希腊文学的瑰宝，而且是西方文学中奠定寓言这种体裁的基石，对后世的影响极其深远。后世著名的寓言作家，如法国的拉封丹、德国的莱辛、俄国的克雷洛夫，都从中汲取丰富的养料。《伊索寓言》那出神入化的拟人化手法和深刻寓于简单之中的故事结构，到今天也仍然是寓言的主要表现手法。正如上文分析的那样，文学作品中常常蕴涵着丰富的文化信息，人们常说古希腊文学是西方文学的源头之一，那么要想深入了解西方文学与文化，就可以从读《伊索寓言》开始。

我国古代也有大量优秀的寓言作品。如《庄子》《韩非子》《吕氏春秋》《淮南子》等作品集中的《揠苗助长》《守株待兔》《塞翁失马》《叶公好龙》等。正如《伊索寓言》对西方文学的影响，我国古代寓言对中国文学的影响也是极为深远的。那么，各地方的寓言故事之间有没有相似之处呢？

因此，还可以从各民族之间寓言故事的相互影响的视角来探索《伊索寓言》的文化意义。比如，在《伊索寓言》中的有些寓言，也

见于印度的《五卷书》，有些学者认为这些故事的老家不是希腊，而是印度。著名学者季羡林就曾经专门研究过柳宗元《黔之驴》的故事，将它与印度《五卷书》、古希腊《伊索寓言》和法国拉封丹的寓言里类似的故事相比较，认为它们出自同一个源头。探讨各民族之间寓言故事的异同和相互的影响，一定是个十分有趣的话题。

《伊索寓言》毕竟写成于几千年前的奴隶社会，其中有些糟粕是应该被现在的读者抛弃的，有些故事如果通过逆向思维去多角度思考，做一番全新的解读，可能会与现代社会和现代人更为息息相通。这一点，读了钱钟书先生的《读〈伊索寓言〉》就会有所感悟。

《伊索寓言》中的故事，像《农夫和蛇》《狼和小羊》《乌龟和兔子》《狐狸和葡萄》等，早已在全世界妇孺皆知。它绝不仅仅是写给孩子们看的著作，对于成人，同样可以从中受到教益。它也不仅是写给古代人看的，对于今天的我们来讲，有助于更为清醒地认识到人类自身的处境与弱点。

总之，《伊索寓言》作为古代希腊人所留给后人的宝贵文化遗产，滋养了几千年来的人们，使我们从中了解希腊社会，获得生存智慧，学会做人。《伊索寓言》虽然篇幅短小，但发人深思，总能给人一种常读常新的感觉，这恐怕是其流传千古的原因吧。

（黄孝萍　李红梅）

第二章　寓言传说的文化内涵

中国的鬼文化

人教版初中《语文》第一册选了晋代人干宝写的《宋定伯捉鬼》，这是一个捉鬼卖鬼的故事，也是我国文学中一则较早也比较生动的降鬼故事。对于人类来说，鬼的世界一直是神奇迷幻的，人人都说鬼，人人又都说不清鬼。鬼对人来说是千古的神秘，有人怕，有人恨，也有人崇拜。

那么，鬼从何来？

鬼神观念最早产生于对灵魂的求索。在远古时代，人类的认识能力和思维能力很低。对于人体的生理构造和机能不清楚。古人认为，梦中出现的人是脱离人的躯体的灵魂，他们"相会在梦中"，是灵魂的相会。这就是说，灵魂是可以脱离肉体而单独存在和活动的。它并不随着肉体一同死亡。灵魂不死，变成什么了？就成为人们所说的"鬼"了。人们害怕它，信仰它，并在行为中做出种种举动（如遇到困难祈求本部落死者鬼魂帮助，事情顺利时对鬼魂进行祭献、答谢等），从而形成最初形态的鬼文化。可见鬼的观念正是由人对死亡的看法而产生的，这样的思维流程在世界各民族都是共同的，中国也不例外。所不同的是，西方人认为人死后肉体毁灭，灵魂升入天堂。中国人则认为人死后灵魂回到祖

先那里，仍与活人保持着联系，即使死后在祭祀中与活人也连在一起。因此，鬼魂观念与祖灵观念结合在一起，是中国鬼文化的鲜明特征。

从现有资料看，古老的中国，远在刀耕火种、树叶兽皮蔽体的时代就有鬼的观念了，而且显得浓郁成熟。甲骨文中已有不少"鬼"字。殷人尚鬼事神，周代以后鬼神观念更浓，谈神说鬼，有鼻子有眼，活灵活现，史传书籍也有了具体的叙述。如《左传》记载：鲁庄公时期，公子彭生含冤而死，死后冤魂不散，变成猪，向齐侯报仇，一声怒吼，吓得齐侯从车上摔下来，一命呜呼。墨子在《明鬼》篇中也记述了一则鬼的故事：大臣杜伯被周宣王杀死。后来，当周宣王会合诸侯之际，已经做鬼的杜伯乘坐一辆白马拉的车，身穿红色衣帽，追周宣王，终于追上，用箭射死了他。类似的记载在其他书中还有一些，这说明春秋战国时代鬼神之事已经得到相当普遍的承认并载入史册典籍。

汉代愈加敬畏鬼神。相传汉武帝率兵征伐南方少数民族地区时，见一老者，已160余岁，武帝问其长寿术，老者说："敬鬼!"汉武帝决心仿效他。回京后，筑坛敬鬼。遗憾的是他并没取得老者那样的效果。但是，他的身体力行，使汉代的敬鬼之风更加炽盛。

中国鬼文化是在原始社会的土壤中萌生，同时随着中国历史文化的发展、进化而不断丰富、发展的。在这个发展过程中，华夏道教的产生及汉代以后佛教的传入，为尊神事鬼提供了系统的理论基础。尤其是佛教的因果报应之说和地狱观念，更加强化了人们的鬼神观念，以致在某些人心目中形成了虔诚的信仰。如天灾人祸，要祈神祀鬼；疾病缠身，要请巫除鬼；道德教化，也要请鬼作"教师爷"，传授"因果报应"之经，要人们弃恶从善；追求健康长寿，更要虔诚地敬祀鬼神。

由于民众普遍信仰鬼神，中国的鬼文化便慢慢地延伸到衣食

住行、婚丧嫁娶、房屋建筑、出门旅行等日常生活中,形成一整套风俗习惯。如丧仪、冥婚、冥钱、鬼节、贴门神都是较为流行的习俗。这些习俗,都以鬼魂的存在为前提,各有爱憎亲疏的内涵。譬如,人死后,趁其身体未凉,要给死者擦洗干净,穿上寿衣以免亡魂到阴间没有衣服穿。另外,入殓时,有的地方给死者左手持钱,右手拿烧饼,以免死者饿肚子。这些显然是生者对死者爱的表现,而贴门神,是为了"驱鬼除邪"反映了人们恐惧天灾和憎恶人祸的心理。这些习俗世代相传,有一些不只具有地方性、民族性,而成为整个中华民族的共同习俗了。

这些习俗中的鬼观念以主观幻想的虚幻的方式表现了人间的真情、真性与真意,深深烙印在人们的心灵中,并且广泛地影响人们的社会生活,也就自然地反映在作为精神产品的文学艺术中。

《诗经》之后出现的楚辞,就是在祭祀天地鬼神这样的鬼文化基础上产生的带有巫音色彩的诗体。在中国的鬼文化中,丧葬、祭祀从来就是很重要的鬼事活动,围绕这一活动,也产生了许多相关的文体,如墓志铭、祭文、吊文、哀辞等。用这些文体,历代作家写出了许多佳作名篇,如韩愈的《祭十二郎文》,可以说是声情并茂,感人至深。

鬼文化不仅促成了某些文体,同时给文学创作提供了丰富的情节素材和思想内容。屈原《九歌》即是一例,其中所祀之鬼神,如山鬼、河伯、云中君、大司命,祭祀时歌舞娱神的场面等等,无不是对民间驱鬼敬神活动的真实反映。有关鬼文化现象在历代诗歌创作中也多有体现。如白居易的《长恨歌》是取材于招魂风俗,鲍照的《蒿里行》,将鬼魂、阴界的材料纳入其中,被誉为"鬼才"的李贺,也以民间流传的鬼怪传说写成《苏小小墓》。

鬼文化更为明显的是反映到小说里。魏晋南北朝"特多鬼神

志怪之书"①,著名的有晋干宝的《搜神记》、荀氏的《灵鬼志》、王琰的《冥祥记》、刘义庆的《幽明录》等,其思想基础就是鬼魂信仰和民间鬼故事。这些著作不都是写鬼,然而鬼在其中占相当大的比重。有些是纪实性的,耳闻目睹到一些怪异的现象,得不到解释,便归之于鬼神。有些则是文人虚构的,赋予作品以强烈的教化意义。魏晋南北朝是鬼文学的第一个高潮期,对于后来鬼文学的发展影响较大。

　　唐代传奇继承了志怪小说的传统,有不少谈神说鬼的作品,具有很丰富的生活内容和强烈的感情色彩。继唐传奇以后,影响最大的小说是宋元明的话本小说,其中写神鬼的作品,如"三言"中的《羊角哀舍命全交》、"二拍"中的《大姐游魂完宿愿,小妹病起续前缘》等。或表现情意绵绵、生死不渝的情谊,或表现冤大仇深、曲折申诉的案件,或鞭挞背信弃义,或报答知遇之恩,都是由现实而发,而又落脚到现实之上。到清代则有家谕户晓、脍炙人口的《聊斋志异》,这部近五百篇短篇小说的集子,创造了一个五光十色、变化多端的狐鬼花妖的艺术世界。他所写的阴间,都是人间的反映。他所写的善鬼和恶鬼,也就是社会中的好人和坏人。作者对当时政治的黑暗、官吏的贪污、豪绅的横暴,从阴间到人间,给以怒骂和嘲讽,目的则在揭发与打击。同样,吴承恩先生也看到妖精鬼怪象征着社会的邪恶势力,所以写出《西游记》,塑造出孙悟空这一除妖灭害的形象,以激励人民斗志。

　　从以上现象不难看出,鬼信仰越到后世,越转向了现实社会,也就是说社会生活的内容越是在鬼信仰中得到反映。鬼同鬼的关系,人和鬼的关系不过是现实社会中人和人之间关系的一种反映。我们不仅要注意鬼文学的虚幻性和荒诞性,更要重视其中的现实

① 鲁迅著:《中国小说史略》,人民文学出版社 1981 年版,第 43 页。

性和思想性。

实际上,优秀的鬼文学,总是这样那样曲折地反映现实的矛盾斗争,蕴含着人们强烈的情感和希望。《搜神记》中有一则《干将莫邪》的故事。说的是莫邪为楚王铸剑,得罪了国王,被杀,其子眉间尺为父报仇的故事。他的复仇方式有些怪:不是自己刻苦磨炼一身本领刺杀国王,也不是死后变成厉鬼去勾国王的魂。有一天,他遇到一个勇士,答应为他报仇,只是要两件东西:剑和他的头。他毫不犹豫地将自己的头割下,交与勇士。勇士便将他的头献给国王。国王将他的头放在大锅里煮,不料煮了三天三夜竟然不烂,国王十分惊奇,凑近了看,勇士乘机砍掉国王的头,为他报了仇。这个故事虽然荒诞,却喷发出气冲云霄的凛然正气,以致两千年后,感动了鲁迅,他根据这个故事写成小说《铸剑》,进一步弘扬了疾恶如仇、不畏强暴、伸张正义的精神。如果将同类题材的作品做比较,荒诞笔法的鬼文学在思想上达到的深度并不亚于真实的现实主义作品。

相同的道理,外国文学当然也有涉及鬼的作品,但多数没有我们中国的鬼文学那么怪诞离奇,具有丰富的内涵。有时表现鬼,仅是一种艺术安排。举一个例子:莎士比亚在剧作里有时穿插鬼的故事,《哈姆雷特》中就表现了鬼魂。《哈》剧中的鬼平常是不出来的,他出来的时候,总穿着生时的服装,并且总在夜里,等到天亮鸡叫,就要匆匆消逝。这里的鬼完全是一种戏剧工具,在莎士比亚剧中,鬼不是剧情的主要部分,而仅是推动剧情发展的一种手段。这和我国说鬼的故事大相径庭,我国的鬼文学就是表现鬼,鬼是故事的主角,是核心。所以相比较而言,在中国文学艺术中,鬼文化打下的印记更深。

不仅如此,鬼文化对我国的语言文字也有明显的影响,在字典中,鬼是一个独立的部首。鬼部中,有魑、魅、魍、魉、魁等等,可以

说,构成了一个独立的鬼的家庭。人们对鬼字的使用,大体有以下几方面的意义:

(1)喻称人的阴险、狡诈、不光明。如鬼话连篇、鬼鬼祟祟。

(2)表示对道德品格不好的人的鄙视情绪,如酒鬼、小气鬼、吝啬鬼等。

(3)形容人的聪明、机灵(多指孩子),如说:"这孩子真鬼!""李贺是个鬼才!"

(4)表示爱的称呼,如小鬼、淘气鬼。

鬼字词义的多重性,来自人们对鬼的认识,态度和情感的多重性,这样,鬼字就被赋予不同的含义。另外,"鬼"对成语也有影响,不少鬼成语想象丰富,形象特异,很有表现力。如:"鬼使神差"、"鬼斧神工"、"鬼蜮伎俩"、"鬼哭狼嚎"、"魑魅魍魉"。

今天作为一种信仰的鬼文化,随着鬼魂信仰的生存基础的消失而退出历史舞台,但作为一种文化现象的鬼文化早已融入到中国文化的大血脉中。

(张黎敏　李红梅)

人性异化的现实悲哀与精神突围

——阅读《促织》和《变形记》

　　"一天早晨,格里高尔·萨姆沙从不安的睡梦中醒来,发现自己躺在床上变成了一只巨大的甲虫。他仰卧着,那坚硬得像铁甲一般的背贴着床,他稍稍抬了抬头,便看见自己那穹顶似的棕色肚子分成了好多块弧形的硬片,被子几乎盖不住肚子尖,都快滑下来了。比起偌大的身躯来,他那许多只腿真是细得可怜,都在他眼前无可奈何地舞动着。"

　　这是奥地利作家弗兰茨·卡夫卡的短篇小说《变形记》的开头。人怎么能变成甲虫呢? 正像读者会产生"像一场梦"的感觉,格里高尔对自己的变形也是惊诧万分! 虽然思维仍然存在,但身体变成了甲虫,格里高尔无法控制自己,为此他十分着急。要是他不能按时上班,就会被公司解雇,而他承担着全家的经济重担。果然,公司的秘书主任到家里来询问他迟到的原因。当格里高尔努力打开房门,出现在大家面前时,所有的人都惊呆了……他的变形引起了家庭的恐慌,怕被人知道,家人把他关进房间里。日子一天天过去,他保持着甲虫的状态,无聊也无奈地呆在空荡荡的房间

里。他渴望与人沟通，重新走进人的世界，可家里人已习惯把他当虫看待了，并对他十分厌恶，尤其是父亲，父亲甚至愤怒地拿一个烂苹果打得他有一个月不能行动。失去儿子的经济收入，家里的经济每况愈下。为了增加收入，父母空出几间房子租给了房客，把腾出的家具、旧东西一股脑儿塞到了格里高尔的寝室里，把他的房间当做了储藏室，而他也被家人遗弃。有一次，他听到了妹妹拉小提琴的声音，情不自禁地爬出房间来到客厅，房客们发现了他，便闹着要退房租。妹妹气愤地叫嚷着一定要将他这个"怪物"弄走。格里高尔绝望了。这天晚上，他怀着对家人的温柔和爱意，决心消灭自己，悄然告别了人世。格里高尔死后，家里人如释重负，不久迁入新居，很快忘却了那段令人不堪的日子，开始了新的生活。

《变形记》反映的是主人公在重重压迫之下掌握不了自己命运以至被异化的悲剧。这是一个荒诞而悲哀的故事，这种悲哀是现代人生存的悲哀，这种荒诞是工业社会与人性相抵牾的荒诞。

作者以冷淡平静的口气向我们讲述了一个令人恐惧惊异的人变甲虫的故事。小说细腻逼真的心理描写，既表现了作者自己由于"家庭阴影"而造成的心灵压抑，又传达出20世纪初期西方一代人的精神危机，表现了人性被严重异化的灾难性后果。

马克思曾说，现代工业社会，劳动使劳动者的身心发生"异化"，劳动不是人的价值所在，而降为单纯的谋生手段和可以出卖的商品。格里高尔一生疲于奔命，为的就是还债养家，自己的生活毫无乐趣可言，完全成了挣钱的工具。变成甲虫后，担心的也是失去工作，依然摆脱不了小职员唯唯诺诺、战战兢兢的心理状态，甚至乞求秘书主任允许他继续为公司而效力。直至临死前还幻想"下一次门再开时他就要像过去那样重新挑起一家的担子"。这样，劳动对他没有丝毫的快乐，只是沉重的负担和压力。

正是在这样的意义上，小说揭示了西方现代社会人与人之间

的关系。在公司老板的眼里,格里高尔不过是创造价值的机器。当他不能继续工作时,公司就把他解雇了。在父母的眼中,格里高尔的价值仅在于养家糊口。在他变成甲虫后,亲人们也抛弃了他。父亲给予他的是威吓和冷眼,母亲感到他是个不能再挣钱的累赘,就连妹妹后来也经常忘记给他喂食。当他死后,全家人所感到的不是悲哀而是解脱。邻里与房客对他的态度,避之惟恐不及。至于他精神上的痛苦、身心的压力从来没有人过问。他生活在亲人中间却感觉不到亲情的温暖,甚至被看成是异类甚至祸害,惟恐他不死。这种描写,将西方现代社会人与人之间的冷酷关系暴露得淋漓尽致。

小说还细致地表现了格里高尔变形后的内心活动,表现了现代社会人的自我异化:无法摆脱的恐惧感、孤独感和悲哀。格里高尔兢兢业业、胆小怕事、与世无争,但灾难无情地落在了他的头上。失去了人形的他自惭形秽,整天在空空荡荡的房间里无聊和无助地爬来爬去,最多只能趴在窗台上向外张望。懊丧、孤独和痛苦,渴望理解的焦虑以及不能再工作的忧伤,成为格里高尔变形后主要的心理特征。这样,在古典作家笔下的"宇宙的精华,万物的灵长"的"人",在现今社会完全成了精神上悲惨的可怜虫。

卡夫卡对异化的感受和表现很独特,也很真实。他让人看到了自己无法掩饰的真实生存状态。物质丰富的现代社会使人失去自我,寻求自我很容易进入孤独,孤独必然逃避现实。于是,现实与人形成敌对关系,人生也就成为必然的悲剧了。这就是作品为什么能激起整个一代人共鸣的原因。

中国历代文学作品也写人的变形,比如大家熟悉的神女化石、庄周梦蝶、梁祝化蝶等等,每个变形故事都有不同的喻义。人教版高中《语文》第四册收入了《聊斋》里的一个变形故事《促织》,这是人变为促织(蛐蛐)的荒诞故事,揭示了封建社会普通人的生命不

如一只促织的悲惨现实。可以说,这个故事和卡夫卡的《变形记》有着异曲同工之处。

《促织》的故事是这样的:明朝宣德年间,忠厚迂讷的成名,因为担负了捕促织的差役没能按时完成,遭受官刑,弄得焦头烂额,几乎走投无路,只想自杀。后来,幸有一驼背巫婆给了他图纸,成名在大佛阁捕获到一只特佳促织,准备呈献交差。不料九岁的儿子好奇,打开了瓦盆,促织跳出,儿子忙扑捉,促织却死了,急得成名如坠冰窟。儿子畏"罪"投井自杀,幸然被救起尚存奄奄一息,但一直昏迷不醒。儿子的灵魂化作促织,成名将把它献给官府,它英勇异常,连战三捷,博得皇帝赞赏。胜利后儿子魂又附体复活,成名才死里逃生,并得到奖赏,成为当地富豪。

这篇小说堪称中国的《变形记》。它反映了在封建社会,人民遭受沉重压迫的苦难命运。这个故事,有力地揭露了封建统治阶级的荒淫残暴,指出他们享乐的正是人民的血和泪。至高无上的皇帝偶尔以逗促织为乐,为讨皇帝开心博得封赏,各级臣属竟然强逼人民四处寻找良种促织觐献。成名求之不得,被逼得几近家破人亡。尽管作品中,作者以荒诞手法制造了一个魂化促织的喜剧结局,但这毫无疑问只是一个美丽的神话,只是身处绝境的下层人民对自己的安慰而已。

小说中,成名儿子魂化的那只促织,外形短小,黑赤色,形如土狗,梅花翅,方首,长腿……并没有什么奇特之处,和人们常见的草地上的促织没什么两样,起初甚至没有引起成名的重视。但是它似乎颇通人性:见父亲不抓它,就自己跳到他的衣袖上,好像在安慰父亲。而它在决斗中表现非凡,胜利后得意鸣叫,似在向主人报捷。它的各种喜好,如闻琴起舞,极符合儿童的天性,显得非常可爱。所以才更加深了人们的悲哀,加重了故事的悲剧色彩。

在现实生活中,人当然不会变成甲虫、促织,甲虫、促织也不会

有人的心态和行为。不过,当我们透过小说的荒诞形式以及它们所体现的现实世界时,就会领悟到作家所表现的生命状态绝非虚假。可以说都是"满纸荒唐言,一把辛酸泪"。

如果说《变形记》是用荒诞表现西方现代社会的生存状态,那么《促织》则是试图在神话中寻求一种精神突围。这,有点儿像后世所说的"精神胜利法",幻化中的幸福,尽管不知道什么时候才能和现实相联系,可是,它还是能够给人甜蜜的慰藉。这种对精神慰藉的企望竟形成了文化传统。中国古代文学中如《长恨歌》、《牡丹亭》等不也是这种传统的体现吗?

海德格尔曾说,只有诗意地栖居在大地上,才是人类生活的终极目标。我们相信:通过努力创建和谐美好的人类社会,"诗意地栖居"——畅扬人性的幸福生活一定能实现!

（张晋军　雷慧）

为什么外国人不喜欢"愚公移山"之类的故事

愚公的故事见于《列子·汤问》,这在中国是一则家喻户晓的故事。在中国共产党第七次全国代表大会的闭幕式上,毛泽东主席以《愚公移山》为题,发表了重要讲话。而故事本身则很早就被收入各种神话、寓言及故事集中。故事的寓意及深刻的哲理性,教育了一代又一代的中国人:传说古代有一位老人名叫北山愚公,家门前有两座大山挡住了路,遂下决心要把山平掉,另一老人河曲智叟笑他太傻,认为不可能。愚公说:"我死了有儿子,儿子死了还有孙子,子子孙孙是没有穷尽的,这两座山可不会再增高了,凿去一点就少一点,终有一天要凿平的。"

愚公的故事家喻户晓,愚公的形象妇孺皆知,然而我们很少换一个角度来看这个故事,来看愚公,就是说愚公之"愚"的一面很少引起中国人的思考。愚公决定挖山时绝不会想到会有神仙帮助,将山背走。盘古开天地用了一万八千年,如果没有神仙帮助,愚公移山恐怕两万八千年也难以完成。愚公的乐观逻辑——即儿子死了有孙子,孙子又生儿子,儿子又有孙子——其实现的前提应该是,每一位子孙必须像他们的祖先那样愚,不得改变祖上的做法,不得开辟新的生活道路,永远沿着前人的脚步走。

　　这样的故事中国人或许可以做同情性的理解，但务实、灵活、功利性强的外国人则难以喜欢。理解事物的根基是文化因素。我们只要将愚公与希腊神话的大力士赫拉克勒斯对照，即可以认识中西文化语境中的英雄形象是不一样的。

　　愚公是体现了中国文化精神的英雄形象，强调意志与理性精神，显示出儒家的积极用世态度。

　　儒家将"忧"分为外感之忧与内发之忧。前者指因困难挫折而遭致的"忧"，如愚公家门前那两座大山挡住了路；后者是欲实现理想而生起的"忧"，如智叟的笑就是愚公实现理想的一种精神障碍，进而又转化为一种精神动力。儒家认为，君子所真正当忧者，曰内忧，即精神之忧、内发之忧；而外忧即物质之忧、外感之忧则非我所致。此君子所为，可愚公的行为精神更接近于常人，下决心平掉两座山，有实干精神，同时又超越了常人，如智叟所代表的，成为后世人们在困难挫折面前何去何从的指路明灯。

　　儒家也将"乐"分为两类：感性之乐与理性之乐。儒家津津乐道的是后者。智叟为何要笑，当然是不信愚公能移山；如何又笑愚公太傻，自然是觉得愚公不能量力而行，不知道节制。如道家所言，不知道任自然、不曾忘身、无己、事天，而被外在之物和外驰之心牵着鼻子走，疲于奔命。在智叟看来，愚公如此知其不可为而为之，实在是自讨苦吃。愚公的回答无疑是乐观的，也是一种理性之乐、人定胜天精神的呈现。这种理性之乐，即相信子孙万代终有一天能把大山搬走，可以化解因物质匮乏或困难处境引发的外感之忧（如大山之忧）。因而，愚公与其说是一种理想的英雄形象，倒不如说一种理性精神的象征。

　　赫拉克勒斯是希腊神话传说中最著名的大英雄，是一个真正的人民英雄、坚强有力的劳动者和殉道者，是不可摧毁的体力的化身，同时又是智慧、果敢、无畏的典范。与凡人愚公不同的是，他天

生臂力惊人,婴儿时代就露了一手神功,将爬上小床的巨蟒掐死。与愚公不为引导他得过且过的智叟所惑相似,赫拉克勒斯成年后,享乐女神说要引导他走一条舒服而快乐的道路,美德女神引导他走一条艰苦奋斗为众人造福的道路,最终他不为享乐女神所惑,而听从美德女神之劝,不贪美食,不近女色,把为民除害当做人生最好的出路、最大的幸福,甘心走艰险的道路。两者均为后世所敬仰。

两者不同点在于:赫拉克勒斯的力大无穷既是他的优势,也是他的弱点。少年时一怒之下失手杀死音乐教师,后来又突然发狂亲手杀死妻儿,清醒后方悔恨不已,乃以历险、跋涉和磨难,完成十二件苦差,驱除自我罪恶感。但在为民立十二大功的过程中充满了力量和智慧。比如怎么能在一天之内打扫干净一所三十年未曾清扫过的容纳三万头牛的牛圈,他所选择的捷径是引河水去冲。这样体现的就不是愚公那样的意志力,而是一种智慧的展现。西方古代英雄最为理想的模式应是有勇有谋,即力量与智慧的合一。那个有勇少谋的希腊英雄阿喀琉斯之所以有所谓的"阿喀琉斯之踵",即"致命的弱点",其深层内涵正是"智慧"的缺席。而中国古代神话故事中的英雄形象多强调坚忍不拔的毅力与苦斗精神,如衔石填海之精卫、箭射九日之后羿均是如此,并不重视智慧与巧思。愚公虽曰"愚",但因其有乐观的理性精神,人们并不在乎。倒是那位作为愚公对立面的智叟(有"智慧"的老头)成了人们批评的对象。这里"愚"与"智"的冲突,最终以"智"在精神上退却而收场。

因此,同是体现人民意志力量的英雄,在不同文化背景中却呈现为不同的价值取向。中国文化由于其儒家文化的影响而使其偏重苦斗的意志力和乐观精神,人终将能战胜一切。西方文化因其希腊文化的源头影响而促使其特别强调英雄的力量与智慧。探其

原因可见,古希腊半岛多山,大部土地贫瘠,这迫使希腊人向海上去谋生,或经商,或作海盗,或到海外开辟殖民地。如此的自然条件及其生活方式,造成了他们与农耕民族不同的心态:不靠勤劳取得收获(愚公则是"勤劳"的最好体现者),而靠冒险、武力和狡黠攫取财富,不靠劳动去"创造",而是去"征服",遂崇拜力量和智慧。中国文化精神则有所不同,更崇拜勤劳与毅力。由此可见,愚公与赫拉克勒斯代表了中西文化精神中两种不尽相同的英雄原型。

(赵峻)

第二章 寓言传说的文化内涵

第三章　诗歌阅读

献给保姆的赞歌

　　天下有多少美丽的诗篇赞美母亲与母爱,恐怕多得数也数不清。正像歌里唱的:天上的星星不说话,地下的孩子想妈妈……也有一些人,留在他们情感与记忆中最刻骨铭心的不是他们亲生母亲,而是他们的保姆。也许这些保姆的地位比较卑微,可是她们以无私博大的母爱,不仅"养育"了他们的生命,而且"养育"了他们热爱生活、热爱人民的心灵,甚至"养育"了一个民族的精魂。在他们心中,他们的保姆,就是伟大的"母亲"。他们以最热烈的情感、最浓重的笔墨抒写着敬献给保姆的赞歌!

　　　　大堰河,是我的保姆
　　　　她的名字就是生她的村庄的名字,
　　　　她是童养媳,
　　　　大堰河,是我的保姆。

　　　　我是地主的儿子;
　　　　也是吃了大堰河的奶而长大了的
　　　　大堰河的儿子。

　　　　大堰河以养育我而养育她的家，
　　　　而我，是吃了你的奶而被养育了的，
　　　　大堰河啊，我的保姆。
　　　　……

　　艾青这首曾经震动中国现代诗坛的名诗，以恢弘磅礴的气势向诗人的保姆——大堰河唱出了一曲充满深情的赞歌。大堰河——这位连名字都没有的平凡女性，大概做梦都不会想到她会在诗人的笔下成为伟大母爱的代表。如若在天有灵，她一定会露出幸福欣慰的笑容。这一切不仅源自她以自己的乳汁哺育了幼小时的诗人，更重要的是她以一颗善良纯朴、无私慈爱的心灵，哺育了诗人热爱人民的灵魂。

　　艾青原名蒋正涵、蒋海澄，1910 年 3 月 27 日生于浙江金华畈田蒋村一个地主家庭。诗人出生时难产，险些要了母亲的命。算命先生说他命克父母，称父母只能为"叔叔""婶婶"，因此遭到父母歧视，一落地就被送到一个叫"大叶荷"的贫苦农妇家中抚养。大堰河的"命也苦"。她自幼被卖到畈田蒋附近的大叶荷村做了蒋忠丕的童养媳。可能是年龄太小，她自己也不知道自己姓什么，当地人重男轻女，也无心追究，干脆叫她"大叶荷"了事。艾青笔下的大堰河正好是金华口音大叶荷的谐音。第一个丈夫在她生下第二个儿子后撒手而去。大叶荷的生活非常困窘，后来从邻村姜村招赘姜正兴，又生二子一女。迫于生活穷困，她把自己刚生的一个女孩投到尿桶里溺死。这时她被艾青的奶奶选中做了艾青的保姆，用自己的乳汁养育这个"地主的儿子"，并帮主人做些零活。她为人老实敦厚，手脚勤快，深得艾青奶奶信任。艾青一直到 5 岁时才被领回家。不幸中又幸运的是诗人在大堰河家时，大堰河像对自己的亲生儿子一样给予了诗人真挚而无私的母爱。诗中诗人用一大串排比句写大堰河在干完许多繁重而艰苦的活计后，"你用你厚大的手掌把我抱在怀里，抚摸我"，"用泥黑的温柔的脸"贴着"我"的脸，亲"我"的嘴唇，展现了一位善良而慈祥的母亲的爱心。艾青后来回忆还说，到了晚上，大堰河抱着他坐在火塘前，给他讲一些当地流传的民间故事，如"北山邢公"、"武状元朱秋魁"、"鞋塘庄四八"等，对于一个小孩子而言，这类富有传奇色彩的故事无疑是很有吸引力的。所以，经常是大堰河刚讲完一个，他马上会缠着她再讲一个，还会不时问一些古怪的问题，激发起无穷的想象力。艾青还经常和大堰河的儿子们玩在一起。可以说，是大堰河一家人给了艾青"家"的温馨感觉，补偿了他在自己家庭"缺失的爱"，对艾青一生的影响非常深远。"我"是"吃了你的奶而被养育了的"、"长大了的""地主的儿子"。而"在我吃光了你大堰河的奶之后"，"被生我的父母领回自己的家里"时，"我是这般忸怩不安"。他以一个孩子真实的感觉，发现"我做了生我的父母家里的新客了"。这意味着将要告别曾经给予过诗人无限母爱的大堰河了。"啊，大堰河，你为什么要哭？"因为她"深爱着她的乳儿"。后来依然无微不至地关怀着乳儿，她还曾做了一个不能对人说的梦：在梦里，她吃着乳儿的婚酒，坐在辉煌的结彩的堂上，而她娇美的媳妇亲切地叫她"婆婆"，甚至在她死时还"轻轻地呼着乳儿的名字"。这哪里仅仅是一个保姆对乳儿的感情呢？简直比亲生的母亲对爱子的感情还要深厚！还要真挚！然而她的命运以及她家人的命运在那个黑暗的年代是异常悲惨而凄苦的。"含着笑"生活的她"含泪地去了"。但诗人永远也不能忘怀她。从这位保姆以及她家的不幸遭遇中，诗人认识到了这个社会的黑暗，后来他走上了反抗这个黑暗社会的革命道路，用手中的笔"写着给予这不公道的世界的咒语"。1932年7月，艾青因参加左翼文艺运动在上海被捕，翌年1月14日（临近年关）的清晨，艾青从监狱的窗口，看到了漫天飞扬的大

雪,不禁想起了家乡过年的场景,想起了童年,想起了他的乳娘,他深深地感到一种亲情永诀、无人可以倾诉的悲凉,于是铺展稿纸,一口气写下了这首赞美诗,"呈给爱我如爱她自己的儿子般的大堰河"。结尾处那"大堰河,/我是吃了你的奶而长大了的/你的儿子,/我敬你/爱你"字字铿锵,句句情深。在诗人笔下,大堰河成为中国劳动妇女的化身,正是她们的辛勤劳动和高尚的品德,哺育着我们的民族。通过这个质朴的保姆形象,表达了诗人对千百万劳动人民的由衷崇敬的深情。

俄国著名诗人普希金也有一首献给他的保姆的诗《给奶娘》:

> 我的严酷岁月里的伴侣,
> 我的老态龙钟的亲人!
> 你独自在偏僻的松林深处
> 久久、久久地等待着我的来临。
> 你在自己堂屋的窗下,
> 像守卫的岗哨,暗自伤心,
> 在那满是皱褶的手里,
> 你不时地停下你的织针。
> 你朝那被遗忘的门口,
> 望着黑暗而遥远的旅程:
> 预感、惦念、无限的忧愁
> 时刻压迫着你的心胸。
> 你仿佛觉得……

这是一首没有写完的诗。但是我们从中已经能够强烈地感受到诗人与他的奶娘之间的深厚情意,这位翘首等待诗人归来、内心充满无限惦念与忧愁的奶娘形象已经跃然纸上。那么被诗人视为

"伴侣"与"亲人"的奶娘是谁呢？她就是阿琳娜·罗季诺夫娜——普希金一生中的非常重要的人。她是普希金母亲出嫁时选择的"陪嫁女"。这位勤劳、善良、聪明的女农奴养育了普希金姐弟三人，一辈子也没有离开主人。在普希金的幼年，他的父母和当时大多数的俄国贵族一样，很少关心孩子的成长，他的教育由外国教师负责，而生活则由奶娘照料。阿琳娜·罗季诺夫娜把真切的爱倾注在普希金身上，陪伴普希金度过很多艰苦的日子，普希金始终对她怀着深深的依恋与感激之情。

据说普希金刚满周岁时，有一次奶娘抱着他走过大街，正好遇见沙皇保罗一世。因为奶娘忘记摘下小普希金头上的帽子，有失对至尊的敬意，受到了沙皇的训斥。后来普希金把这看成是他一生与沙皇不和的预兆。奶娘从小讲给普希金的那些民间故事，直接启蒙熏陶了普希金的文学才华。这位不识字的奶娘却记得许多俄罗斯的民间故事，她每天晚上手拿针线，一边编织一边讲述一个又一个新奇的故事，有时还边讲边唱，用轻松的民间小调来传达和渲染故事的内容，把故事讲得生动活泼，娓娓动听。小普希金常常被吸引得如痴如醉，有时兴奋得眼睛发亮，高兴地抓着头皮；有时握着拳头，气得直拍桌子；有时恐怖得喘不过气来，缩在被窝里，梦中还经常出现故事的内容。她的民间故事和歌谣，给童年的普希金的生活带来了欢乐与温暖，补足了"那可诅咒的教育的缺陷"，并在诗人幼小的心灵里播下了民间艺术的种子。这对普希金日后成为民族诗人，促进俄国文学的民主化起了重要作用。普希金创作的童话里不少题材出自奶娘的故事。普希金曾在《梦》中表现了童年这段难忘的生活：

> 唉，我怎能把我的好妈妈忘在一边。
> 啊，那是多么美妙的神秘的夜晚，

>　她头戴包发帽,身穿老式的衣衫,
>　一面诚心地画十字祝我幸运,
>　一面不停地祈祷要把鬼怪驱散,
>　轻声地讲起死人的故事和波瓦的功勋……

　　这位老人也是普希金艰苦岁月中的最忠诚的伴侣。1824 年普希金被沙皇下令软禁在他父母的庄园米哈依洛夫斯克耶村,她曾随诗人在这里度过了两年的时间。她是普希金可以尽情倾吐内心积虑与郁闷的唯一心腹。在《冬天的夜晚》一诗中写下了他俩怎样共度寂寞、苦闷和辛酸的情景:

>　我们来同干一杯吧,
>　我不幸的青春时代的好友,
>　让我们借酒浇愁;酒杯在哪儿?
>　这样欢乐马上就会涌向心头。
>　唱支歌儿给我听吧,山雀
>　怎样宁静地住在海那边;
>　唱支歌儿给我听吧,少女
>　怎样清晨来到井边去汲水。

　　1826 年 9 月,普希金结束了被囚禁的生活,从米哈伊洛夫斯克耶村回到莫斯科。一个半月后,普希金写下了《给奶娘》这首诗,表达了对奶娘的思念之情。普希金在离开米哈伊洛夫斯克耶村时曾答应奶娘,说来年夏天要回去看她,奶娘因此一直在等待他。所以有这首诗中"你独自在偏僻的松林深处/久久、久久地等待着我的来临"一句。1827 年 3 月,不识字的奶娘曾请人代笔给普希金写过一封信:"你永远不断地存在我的心头和记忆中,只有当我睡着的

时候,我才忘记你和你待我的恩爱。你答应夏天到我们这儿,这使我很高兴。来吧,我的天使,到我们米哈伊洛夫斯克耶村来吧,——我要所有的马都派到马路上去迎接你。"夏天,普希金果然去了那里,在那里住了两个月后才离开。此后不久,奶娘也到了彼得堡,住在普希金姐姐奥尔迦家中,并于 1828 年在那里病逝。后来普希金在创作《叶甫盖尼·奥涅金》时,又以她为原型,塑造了达吉雅娜的奶娘菲利普耶夫娜的形象,并暗示这一形象就是达吉雅娜的"俄罗斯灵魂"的源泉之一。在诗人心中,阿琳娜·罗季诺夫娜不仅是自己的亲人、朋友,而且是俄罗斯善良、勤劳、慈爱、平凡又伟大的女性的代表。也可以这么说,阿琳娜·罗季诺夫娜不仅是普希金的奶娘,而且是俄国文学的奶娘。

在艾青与普希金两位伟大诗人的一生中,都幸运地得到了一位平凡而伟大的奶娘的关怀与爱,她们是各自民族平凡女性的代表。在她们的身上,体现了善良、勤劳、博大无私的爱的优秀品德。她们以真爱哺育了诗人的心灵,为他们日后成为诗人奠定了感情的基础。诗人以这样动人的诗作,向她们敬献了一曲深情的赞歌。"我敬你,爱你"——她们才是真正伟大的母亲!

读着这两首诗,两位可敬的奶娘仿佛从诗里走出来:大堰河笑着走来,浑身泛着母亲慈爱的气息,敞开博大的胸怀拥抱着"我"……阿琳娜·罗季诺夫娜在深夜的灯下,又开始讲述起美丽的故事与传说……

(张晋军)

爱 情 与 诗

　　爱神，多少不同肤色、不同语言的诗人呼唤过你！如果说爱情是人世间最美妙的情感，那么诗歌就是表达这种感情最相宜的文学手段。

　　在我国最早的诗歌总集《诗经》中，就有许多优秀的爱情诗篇。如《邶风·静女》中"爱而不见，搔首踟蹰"，表现了男子渴望见到心爱姑娘的焦急心情。《诗经》中的爱情名篇还有《溱洧》《蒹葭》等。

　　《圣经》中的《雅歌》是古希伯来人最优美的爱情诗歌集，其中许多诗歌传达出男女间淳朴的爱情，比如："我的佳偶在女子中，好像百合花在荆棘内。"

　　同样古老的还有埃及新王朝时期的情歌，格调热情奔放，如：

　　　　像大河的潮汐，她芳香四溢，
　　　　直到淹没你的双眼和头发。
　　　　直到你手足无措。

　　从古至今，爱情诗歌数不胜数，诗与爱情如此亲密，我们不妨探究一下其中的奥妙。

一、爱情唤醒了诗人

文学创作需要灵感。郭沫若曾自述灵感来了的情景:"《凤凰涅槃》那首长诗是在一天之中分成两个时期写出来的。上半天在学校的课堂里听讲的时候,忽然有诗意袭来,便在抄本上东鳞西爪地写出了那诗的前半。在晚上行将就寝的时候,诗的后半的意趣又袭来了,伏在枕上用着铅笔只是火速地写……"①简单地说,灵感就是作家完全沉浸在创作之中,一种恍然顿悟、下笔如有神的境界。有趣的是,爱情常常会触发创作诗歌的灵感。

世界上许多作家,爱情的产生往往伴随着他们自我意识的觉醒,好像心灵忽然睁开了眼睛,看见了世界;好像艺术才华忽然苏醒,他们情不自禁地创作起美妙的诗歌。意大利作家但丁、彼得拉克、薄伽丘的爱情生活都对他们的创作有很大影响,类似的情形也发生在乔叟、歌德、巴尔扎克、勃朗宁夫人、屠格涅夫、杜拉斯等作家身上。

但丁的故事就是一个典型的例子。据说但丁9岁时,在5月的一个节日,随父母到友人家里去参加宴会。在宴会上,见到了主人家的女儿——贝阿特丽采。"自那以后,爱情完全主宰了我的灵魂"。九年以后,两人再次邂逅,但丁记述到:"碰巧有一个神妙的姑娘,穿着洁白的衣裳……她把目光往局促不安的我所站着的地方投来……我就像一个沉醉的人般离开了……之后,由于我多少懂得用韵论述的艺术,我决心创作一首十四行诗。"②但丁深深陷入

① 中国社会科学院科研局组织编选:《郭沫若集》,中国社会科学出版社2005年版,第455页。
② 吴元迈等主编:《外国文学史话·文艺复兴卷》,吉林人民出版社2001年版,第46页。

爱情之中,断断续续写了不少十四行诗,中间由散文连缀起来,这就是他的处女作《新生》。在诗人看来贝阿特丽采最美在眼睛:

> 从我女郎的一对眸子里,闪起?
> 如此柔美的光辉,它射向哪儿?
> 哪儿就看到无法描绘的东西?……

诗也是彼德拉克的爱情宣言。大约在 1327 年,23 岁的彼德拉克在法国南部阿维尼翁城的一个教堂里,与一位骑士的妻子劳拉相遇,顿生爱慕之情。这突如其来的爱情激发起彼德拉克创作抒情诗的巨大灵感,他的诗情一泻如水。之后的 21 年漫长岁月里,诗人对劳拉的感情始终不渝,为她写了许多诗歌。不幸的是劳拉在 1348 年去世,彼德拉克也就把这些诗歌结成《歌集》。请看他的一片痴情:

> 她久久地驻守在我的心中,
> 倾尽莱泰河的水也难将这印象冲淡,
> 爱神的熠熠星光照得她清晰可辨,
> 透过黎明的曙光,我又看见了她的姿容……

俄罗斯作家莱蒙托夫也曾在自己的手记中谈到"有谁会相信我,年仅十岁,我已懂得爱情!"并亲自为这段手记加了个注释:"据说(拜伦),早现的激情标志着心灵将爱好优美的艺术。"可见爱情主宰下的心灵更容易叩开诗神的宫门,从缪斯的殿堂里采撷到新美的诗歌。

由于中国人不习惯公开谈论自己的感情,在古典文学里,除了民歌以外,我们只能从作品中隐约看到李商隐、晏殊、秦观、周邦

彦、曹雪芹等作家爱情的影子。像陆游、李清照那样在诗歌中明确
抒发思念爱人的感情的,实属不多见。即使是现代作家,也仍然表
现得较为含蓄。如戴望舒的名诗《雨巷》,我们只看到一个丁香一
样结着愁怨的姑娘,彷徨在悠长,悠长又寂寥的雨巷。他还有另一
首艺术上很有特色的爱情诗,也介绍给大家:

烦 忧

说是寂寞的秋的清愁,
说是辽远的海的相思。
假如有人问我的烦忧,
我不敢说出你的名字。

我不敢说出你的名字,
假如有人问我的烦忧:
说是辽远的海的相思,
说是寂寞的秋的清愁。

这是典型的中国的爱情和中国的情诗。和《雨巷》一样充满含
蓄美的著名爱情诗还有刘半农的《教我如何不想她》、冯至的《蛇》
等。

教我如何不想她

天上飘着些微云,
地上吹着些微风。
啊!

微风吹动了我的头发，
教我如何不想她？

月光恋爱着海洋，
海洋恋爱着月光。
啊！
这般蜜也似的银夜，
教我如何不想她？

水面落花慢慢流，
水底鱼儿慢慢游。
啊！
燕子你说些什么话？
教我如何不想她？

枯树在冷风里摇，
野火在暮色中烧。
啊！
西天还有些儿残霞，
教我如何不想她？

蛇

我的寂寞是一条蛇，
静静地没有言语。
你万一梦到它时，
千万啊，不要悚惧！

它是我忠诚的侣伴，

心里害着热烈的相思：

它想那茂密的草原，

你头上的，浓郁的乌丝。

它月影一般轻轻地

从你那儿轻轻走过；

它把你的梦境衔了来，

像一只绯红的花朵。

　　现代文学家中，诗、生活和爱情同时开始的例子是著名诗人徐志摩。诗人自叙"在二十四岁以前，诗，不论新旧，于我是完全没有相干。""但生命的把戏是不可思议的！我们都是受支配的善良的生灵，哪件事我们作得了主？"①"我的眼是康桥教我睁的，我的求知是康桥给我拨动的，我的自我意识是康桥给我胚胎的。"②"说也奇怪，竟像是第一次，我辨认了星月的光明，草的青，花的香，流水的殷勤。"③大家都知道，徐志摩在康桥的生活和他对林徽因的爱情是紧密相连的。诗人委婉地说："整十年前我吹着了一阵奇异的风，也许照着了什么奇异的月色，从此起我的思想就倾向于分行的

---

　　① 徐志摩著，陈子善选编：《想飞——徐志摩散文经典》，上海社会科学院出版社 2003 年版，第 337 页。

　　② 徐志摩著，陈子善选编：《想飞——徐志摩散文经典》，上海社会科学院出版社 2003 年版，第 157 页。

　　③ 徐志摩著，陈子善选编：《想飞——徐志摩散文经典》，上海社会科学院出版社，2003 年版，第 37 页。

抒写。"①同样的,徐志摩对爱情的追求抒写的也比较蕴藉,比如《我不知道风是在哪一个方向吹》:

> 我不知道风
> 是在哪一个方向吹——
> 我是在梦中,
> 在梦的轻波里依洄。
>
> ……
>
> 我不知道风
> 是在哪一个方向吹——
> 我是在梦中,
> 她的负心,我的伤悲。
> ……

二、不朽的纪念碑

也许爱情诗的意义就在于,生命虽然短暂,而爱情在诗中获得了永恒——诗人用情诗给自己的心上人建立了一座不朽的纪念碑。

对诗人而言,他们最擅长的是在诗中向爱人倾诉衷肠,或描画出爱人的肖像。例如古希腊女抒情诗人萨福的《给所爱》,诗情热烈奔放,充分体现了古希腊文化的人本主义色彩;彭斯的《我的爱

---

① 徐志摩著,陈子善选编:《想飞——徐志摩散文经典》,上海社会科学院出版社,2003 年版,第 337 页。

人像朵红红的玫瑰》也是家喻户晓的名篇。

给 所 爱

他就像天神一样快乐逍遥，
他能够一双眼睛盯着你瞧，
他能够坐着听你絮语叨叨，
好比音乐。
……

我的爱人像朵红红的玫瑰

呵,我的爱人像朵红红的玫瑰,
六月里迎风初开;
呵,我的爱人像支甜甜的曲子,
奏得合拍又和谐。

我的好姑娘,多么美丽的人儿!
请看我,多么深挚的爱情!
亲爱的,我永远爱你,
纵使大海干涸水流尽。

纵使大海干涸水流尽,
太阳将岩石烧作灰尘,
亲爱的,我永远爱你,
只要我一息犹存。

珍重吧，我唯一的爱人，

珍重吧，让我们暂时别离，

但我定要回来，

哪怕千里万里！

英国的莎士比亚、拜伦、济慈，德国的雪莱、海涅，俄国的普希金等也都在世界爱情诗中留下了自己的杰作。我国"五四"时期要求个性解放的潮流中产生了大量的爱情诗，影响较大的是"湖畔诗社"的几位主将潘漠华、应修人、汪静之等。港台诗人也有许多优秀的爱情诗。我们可以比较一下拜伦的《我看过你哭》和汪静之的《蕙的风》以及纪弦的《你的名字》，拜伦选取恋人一哭、一笑的对比来描写，构思新颖，可谓情诗中的精品；汪静之的诗大胆率真而失之清浅；纪弦的诗通篇不见一个爱字，却把满腔柔情都化作一声声呼唤，在新巧的探索中隐约可见古典的根基：

我看过你哭

我看过你哭——一滴明亮的泪

涌上你蓝色的眼珠；

那时候，我心想，这岂不就是

一朵紫罗兰上垂着露；

我看过你笑——蓝宝石的火焰

在你之前也不再发闪；

呵，宝石的闪烁怎么比得上

你那一瞥的灵活的光线。

蕙 的 风

是哪里吹来
这蕙花的风——
温馨的蕙花的风?

蕙花深锁在园里,
伊满怀着幽怨。
伊底幽香潜出园外,
去招伊所爱的蝶儿。

雅洁的蝶儿,
薰在蕙风里:
他陶醉了;
想去寻着伊呢。

他怎寻得到被禁锢的伊呢?
他只迷在伊底风里,
隐忍着这悲惨而甜蜜的伤心,
醺醺地翩翩地飞着。

你 的 名 字

用了世界上最轻最轻的声音,
轻轻地唤你的名字每夜每夜。
写你的名字,
画你的名字,

而梦见的是你发光的名字：

……

刻你的名字在不凋的生命树上。

当这植物长成了参天古木时，

呵呵，多好，多好，

你的名字也大起来。

大起来了，你的名字。

亮起来了，你的名字。

于是，轻轻轻轻轻轻地呼唤你的名字。

有时诗人可以讲述别人的爱情故事，如大家都熟悉的白居易的《长恨歌》："汉皇重色思倾国，御宇多年求不得……"；有时诗歌是诗人一段爱情岁月的记录，如普希金的《致克恩》："我记得那美妙的瞬间：你就在我的眼前降临，如同昙花一现的梦幻，如同纯真之美的化身……"；有时诗歌只是定格在一个瞬间，而这个瞬间的魅力是无穷的，像卞之琳的《断章》："你站在桥上看风景/看风景人在楼上看你/明月装饰了你的窗子/你装饰了别人的梦"。

三、人类情感的窗口

爱情诗中绝非只有甜蜜的欢畅，而是饱含着各种各样的情感滋味。有的诗表达对逝去的爱的怀念，有的诗表达人到中年面对青春的赞叹和怅惘，有的诗表达对爱人的感激和愧疚，有的诗人在爱情诗中寄托着对生命流逝的感伤，有的诗人特别是女诗人则融入了对爱情的独特思考。情诗是人性之美的精粹，说它是人类情感的窗口，一点也不过分。

古今中外的许多诗人都写过悼亡爱人的诗篇，弥尔顿的《梦亡

妻》是其中著名的一首,爱妻逝去,诗人感觉白昼也成黑夜:

> 我仿佛看见了我那圣洁的亡妻,
> 好像从坟墓回来的阿尔雪斯蒂,
> ……
> 她脸上罩着薄纱,但在我幻想的眼里,
> 她身上清晰地放射出爱、善和娇媚,
> 再也没有别的脸,比这更加叫人喜悦。
> 可是,啊! 当她正要俯身抱我的时候,
> 我醒了,她逃走了,白昼又带回我的黑夜。

　　普希金题献给女子的诗数量极其可观,有一首别有意味,描写诗人注目一位不知名的少女,用一种成熟的平静给予她充满博爱精神的祝福:

致×××

> 不,不,我不该、不敢、也不能
> 因沉溺于爱情的激动而神魂颠倒,
> 我要严格地保持我的平静安宁,
> 决不让我的心忘乎所以地燃烧;
> 不,我爱得厌倦了;可是为什么
> 有时我不能一心沉入片刻的幻想?
> 当年轻纯洁的天仙从眼前经过,
> 飘然而去,消失在神秘的远方……
> 难道我不能默默地端详一位少女?
> 心中怀着浸透甜蜜的怅惘与痛苦,

难道不能用眼睛追随她的身姿？
默默祝愿她欢乐，祝愿她幸福，
默默祝愿她一切如意，事事称心，
祝愿她精神愉快，生活无忧无虑，
甚至也祝福她所选择的意中人，
他将把这可爱的少女称呼为妻！

台湾诗人向明，有一首诗《妻的手》，浓浓爱意伴着深深感激和缕缕愧疚，读来令人感慨颇深：

妻 的 手

一直忙碌如琴弦的
妻的一双手
偶一握住
粗涩的，竟是一把
欲断的枯枝
是什么时候
那些凝若寒玉的柔嫩
被攫走了的呢？
是什么人
会那么贪馋地
吮吸空那些红润的血肉？
我看着
健壮的我自己
还有和我一样高的孩子们
这一群

她心爱的
罪魁祸首。

　　台湾著名女诗人席慕容的诗歌中常常将爱的错过和年华的流逝交织在一起，充满对生命与爱的渴望和珍惜，比如这首《莲的心事》：

我
是一朵盛开的夏荷
多希望
你能看见现在的我

风霜还不曾来侵蚀
秋雨还未滴落
青涩的季节又已离我远去
我已亭亭　不忧　亦不惧

现在　正是
最美丽的时刻
重门却已深锁
在芬芳的笑靥之后
谁人知我莲的心事

无缘的你啊
不是来得太早　就是
太迟

也许社会现状使得女性更多地承受了"爱而不得"的伤痛,她们对于爱情的思考不得不更敏感、更深邃些。俄国女诗人阿赫玛托娃与著名诗人古米廖夫结婚后,深感束缚,最终选择与丈夫分手,她的《离别》揭示了女性内心对爱情的微妙感受:

离　别

一

我们经常分离——不是几周,
不是几个月,而是几年。
终于尝到了真正自由的寒冷,
鬓角已出现了白色的花环。
从此再没有外遇、变节,
你也不必听我彻夜碎嘴,
倾诉我绝对正确的例证——
源源不断,如同流水。

二

正像平素分离一样,
初恋的灵魂又来叩击我们的门扉,
银白的柳树拂着枝条冲了进来,
显得那么苍老而又那么俊美。
我们伤心,我们傲慢,又有些傻呆,
谁也不敢把目光从地上抬起来,
这时鸟儿用怡然自得的歌喉对着我们
唱出我俩当年是何等的相亲相爱。

人教版高中《语文》第一册第一单元"中国当代诗三首"中选取

了舒婷的《致橡树》,并在单元练习中要求与同一单元裴多菲的《我愿意是急流》比较异同。裴多菲的《我愿意是急流》用"急流、快乐的小鱼"、"荒林、做窠的小鸟"、"废墟、攀援的常春藤"、"草屋、炉中的火焰"、"云朵、辉煌的夕阳"等五组意象,表达了和爱人相依相伴、永不离弃的依恋之情。在抒发甘愿为了爱人的舒适、幸福牺牲自己一切的真挚情怀的同时,也不免在攀援的藤萝、遮挡风雨的屋顶等情景中流露出男性中心主义的传统意识。舒婷的《致橡树》同样采取了一系列的比兴意象,却传达出女性追求以两性间平等、自由为基础的新爱情的决心。这首《致橡树》不像阿赫玛托娃的诗那样沧桑深邃,而以明净轻快见长。

> 我如果爱你——
> 绝不像攀援的凌霄花,
> 借你的高枝炫耀自己;
> ……
> 我必须是你近旁的一株木棉,
> 作为树的形象和你站在一起。
> 根,紧握在地下,
> 叶,相触在云里。
> ……
> 我们分担寒潮、风雷、霹雳;
> 我们共享雾霭、流岚、虹霓,
> 仿佛永远分离,
> 却又终身相依。
> 这才是伟大的爱情,
> 坚贞就在这里:
> 爱——

不仅爱你伟岸的身躯，
也爱你坚持的位置，足下的土地。

　　无疑，随着自我意识的张扬和表现手法的丰富，在当代作家笔下，爱情诗拥有更为绮丽的面容和变幻莫测的色泽。爱情与诗的关系如此亲密又如此错综复杂，但对真爱的向往是亘古不变的，不禁让人想起泰戈尔曾写过一首脍炙人口的小诗：

　　让我的爱情
　　像阳光一样
　　包围着你
　　而又给你光辉灿烂的自由

　　如果所有的爱人都能这么豁达、所有的爱情都能这么伟大，那么爱情的诗篇该有多么瑰丽、美好……

（赵峻）

巾帼不让须眉

——从《木兰诗》看责任主题作品

　　《木兰诗》最早录于陈智匠所辑《古今乐录》,在郭茂倩编《乐府诗集》中属《梁鼓角横吹曲》。作为一首仅有六十二句的叙事民歌,在中国古代文学史中,却占有重要地位,赢得了历代读者的赞誉,其中的花木兰形象在中国可谓家喻户晓、妇孺皆知。

　　诗中在主人公身上所体现出的"孝"的道德内涵、"爱国"的社会内涵,以及身为女性,却如男人一般替父从军、征战沙场,建立丰功,却"不用尚书郎"、淡泊名利的"人格"内涵,已为众多评家所论。笔者觉得,从世界文学的视野来看花木兰形象,"责任"的主题似乎也不应忽视。从某种意义上说,注意责任方面的内涵,不但可以使花木兰形象更为丰满,还可以提升《木兰诗》的文学史意义。

　　"责任"主题一直是中外文学的重要内涵。可以说,凡是涉及家族利益,涉及国家、民族利益,"责任"便成为题中应有之意;当事者能否承担起家族的、国家民族的责任,虽说是"自由选择"的,却往往在试金石面前显现出英雄或懦夫的本质。

　　大致说来,中外文学史上表达责任主题的作品可以分为以下

三类:

第一类:家族责任类。

涉及家族利益而需履行责任,这常常是靠情节取胜的血亲复仇类作品必定涉及的内涵。其中最著名的例子是高乃依的《熙德》。罗狄克与施曼娜相爱。施曼娜之父高迈斯由于嫉妒罗狄克之父狄哀格做了太子的师父而打了狄哀格一记耳光。于是,罗狄克为父报仇,杀死了高迈斯。施曼娜为父报仇,请求国王惩罚罗狄克。父亲受到了侮辱,儿子挺身而出,以利剑捍卫家族的尊严,即使杀死的是自己所爱的女孩子的父亲也在所不顾;父亲被杀死,即使是柔弱的女性,也一而再、再而三地请求国王为自己作主,除掉"仇人"——自己内心深处最为喜爱的男人。《熙德》以此而表现了男女主人公爱与恨、个人私情与家族责任义务之间的冲突,在形成其悲剧张力的同时,也张扬了时代的理性精神。并且,或许出于政治方面的考虑,高乃依还并未停留于此,他提升了作品的思想内涵:国王为了解决冲突,派罗狄克带兵抗击摩尔人的入侵。这样,个人私情、家族利益便服从了国家民族的整体利益,更大的理性占了上风。正是这一点,使作品的内涵变得深刻了。

第二类:国家民族责任类。

文学史中,表现最多的恐怕是关于国家民族责任的主题了,可以说,大凡与战争题材相关的叙事性作品,一般都要涉及这个内涵。中国人所说的"天下兴亡,匹夫有责",道出了整个世界范围内富有民族感的人的共同心声。在荷马的笔下,作为"正常的营生",战争即使还没有什么正义与非正义的分别,可仍然有对城邦的责任问题。为了保卫特洛亚,为了男子汉的荣誉,赫克托耳明明知道命运已经注定城邦必亡,还是在其妻苦苦劝留面前,毅然决然地别妻离子,奔赴死地,用生命尽了他作为王子、作为特洛亚联军统帅的责任。因此,在《伊利亚特》中,他成了最富于集体责任感的一个

英雄。在古罗马作家维吉尔笔下,责任主题同样得到了表现:身居温柔乡中的埃涅阿斯,必须赶往意大利,因为那里有他将要建设的国家,他的族人将在那里繁衍昌盛。为国家民族履行责任,不但是英雄们的光荣,也是普通人的光荣。表现这样内涵的作品最著名的无疑是《战争与和平》。在反抗拿破仑侵略的俄国1812年卫国战争中,列夫·托尔斯泰笔下的普通俄罗斯人不但与贵族一样参战,而且显示出更大的勇敢和无畏,事实上他们才是历史发展的动力,真正的英雄。

在中国当代文坛上,新中国成立后所出现的一系列以抗日战争、解放战争为题材的作品,更是突出地描写了普通的人民大众在中国共产党领导下,为了拯救中华民族,建立中华人民共和国,而与日本侵略者、国民党反动派所进行的艰苦卓绝的斗争。在这些作品的英雄主义凯歌中,民族责任感与爱国主义一起得到了弘扬。

第三类:融家族责任与国家民族责任二者于一体类。

与上述作品相比,莎士比亚的《哈姆莱特》和萨特的《苍蝇》其责任内涵则是双重的,作品因此在内涵方面也获得更大的丰富性和深刻性。

在《哈姆莱特》中,克劳狄斯谋害丹麦老王,篡夺了王位。由于老王鬼魂的出现以及《捕鼠机》的演出,哈姆莱特了解了事情真相。身为人子,哈姆莱特要替父复仇;身为王子,哈姆莱特还要铲除邪恶,为国尽责:双重的责任感一齐压向了原本是"快乐王子"的主人公。他说:"这是一个颠倒混乱的时代,唉,倒霉的我却要负起重整乾坤的责任。"①虽然他忧郁、悲哀笼罩了"灵魂",虽然他"思考多于行动",虽然他仿佛只注意到可相信的"自己",但他终究利用了

---

① 莎士比亚著,朱生豪译:《莎士比亚全集》(第5卷),译林出版社1998年版,第303页。

比武的机会,用整个的生命承担起了那双重沉重的"责任"。而恰恰是这一点——生命的富于意义的走向,我们认为,才使哈姆莱特这个形象获得了永恒的生命,才使《哈姆莱特》这部作品获得了不朽的价值。

文学史中可以与《哈姆莱特》相提并论的是萨特的《苍蝇》,其主人公显示出与哈姆莱特相同的生命走向,相同的悲剧性选择。不过,作品具有更多的哲学意味,张扬了作者所推崇的"自由"。主人公俄瑞斯忒斯面对的不仅是家族的尊严,而首先是更为严峻的父仇。为此,他不但要杀死母亲的情人、现任国王埃癸斯托斯,杀死母亲克吕泰墨斯特拉(因为正是他们谋杀了自己的父亲阿伽门农),排除外部的来自朱庇特和哲学教师"不要复仇"的阻力,更要战胜内心的"焦虑",作出"自由生存"的选择——承担起全部责任。最后在"自由选择"中他成了一个"存在主义的英雄",一个"自由"的英雄。与此同时,他也解救了阿尔戈斯人民——当他离开阿尔戈斯的时候,笼罩这座城市的铺天盖地的"苍蝇"(复仇女神的化身)也追他而去。同哈姆莱特一样,他并不后悔自己的选择,他实现了自己的追求。他对妹妹厄勒克特拉说:"我自由了,厄勒克特拉,自由像闪电一样在我身上溶化开来。""我尽了我的职责,这种行为是高尚的。我要像摆渡的人背着旅客过河一样,肩负着这种职责,把它带到彼岸,才算了结。然而,它越是沉重,我就越高兴,因为它就是我的自由。"①从这个意义上说,这的确是一种"悲剧性的责任"。

在上面所论作品中,《木兰诗》应该归到第三类当中,也就是说它与《哈姆莱特》《苍蝇》一样,表现的是双重责任主题。不管是由

---

① 柳鸣九编选:《法国现代当代文学研究资料丛刊·萨特研究》,中国社会科学出版社 1981 年版,第 231、232 页。

于题材的"多义性"也好，还是佚名作者的"无心插柳"也好，我们觉得《木兰诗》在描写主人公主观上履行家族责任的同时，也客观上令其履行了国家民族责任。

自古以来，履行责任总是男人的事情已经变成了一种传统惯例。可在《木兰诗》中我们看到：一个女孩儿家，在国家受到外族入侵，"昨夜见军帖，可汗大点兵"的紧急时刻，由于"军书十二卷，卷卷有爷名。阿爷无大儿，木兰无长兄"，花木兰竟毅然决然地女扮男装，替父从军，"万里赴戎机"。她像男子一样，过起了"朔气传金柝，寒光照铁衣"那样艰苦征战的生活。她也像男子一样，舍生忘死，身经百战，为国家、民族建立了丰功伟绩。这是何等的不同寻常！不用说后来的"可汗问所欲，木兰不用尚书郎；愿借明驼千里足，送儿还故乡"之中所表现出的气节、情操高不可及，令人钦佩，即使是身为女子，却如男子一般履行沉重的双重责任这一点，就足以使这一形象光彩夺目，青史留名了。正是通过她，佚名作者为女子树了碑立了传，明明白白地告诉世人：巾帼不让须眉，在履行家族责任与国家民族责任的过程中，"谁说女子不如男"！

由于表现了双重责任的主题，花木兰成了独一无二的形象。她不仅是"前无古人"的，而且在中国文学史上，后来所出现的杨门女将、梁红玉一类的人物，也仅仅履行了国家民族的责任，同样无法超越花木兰形象。

应该指出，在表现责任主题的过程中，主人公履行家族责任，必定与家庭伦理相连，但外国作品，如高乃依的《熙德》，只是要突出"责任"本身，《木兰诗》作为中国文化传统的体现者，则与"孝"相连；主人公履行国家民族责任，中外文学虽然都与爱国主义相连，但《木兰诗》由于处于中国文化的大语境之中，皇帝、可汗即是国家的集中体现和最高代表者，所以其"爱国"之中包含着"忠"。从这个意义上讲，《木兰诗》所表现的双重责任主题，与中国文化中

根深蒂固的"忠""孝"观念相互重合,密不可分。

与《熙德》《哈姆莱特》《苍蝇》等世界著名的悲剧作品相比,《木兰诗》还有一个特殊性:它是乐观的喜剧。花木兰不但"壮士十年归",而且"开我东阁门,坐我西阁床,脱我战时袍,著我旧时裳,当窗理云鬓,对镜帖花黄"。因此,同样是履行责任,前述三部名剧显得十分沉重、压抑,令人沉思;而《木兰诗》比较轻松、活泼,激人奋发有为。

(吴春兰　陈雅谦)

那一望无际的乡愁

——读中外乡愁诗歌

故乡,对于那些背井离乡、漂泊在外的游子来说,那是他们的根,是他们梦牵魂绕的精神家园,是他们心灵憩息的港湾。一轮圆月、一把泥土、一片树叶、一缕花香、一声乡音……都能勾起游子无尽的思乡情愫。无论走到哪里,游子的心中总是萦绕着浓浓的乡愁。

"慈母手中线,游子身上衣。临行密密缝,意恐迟迟归。谁言寸草心,报得三春晖。"在慈母的一针一线中,"乡愁"已经密密地缝补在将行未行的游子身上,温暖着那颗驿动的心。

"床前明月光,疑是地上霜。举头望明月,低头思故乡。"天上的一轮明月,勾起了无尽的思乡之情,"举头""低头"之间,蕴涵了多少游子深重的"乡愁"?

"少小离家老大回,乡音无改鬓毛衰。儿童相见不相识,笑问客从何处来?"从"少小"到"老大",几十年世事沧桑,惟有乡音未改,可是回到故乡,儿童不认识,"笑问客从何处来",笑语中包含多少辛酸!

"人有悲欢离合,月有阴晴圆缺,此事古难全。但愿人长久,千里共婵娟。"面对人生无常的悲欢离合,诗人千里相思寄明月,愿与亲人共安康!

"枯藤老树昏鸦,小桥流水人家。古道西风瘦马。夕阳西下,断肠人在天涯。"句句写景,却字字关情,在那怀着无边乡愁的断肠人眼中,所有的景物无不浸染着苍凉,感人泣下!

"山一程,水一程,身向榆关那畔行,深夜千帐灯。风一更,雪一更,聒碎乡心梦不成,故园无此声。"在羁旅行驿中,连梦回故乡都梦不成,被那风雪声聒碎,凄凉无奈!

……这些经典的"乡愁"诗,我们早已耳熟能详,出口成诵。"乡愁"是中国古典诗词中一个歌咏不尽的主题,就好像一条绵延不绝的河流,流淌着吟唱着,穿越了时空,一路奔来,美不胜收。

在中国现当代文学中,有一道独特的诗歌风景线,那就是台湾诗人所创作的"乡愁诗"。自从1948年台湾与大陆隔离以来,台湾的诗人把对家乡的怀念之情化作一篇篇呕心沥血、感人肺腑的诗作,可谓"一代诗人尽望乡"。人教版初中《语文》第三册收入了台湾诗人余光中的《乡愁》,诗中写道:

> 小时候/乡愁是一枚小小的邮票/我在这头/母亲在那头
> 长大后/乡愁是一张窄窄的船票/我在这头/新娘在那头
> 后来啊/乡愁是一方矮矮的坟墓/我在外头/母亲在里头
> 而现在/乡愁是一湾浅浅的海峡/我在这头/大陆在那头

余光中祖籍福建永春,1928年生在南京,成长在大陆,1948年入厦门大学外文系,开始发表诗作,1949年转入台湾大学外文系,逐渐成为台湾诗坛重要人物。1958年与1964年两度赴美讲学,曾在美国生活过多年,学贯中西,是台湾蓝星诗社的主要代表诗人。

诗人阅历丰富,深受中西文化影响,然而始终难以忘却的是对故乡的怀恋。《乡愁》作于 1972 年,曾经被谱曲传唱一时。全诗共分四节,以时间顺序为线索,按诗人的童年、青年、中年、现在四个时期分别抒写了四种不同的人生境况与独特感受,即童年时期的母子分离、青年时期的新婚夫妇分离、中年时期的母子死别、现在的游子与大陆隔离。作者抓住它们具有类似特性的现象——"别离",又分别选择一个最富特征性、最能积聚离愁别恨的"客观对应物"来表达,即"小小的邮票"、"窄窄的船票"、"矮矮的坟墓"、"浅浅的海峡",构成一个个特写镜头即意象,四个特写镜头组接为一部"乡愁"系列片,四个镜头依次由小到大、由远到近、由低到高、由淡到浓层层推进,以"乡愁"情感一脉贯穿,形成诗歌浓郁而忧婉的意境。而语言朴素自然,象征意蕴深远,使全诗含蓄隽永,耐人寻味。

除了余光中的《乡愁》外,较有名的还有纪弦的《一片槐树叶》,蓉子的《晚秋的乡愁》、洛夫的《边界望乡》等,都是抒发怀念故乡感情的。纪弦的《一片槐树叶》通过一片被夹在古诗集中"还沾着些故国的泥土"的槐树叶,谱写了一曲海外游子萦怀祖国、思念故乡的衷肠之曲。诗歌写道:

> 这是全世界最美的一片
> 最珍奇,最可宝贵的一片
> 而又是最使人伤心,最使人流泪的一片,
> 薄薄的,干的,浅灰黄色的槐树叶。
>
> 忘了是在江南,江北,
> 是在哪一个城市,哪一个园子里捡来的了,
> 被夹在一册古老的诗集里,
> 多年来,竟没有些微的损坏。

蝉翼般轻轻滑落的槐树叶。

细看时，还沾着故国的泥土哪。

故国哟，啊啊，要到何年何月何日

才能让我回到你的怀抱里

去享受一个世界上最愉快的

飘着淡淡的槐花香的季节？……

全诗三节，以时间的"现在——过去——将来"和心理的"伤感——回忆——企望"的线索并行，融合客观物象和主观情感，使人处处感触到诗人灵魂的颤动，感情的波澜。正因为远离故乡，才如此珍惜那片沾着故土的槐树叶；也正因为思念着故国，才这般渴盼回到故国的怀抱"去享受一个世界上最愉快的/飘着淡淡的槐花香的季节……"

蓉子的《晚秋的乡愁》则通过对家乡晚秋清新淡雅景致的追忆，抒发了身在异乡的离愁别恨与悲凉情怀。"啊！谁说秋天月圆/佳节中尽是残缺/——每一回西风走过/总踩痛我思乡的弦！"结尾这一节甚妙。这个"！"号显示了感情的分量、强度和爆炸力，比李清照的"只恐双溪舴艋舟，载不动、许多愁"还有分量。洛夫的《边界望乡》中浓重的乡愁能把"我"撞成严重的内伤，"病得像山坡上那丛凋残的杜鹃，只剩下唯一的一朵，蹲在那块'禁止越界'的告示牌后面咯血"，"故国的泥土，伸手可及"，但"我抓回来的仍是一掌冷雾"，读来令人泪下。

这些诗所表现的海外游子思乡的情怀，既是炎黄子孙传统的民族感情，又是当今诗人的现代意识，既表达出了对祖国的痛苦思恋，又传达了渴望统一的共同心愿与期盼之情，爱国主义思想感情是贯穿其中的主旋律。

外国文学中也不乏"乡愁"诗作。大家所熟知的古希腊荷马史

诗《奥德赛》就是一篇"归乡"史诗。奥底修斯克服了千难万险，抵御了各种诱惑，历经十年漫长旅程，终于回到家，与家人团聚，支撑着他的精神信念就是家乡有他的家。这是欧洲文学史中最早表现乡愁的作品。基督教圣典《圣经》中也传达出强烈的"乡愁"情感。当古希伯来人被迫背井离乡、流浪各地时，回到他们的圣地耶路撒冷便成为他们代代梦寐以求的夙愿，至今他们的后裔还在为此而努力。

在20世纪20年代俄罗斯一批诗人对十月革命感到恐慌迷惘，纷纷离开俄罗斯，流亡国外。柏林、巴黎是他们的栖居之地，也有人漂洋过海到了美国。他们在国外继续创作，成为俄罗斯侨民诗人。他们大都出身贵族，十月革命以后，各种各样的原因使得他们难以留在国内，但是俄罗斯的森林白桦旷野雪原，俄罗斯的文化宗教礼仪习俗又让他们深深依恋，难以割舍。因此，怀念故土，抒写乡愁就成了他们反复吟唱的主题。

俄罗斯阿克梅派诗人奥尔吉·伊万诺夫（1894—1958）1923年离开彼得堡。他有一首诗《你说，我们怎么成了这样？》中写道：

没有必要与厄运争执，
我也不想与定数对抗。
啊，我只盼些许柔情，
重温皇村窗口的风光：
太阳照耀绿色林荫道，
你沿着小路款款走来，
真难形容有多么漂亮！
白色连衣裙配上白鞋，
怀里抱着一束紫丁香，
就连清风也脉脉含情，
轻轻抚弄着你的秀发，

影子似的在身后飘荡，
黑色的缎带袅袅飞扬……

你说，我们怎么成了这样？
怎么竟成了侨民流落异邦？

在这首诗中作者既抒发了对故乡、对美好年华的眷恋之情，又发出了人生无奈的感叹。诗中最为动人之处是多姿多彩的细节描绘。当抒情主人公缅怀往昔，仿佛又置身于皇村故居的窗口，凭窗凝望，注视着心上人从林荫道上缓步走来。只见她白衣、白鞋，怀抱紫丁香，秀发随风飘扬，黑色缎带一起飞舞，而背景则是绿色林荫和穿过枝叶洒下的缕缕金色阳光。白、紫、黑、绿、金，五彩斑斓，多么清丽！诗人那支富有灵性的笔似乎不是在写字而是在绘画。景色栩栩如生，人物呼之欲出。最后两行是两个问句，那口吻既是问女友，又像是在扪心自问，同时也在问同代人、问读者。每一个面对提问的人，都不免想一想那个时代以及诗人的命运与遭遇。在另一首《踏雪归家》中这样写道：

在异国他乡的城镇都市，
经过多年的颠沛流离，
要绝望常常有种种情由，
我们走进了绝望的境地。

走向绝望，走向最后的安逸，
我们仿佛走在严寒的冬季，
在邻村教堂里作过晚祷，
踏着俄罗斯积雪走回家去。

　　短短八行,包容了无限的感慨与悲凉:多年在国外漂泊流浪,居无定所,常常陷于绝望的困境。抒情主人公意识到已濒临死亡,然而他并不恐惧,反而把死亡视为解脱,视为"最后的安逸"。死亡给他的感觉,就像"在邻村教堂做过晚祷,踏着俄罗斯积雪走回家去"。死亡能使他超脱有国难投、有家难归的绝望,实现魂归故里的夙愿,那一望无际的俄罗斯积雪正好消解俄罗斯游子的思乡愁绪。诗人的怀抱是那么纯洁,那样开阔,他的忧思得到了净化与升华,显得澄澈透明。

　　俄罗斯白银时代未来派诗人谢维里亚宁(1887—1941)1918 年在莫斯科被推举为"诗歌之王",同年年底,诗人陪母亲去爱沙尼亚治病,滞留在塔林,再也没有返回俄罗斯。侨居国外期间,他写了许多怀念乡土的诗。其中有一首《往往有这样的日子》:

往往有这样的日子:我怨恨
我的祖国——我的母亲。
往往有这样的日子:我倾心
歌唱她,没有人比她更亲近。

她的一切一切都充满了矛盾,
她有两副容貌,两样灵魂。
就连少女,笃信奇迹的少女,
也未能脱俗而格外沉稳。

扁桃似雪,冬天温存。
有钟声,也有手风琴。
天气阴沉,云雾却透明。
既是乌鸦,又是鹰隼。

> 拆毁了伊维尔大教堂，
> 诅咒是母亲，爱抚是母亲……
> 而你向往那广袤的怀抱，
> 一片痴情，一颗游子心！
>
> 我知道自己是俄罗斯子孙。
> 欲飞上晴空，却在沉沦。
> 我自己对自己也不了解，
> 我是流落异邦的俄罗斯人！

　　这是一首交织着怨恨与挚爱、向往与失落的歌。抒情主人公像个受到误解和惩罚的孩子，被母亲赶出家门，不许回家，孩子一阵冲动，怨恨母亲，但事后想想，又十分懊悔。母亲毕竟是母亲，没有人比她更亲近，因而还是倾注满腔的激情歌唱她。正像母亲有时候不理解儿子一样，儿子有时候对母亲也不理解。他觉得祖国有两副容貌、两样灵魂，对自己的子女爱憎不一、亲疏不同。尽管游子向往祖国广袤的怀抱，但母亲板起面孔，不予宽容、不予接纳。这让作为侨民的俄罗斯子孙大为困惑。虽然他有凌云壮志，想为俄罗斯做一番事业，有所成就、有所贡献。但沦落异邦，生活艰苦，也只能在回忆与幻想中渐趋消沉，天长日久，忧郁主宰了生活，诗人便写了《忧郁的经验》这首诗：

> 我有一条经验。忧郁的经验。
> 别人的毕竟属于别人。
> 该回家了；海湾闪光如镜面，
> 春天正走近我的房门。

还有一个春天。也许
已是最后一个。没有关系！
这春天能使心灵省悟，
那背离的家园究竟好在哪里。

自己有住宅，无须再盖房。
有一处居室足可称心。
据他人之物为己有实在荒唐，
别人的毕竟属于别人。

诗中两次出现的诗句："别人的毕竟属于别人"，是底蕴丰富的痛苦哀叹。国家是别人的，社会是别人的，住房是别人的，交际的语言是别人的，似乎连空气也是别人的，春天也是别人的，属于自己的却相隔遥远。这种生活怎能不显得怪诞荒唐，难以忍受？恰如中国东汉诗人王粲在《登楼赋》中所云："华实蔽野，黍稷盈畴。虽信美而非吾土兮，曾何足以少留！遭纷浊而迁逝兮，漫逾纪以迄今。情眷眷而怀归兮，孰忧思之可任？"诗人盼望返回俄罗斯，尤其是春天降临，他在心里重温旧梦，缅怀在祖国度过的那些日子，缅怀亲朋好友，诗歌朗诵会，热情的读者，兴奋的听众，这既使他慰藉，又使他悲伤，甚至产生懊悔：为什么要离开那片土地呢？既然那里有栖身之地，何苦要跨越那条疆界，自寻烦恼？诗人渴望回国，想方设法与国内的朋友联系，列宁格勒的诗人罗日杰斯特文斯基出面与当局交涉斡旋，遗憾的是一切努力皆属徒劳，谢维里亚宁最终是遗恨终生、葬身于海外。

1933 年诺贝尔文学奖获得者、俄罗斯第一个获此殊荣的作家布宁(1870—1953)1920 年离开俄罗斯，辗转到了巴黎，后来长期居

住在法国东南部的小城格拉斯。侨居法国期间,伴随着布宁的是对俄罗斯土地与文化的苦苦思念。他写有一首《无题》诗:

> 鸟儿有巢,野兽有洞。
> 年轻的心是多么沉痛,
> 当我辞别父母的宅院,
> 对亲切家屋说声再见。
>
> 野兽有洞,鸟儿有巢。
> 心儿痛苦得怦怦直跳,
> 背着破旧行囊画个十字,
> 我走进租来的陌生房子。

此诗写于 1922 年 6 月 25 日,诗人离开祖国已将近两年,但对家乡、对故园念念不忘,无时无刻不牵挂在心中。看到鸟儿能在树上筑巢,野兽能在土里挖洞,想想自己,漂泊不定无容身之地,诗人怎能不感伤? 1922 年,布宁已经 52 岁,渐渐走向暮年,因而更易感慨。这首小诗语言质朴,结构严谨,整体构思立足于对比与反衬。鸟巢、兽洞、父母的庄园、出生的家屋、陌生的房子,相互联系又相互烘托,寥寥几笔就画出了人世的坎坷,命运的难料。布宁写诗,斟词酌句,异常精确,看似平易,却耐人寻味。"破旧的行囊"道出了行旅的艰辛与旅程的漫长;"租来的陌生房子",两个修饰叠用,表现了诗人的酸楚与悲凉。"鸟儿有巢,野兽有洞"两次出现,但语序颠倒,工整中出变化,形式新颖,类似我国古典诗歌中的比兴手法。所有这些艺术笔法都使我们能约略窥见布宁的诗艺特色,领略这位俄罗斯经典作家的悲悯情怀。

游子或侨民离开故土,大都有难言的苦衷,或迫于生计,或由

于时局动荡,社会环境不容,或信念有别,另有追求,不得不背井离乡,远走他乡或海外,但是不论走到哪里,他们的心仍在思念故乡与祖国。文化传统和语言,像千丝万缕无形的线把他们与生根的土地紧紧地联系在一起。漂泊在外的生活是艰难的,内心是痛苦而凄楚的。菲律宾华裔诗人云鹤有一首诗《野生植物》用最简练而深刻的语言写尽了侨民共同的心声:"有叶/却没有茎/有茎/却没有根/有根/却没有泥土/那是一种野生植物/名字叫'华侨'"这首精短的诗把侨民喻作"野生植物",读来让人心灵震颤。

不论是古代诗人还是当代诗人,不论中国诗人还是外国诗人,虽然国界不同,时代不同,各自的文化背景不同,但是共同的遭遇与经历,凝成了共同的情感——乡愁,造就了共同主题的诗作——乡愁诗,不变的是对故乡与故国的思念的深沉情感。古语云"人同此理,心同此情",他们在一望无际的乡愁烟云中,穿越了时间与空间走在了一起,热爱乡土、认同传统文化的心灵紧紧贴在一起,共同演奏了一曲荡气回肠的乡愁交响乐,让人听来感肺腑,动心魄。

究之"乡愁"情结,按照文化学与人类学等理论,可以解释为人类对母体安全甜蜜与舒适感受的集体无意识的追寻,或者对童年天真浪漫生活的怀念,或者对本土文化与精神情感意识的认同。因此出现在乡愁诗中的意象多为母亲、故土、童年生活、家乡景物、本土语言、情人等等。如果人长大后身处异地,便有一种陌生感、不安全感、失落感、无根感,正如叶落要归根一样,人总有一种归宿感。而最好的归宿莫过于故乡与故国了。回到故乡与故国,就有一种回家的感觉、投入母亲怀抱的感觉、归根的感觉,这种感觉是那么温馨、那么美。王实甫"愿天下有情人终成眷属",而我们则衷心祝愿天下游子终能叶落归根!

(张晋军)

挂在天上的诗

——中外咏月诗欣赏

在我国古典文学中,月亮备受文人墨客的青睐。静谧的月色无私地洒向大地,给万物润饰着朦胧神奇的色彩。于是,月激发了诗人的灵感,使诗人们观察世界、体认世界获得了独特的视角。诗人们或对月高歌,或对月抒怀,或对月长叹,或对月沉思。月亮就像一首挂在天上的诗,引起诗人无限的遐思;她也像诗人的一位知己,静静地倾听诗人内心的诉说。

中国古代诗人在苦闷、失意,或孤独、离别时,常常把目光转向无言的月亮,寄托他们的愁思。

李白,文学史上著名的诗仙,在他的诗集中提到月的诗句不下300处。月在李白的点染下变得气象万千。李白的月亮诗蕴藏了巨大的人格力量和深刻的哲理精神。诗中不仅有灵动飘逸的物境,更有饱含了诗人人格意志的我境。他的五言诗《月下独酌》是这样写的:

花间一壶酒,独酌无相亲。举杯邀明月,对影成三人。月

既不解饮,影徒随我身。暂伴月将影,行乐须及春。我歌月徘
徊,我舞影零乱。醒时同交欢,醉后各分散。永结无情游,相
期邈云汉。

诗人运用了丰富的想象,将天上的月亮、地下的影子都比拟为
友人,在良辰中轻歌曼舞。表面看起来是及时行乐,可是细品之
后,可以悟出诗人有一种世无知音的孤独感。全诗以月亮为主线,
把诗人的内心境界表达得透彻淋漓。

北宋时的苏轼,在政治上失意时,也是将目光移向无言的月
亮。

明月几时有,把酒问青天? 不知天上宫阙,今夕是何年。

在《明月几时有》这首词中,诗人借问月亮来抒写自己内心的
苦闷,与其说是问月,不如说是问自己。这时的月亮,更像是诗人
自身的写照:孤独、寂寞地高挂于天空,满腹心事无人诉说,忧国忧
民却无用武之地。

……我欲乘风归去,又恐琼楼玉宇,高处不胜寒。……

诗人借月亮驰骋想象,却又留恋人间,他的这种复杂矛盾的心
情,在月亮的背后隐隐现出。

中唐时期的诗人白居易曾被贬为江州司马,偶遇琵琶女而感
慨万千,失意之情溢于言表:

……同是天涯沦落人,相逢何必曾相识。……

相同的身世,触发了诗人政治上怀才不遇的痛苦。在《琵琶行》这首诗中,诗人将自己苦闷抑郁的感情借江月表达出来:

> ……醉不成欢惨将别,别时茫茫江浸月。……东船西舫悄无言,唯见江心秋月白。……

清冷的月光仿佛在"说尽心中无限事"。孤寂悠远的月光,仿佛就是沦落天涯的诗人自己。诗人借月亮表现了内心的凄惨无奈。看着那一轮冷月,仿佛看到诗人幽怨的眼神,含蓄而深沉。

在中国传统文化习俗中,月亮是团圆的意象,是美好的。但在中国古典诗歌中,象征团圆的满月,却经常寄托着诗人们的离愁别恨。苏轼在《明月几时有》中就因此而祝祷:

> ……不应有恨,何事长向别时圆。人有悲欢离合,月有阴晴圆缺,此事古难全。但愿人长久,千里共婵娟。

中秋佳节之际,诗人思念亲人的感情格外强烈,不能与亲人团聚的感伤使他不禁转向一轮圆月,遥祝平安。

> 床前明月光,疑是地上霜。举头望明月,低头思故乡。

这首妇孺能诵的《静夜思》中,似乎映照着夜不能寐的李白在月光、明月、床前、地上之间喟叹徘徊的身影,月色,就是思念之情。

杜甫的《月夜忆舍弟》中的诗句:

> 戍鼓断人行,秋边一雁声。露从今夜白,月是故乡明。
> ……

寥寥数语表达了在战乱频繁,家人失散的不幸境遇中,光华普照的月亮,勾起了诗人对兄弟的怀念之情。读来令人悲凉忧伤。

月亮是中国古代文人的宠儿。在诗歌中,月亮已不再是单纯的自然物,她变得有血有肉,有思想,有灵魂,她是诗人无声的代言人,亦是诗人内心情感的化身。

当然,也有一些诗歌并不是借月亮发牢骚,不是从月亮处得了自欺的安慰,而是将闲适之情溶入浓浓的月色之中。辛弃疾《西江月》中的词句就是这样,明朗浓郁的月色,昭示了诗人旷达、喜悦的心情:

> 明月别枝惊鹊,清风半夜鸣蝉。稻花香里说丰年,听取蛙声一片。

王维的《山居秋暝》中,"明月松间照,清泉石上流";《鸟鸣涧》中,"月出惊山鸟,时鸣春涧中"。也都是表达闲适、舒畅的心情的。

欧洲的抒情诗歌也歌咏月亮。文艺复兴以后,尤其到了 19 世纪浪漫主义诗歌兴起,一些抒情诗人往往在诗歌中将自己的感情寄予自然物,其中就有月亮。古希腊神话传说,月亮是一位女神,她的名字叫阿厄忒弥斯。阿厄忒弥斯也是狩猎女神和贞洁女神,还是丰收女神。她既勇武矫健,又冰清玉洁,还庇佑着众生。同时,月神和诸神一样,有着和人类相同的七情六欲。所以,在欧洲后来诗人的诗句中,月亮总是伴随诗人感受着人间的喜悦,倾听着爱人的心声,承载着黯然的神伤,澎湃着浪漫的激情。

英国诗人雪莱(1792—1822)在一首名为《云》的抒情诗中,以月亮的光辉和宏大气势寄托自己的胸怀:

> 焕发着白色火焰的圆脸盘姑娘,

凡人称她为月亮，

朦胧发光,滑行在夜风铺展开的

我的羊毛般的地毯上；

……

仿佛是穿过我落下去的一片片天空,

都嵌上这些星星和月亮。

雪莱另一首名为《宇宙流浪者》的诗中,诗人在宇宙的巡礼后诘问：

……

告诉我,月亮,你面色苍白阴黯,

无休无止的天国之路的巡礼香客,

在夜的或白昼的什么样的深渊

把安息的场所寻觅?

……

诗中,诗人以收敛羽翎的星星,苍白的月亮,疲惫的风比喻自己寻求理想的惆怅、疲惫和哀伤之情,是诗人一生浪迹天涯的写照。诗中的月亮虽然苍白黯淡,但它巡礼天际,历经白昼黑夜险峰深渊的情怀依旧慷慨磅礴。

英国诗人托马斯在《秋》中则将月亮引向人间。是什么引发了诗人的遐想呢? 是圆而亮的明月。诗中抒发了诗人对大自然的热爱,对农村生活的热爱,对农夫的热爱,而且想象着月亮就是农夫的脸：

秋夜一丝寒意——

我在田野中漫步,

遥想赤色的月亮俯身在藩篱上，
像一个红脸庞的农夫。

法国诗人保尔在《皓月》中歌咏的是爱情：

皓月
闪烁在树林
枝干上
枝干下
发出一种声音
……
啊，心上的人。

月光洒在树枝上，银光点点，好像在说话。诗人借月光吐露着
自己的心声。当诗人沉浸在思念心上人的情绪中时，温柔的月亮
更使诗人心潮荡漾。在诗人眼中，月亮仿佛就是自己的爱人。

德国诗人歌德的《对月》被誉为"最美的月光诗"。这首诗是歌
德在魏玛公国从政期间写给他的知己斯坦恩夫人的。诗中写道：

你又悄悄地泻下幽辉，
满布山谷和丛林，
我整个的心灵又一次
把烦恼消除净尽。

你温柔地送来秋波，
普照着我的园林，
像知友的和蔼的眼光，

注望着我的命运。

……

诗歌描写了一个幽静的月夜,诗人面对月光和溪水,抒发了深沉的人生感慨,表达了对情人的怀念和对理想的憧憬。诗人本想借月光一洗心中的烦恼,不料这幽美的景色却勾起孤独惆怅的心绪。幸好,诗人心中还存留着一点"珍贵的至宝"——挚友的温暖。诗人企望着和心爱的知己共同避开浊世尘寰,共享幻想境界的乐趣:

……
谁能放弃了憎恨之念,
躲避开尘寰浊世,
怀里拥抱着一位挚友,
同享着人所不知,

人所梦想不到的乐趣,
就在这样的夜间,
在心曲的迷宫里漫游,
那真是幸福无边。

此外还有一些诗歌,如:
德国诗人海涅在《乘着歌声的翅膀》中写道:

……
一座红花盛开的花园,
笼罩着寂静的月光;

莲花在那儿等待
它们亲密的姑娘。
……

英国诗人麦修·阿诺德在《多佛海滨》中有诗句：

今晚风平浪静，
涨潮时，皓月朗照
海峡；……
……

西班牙诗人西门尼斯在《山村》中写道：

……
月亮给河水镀上一层银光，
黎明时分多么凉爽。
……

这些诗句都将明朗、光辉、清和、静谧的人间美好境界赋予了月亮。而英国诗人阿尔弗莱德·爱德华·豪斯曼不像上述诗人的豁达，而是比较伤感。在《上次我回到禄如镇》一诗中就有一种淡淡的哀伤：

上次我回到禄如镇，
一路上戴着淡月，
跟我走有两个好朋友，
两个都天真而活跃。

狄克呢,已长睡墓园里,

耐德是久困于缧绁,

我今禄如镇又归来,

一路上戴着淡月。

在欧洲诗人心里,月亮博大、清明、妩媚,有时伴着高天大海的广阔胸襟,有时带着世人的淡淡忧伤。它让诗人们浮想联翩,沉浸在汪洋恣肆的情感之中。

上述歌咏月亮的诗歌中,月亮呈现着千姿百态。我们从诗人们的情怀中感受到,无论在世界什么地方,她都是永远挂在天上的诗。

(李淑婷　黄燕尤)

秋韵中的人生

——读马致远《天净沙·秋思》

　　秋思，是诗歌词曲常常表现的主题。秋思这个题目，使诗人们思索、探讨着自然之秋和人生之秋的意义。英国诗人柯勒律治说过："自然只存活于我们的生命里。"①生活中，人们习惯把秋天看成是成熟和收获的季节：天高云淡，红叶满山，硕果累累。如果用它比喻成熟的人生，那是绚丽多姿的。可是，秋天在诗人的眼里常常是另一番景致：肃杀的秋风，枯萎飘零的秋叶，凄凉的秋风秋雨。相应的，人生的失意、落魄、离别、衰老也在这里找到了寓意。

　　枯藤老树昏鸦，小桥流水人家，古道西风瘦马。夕阳西下，断肠人在天涯。

　　马致远的这首《天净沙·秋思》以鲜明简练的笔墨，勾勒出一

---

　　① 伊丽莎白·朱著，李力、余石屹译：《当代英美诗歌鉴赏指南》，四川人民出版社1987年版，第224页。

个游子于天涯不归路的浓浓愁意。当你仔细品味它时,便不由自主地走进一种孤寂、苍凉的氛围:面对着干枝团结的枯藤,怎能不感伤岁月无情,光阴易逝? 那饱经风霜的古树上一只墨色的乌鸦,哑然无声,天地万物似乎已沉沉睡去,无声无息。这时,一个满脸倦容的游子,远游至此,看着这似乎熟稔的小桥,听着这声声流逝的水声,望着那炊烟袅袅、鸡鸣犬吠的人家,他的眼中只有无语的悲伤和无奈的彷徨。四野无声,残阳如血,到底为什么吟唱悲伤? 那久经风霜的瘦马,可知哪里是游子魂牵梦萦的故乡?

这首散曲《秋思》,带给我们深深的秋的思索。综观马致远的文学创作,可以说他的很多作品都是表现"秋情"的,例如文学史上的著名杂剧《汉宫秋》。《汉宫秋》写的是昭君出塞的故事,其中有多处是以"秋"来比喻情感的。通过深秋的萧瑟和深宫的冷落衬托离情别绪;借深秋长空孤雁的悲鸣抒发元帝对昭君的怀念等描写,都十分感人。马致远晚年隐逸田园,过着"酒中仙、尘外客、林间友"的生活,有一种厌世心态。所以,他便用写秋的词曲,寄托他看待现实、人生的虚无态度和悲凉情感。

在欧洲诗人的诗作中,秋天的种种意象,也常常与落魄、衰败、甚至死亡联系在一起。例如英国诗人雪莱的诗《秋:葬歌》,题目就直接把秋日与死亡联系到一起,诗中所写道:

太阳失去了温暖,风凄苦地哀号,
枯树在叹息,苍白的花儿死了,
一年将竭,
躺在她临死的床上——大地,被枯叶
纷纷围绕。……
凄雨在飘飞,冷缩的幼虫在蠕动,
都为临死的一年:河水充盈,而雷声不断哀号;……

快乐的燕子飞去了,蜥蜴也回到它们的洞中……

整首诗两小节,短小精练,凄凉悲怆的诗句中饱含诗人内心的苦闷、愤慨。

与马致远的《天净沙·秋思》相比,不乏异曲同工之处。两首诗写景部分都连续使用名词,客观景物在展示时充满了作者的主观色彩。如:前者藤是"枯"藤,树是"老"树,鸦是仓皇昏乱的归鸦;后者太阳没有"温暖",风是"凄苦"的,"枯"的树,"苍白"的花儿……诗人用情写景,使景与情水乳交融,使读者能从中体味到诗人内心深处的绵绵思绪。

《天净沙·秋思》让人在"昏鸦"、"人家"、"瘦马"这一系列景物组成的画面中引发出联想,体会到景物蕴含的深意:游子一定会触景生情,由望见"昏鸦"而生归意,由目睹"人家"而涌思乡之情,由鞍下"瘦马"而生伤感。《秋:葬歌》则由"冷日"、"凄风"、"枯树"、"白花"、"凄雨"、"僵虫"、"远去的燕子"、"入洞的蜥蜴"让人感受到秋的阴郁、腐败。诗中的景物充满浓重的抒情色彩,与诗人直抒胸臆的感情宣泄融为一体。

当我们从"悲秋"这一相近的诗歌主题出发,走近两位诗人时,看到的是:两位诗人的思想境界大相径庭。雪莱的诗歌中有哀伤,但是,他的革命激情和叛逆精神是他思想的主导。而马致远在哀伤中透露出的虚无悲观情绪是他思想的核心。

郭沫若曾说:"雪莱是我最敬爱的诗人中之一个。他是自然的宠子,泛神宗的信者,革命思想的健儿。他的诗便是他的生命。他的生命便是一首绝妙的好诗。"①而丹麦文学史家格奥尔格·勃兰

① 阎焕东编:《郭沫若自叙》,山西人民出版社1986年版,第172－173页。

兑斯则指出:"他的内心深处浸透了一种悲哀。"①的确,细读雪莱的诗,可以体会到他那种革命信念和悲哀情绪的两重性。

雪莱的《西风颂》是世界传诵的名篇。诗的开头,指称西风是"秋之生命的呼吸"。在西风劲吹的时刻,那"枯死的落叶"——"黄的,黑的,灰的,红得像肺痨,/呵,重染疫病的一群……"(查良铮译)隐喻着他在这一季节里的忧郁悲哀情绪,而且以肺结核来比拟秋叶。然而,"枯叶"虽然看来人多势大,但只等"明媚的姊妹奏乐",就会有春的色与香充满人间,旧的必将让位于新的,"明媚的姊妹"就是"春"。同样,《秋:葬歌》中那"纷纷围绕"在"大地"周围的"枯叶",不也象征着反动势力?诗人以"躺在她临死的床上"比喻反动势力的衰败。雪莱笔下的秋叶是枯萎的生命,但他深信自然和社会都处于永恒的变动之中,一时的痛苦和黑暗终将过去,希望和光明永远活在人间。在雪莱的抒情诗里,主人公往往充满信心,这与大自然是协调的。

所以,雪莱的情绪中有悲哀、低沉,这在他悲秋的诗句中十分明显。同时他的诗更具有追求真理的精神,永远充满希望与激情。雪莱说:"生命的形象表达在永恒的真理中的是诗。"又说:"诗是最美最善的思想在最善最美的时刻。""灵感之不可解者,诗人是解释者;未来之昭示于现时者,诗人是镜子,显出其巨大的形象;……诗人吹响进攻的军号,具有诗人自己所不体会的感召力;诗人的力量,不为他人所左右,而能左右他人。诗人是世界的立法者,虽然无立法者的称号。"②

雪莱希望诗歌像西风一样,促成新世界的诞生。他的革命乐观主义使他发出了响彻欧洲的预言,我们听到了诗人发自整个灵

---

① 雪莱著:《雪莱诗歌精选》,北岳文艺出版社 2010 年版,第 300 页。
② 文聘元著:《西方文学的故事》,百花文艺出版社 2002 年版,第 380 页。

魂的呼唤:要是冬天已经来了,西风哟,春天怎么会遥远?

从雪莱的诗中我们看到了他夹带着愁思的激情和叛逆。那么,同样悲秋思绪的《天净沙·秋思》又将给我们什么样的启示呢?那个于萧瑟的秋风中,长年流落,有家难归的游子的精神家园到底在哪里?"秋思之祖"马致远又有怎样的艺术思想呢?

我们可以从马致远的《双调·夜行船·秋思》中进一步认识马致远的精神世界和艺术追求。散套《双调·夜行船·秋思》("百岁光阴一梦蝶")被前人誉为"元曲之冠"。周德清言其"万中无一"(《中原音韵》),王世贞亦盛赞"元人称为第一,真不虚也"(《曲藻》),是最能代表马致远散曲思想和艺术成就的压卷之作。马致远曾任元朝江浙行省务官,宦海沉浮,半生蹉跎,饱谙世情,痛感当时社会的黑暗和龌龊。当值人生的秋天,他要回顾半生经历,探索人生的真正含义和价值,决定此后的生活方式和精神寄托。所以,"秋思"在这里就被赋予了"晚年对人生意义的思考"这一具体内涵。

这支曲的第一句"百岁光阴一梦蝶"即用庄周梦见自己化为蝴蝶,醒后疑心自己一生不过是蝴蝶的一场春梦这一典故,感叹人生的短促和虚幻。接着一句"重回首,往事堪嗟",紧扣晚年对人生意义的思考的题意,用"往事堪嗟"点出对自己过去人生历程的否定。接下来的几只曲中,第二支曲《乔木查》写功业虚幻。第三支曲《庆宣和》写胜败无意义。第四支曲《落梅风》写贫富无定。第五支曲《风入松》写生死无常。

马致远从人生迅忽如梦说起,对功业、胜败、贫富、生死等一系列传统人生观的几乎所有重要范畴都作了彻底的否定。在这里,我们看到马致远从愤世嫉俗走向了虚无悲观。面对强大的黑暗现实,他有着和雪莱同样的清正情操、高傲品格和愤世情感。但是,历史文化的局限使得他不可能有任何超越封建文人的先进思想,

只能像我国历史上一些隐逸文人那样,宁可清贫一点,但要干净一点;宁可生活艰难一点,也要心灵上安宁一点,幻想"裴公绿野堂,陶令白莲社。爱秋来那些:和露摘黄花,带霜烹紫蟹,煮酒烧红叶"。① 这里的一情一景,都寄托着诗人不与世俗同流合污的情操,表现了自陶渊明以来田园诗人高洁的人格和淡泊世事的人生态度。

(王小虎 黄燕尤)

---

① 蒋伯潜、蒋祖怡著:《词曲》,上海书店出版社1997年版,第51页。

第四章 比较阅读

面对永恒　思索生命

——中西文学名篇的生命意识比较(一)

　　义务教育课程标准实验教科书《语文》(苏教版)七年级上册，第三单元第十三课共有三首咏月诗，这三首咏月诗中最著名的是苏轼的《水调歌头》："明月几时有，把酒问青天。不知天上宫阙，今夕是何年？……人有悲欢离合，月有阴晴圆缺，此事古难全。但愿人长久，千里共婵娟。"比起另外两首诗，这首词在抒发望月离愁的同时，还面对清风明月，反观人自身的命运，美好愿望之中蕴含着对生命短暂的忧伤。

　　孔子说："未知生，焉知死？"认为人不应当轻易谈论死亡。他的观点对中国知识分子的影响很大，整个中国社会和文化的精神核心就是对现实的关注和对有生的把握，以对生的体验来回避死亡的意识。但是人必然经历生老病死的过程，越是面对永恒的自然，就越是感受到个体生命的短暂。诗人陈子昂登高望远："前不见古人，后不见来者。念天地之悠悠，独怆然而涕下。"领悟到短暂的个体生命的孤独本质。应该说，对有限的自我生命的观照，是我国文学史上一个常见的主题，许多文人从不同的角度表现了自己

对这一点的思考。

我国古代文学中这样的作品很多,可以大略分成几类:第一类是对生命的流逝发出深沉的追问。这样的作品很多,如《古诗十九首》的第十五首:"生年不满百,常怀千岁忧。昼短苦夜长,何不秉烛游!"张若虚在"春江潮水连海平,海上明月共潮升"的壮美景色中发出了"江畔何人初见月?江月何年初照人?"的千古疑问,并深深地感慨道:"人生代代无穷已,江月年年只相似;不知江月待何人,但见长江送流水。"苏轼有一首《东栏梨花》诗:"梨花淡白柳深青,柳絮飞时花满城。惆怅东栏一株雪,人生看得几清明!"由于诗人这种对生命的感悟是超越个人的荣辱和悲喜的,所以打动着一代代读者的心,使我们每一个人读到这样的作品,都不自觉地和诗人心生共鸣,在淡淡的忧伤中体味人生的意义。

另一类作品以"人生实现了什么?"为表现主旨,追索生命的意义和人生应有的生活境界。在封建社会,不同的朝代特别是不同历史时期的社会状况,使得中国文人在这一点上呈现出两种态度的摇摆变迁。所谓"达则兼济天下,穷则独善其身",有希望一展宏图时,采取儒家积极进取的态度来追求建功立业;社会黑暗报国无门时,则效仿庄子的自在自为。

庄子对人生抱着一种顺其自然的态度。在庄子看来,"死生为昼夜",生命的出现只是一种自然现象,保持心灵的自由才可以摆脱人生的重负,达到"无己、无功、无名"的逍遥境界。"清水出芙蓉"一直是我国古代美学精神的重要一脉,特别突出的一个时期是社会动荡的魏晋时期,前途渺茫,知识分子追求自然之道一时蔚然成风。当时这样的文人很多,我们最为熟悉的应该是"采菊东篱下,悠然见南山"的陶渊明。在他身后,有多少不愿为五斗米折腰的士大夫抚今思昔,向往他归去来兮的自由与喜悦。陶渊明曾写过《拟挽歌辞三首》,直言"有生必有死",表达了自己"死去何所

道,托体同山阿"的旷达态度。

在相当多的山水田园诗中流露的隐逸与超脱思想,也可能是佛教影响下的产物。佛教由东汉起传入我国,许多作家、作品都受到多多少少的影响,谢灵运、王维是这方面的典型代表。苏轼的作品中也有佛教的气息,他在《僧圆泽传》讲述的"三生石"的故事,虽然也基于"轮回"与"转世"的佛教基本观念,但并不是宣扬佛教"人生是苦"的出世思想,而是反映了对生命永恒的追求。这个故事在民间流传很广,是中国人追求知音肝胆相照、"缘定三生"的人生境界的永远的梦。

在入世与出世之间的摇摆,最典型的例子当数李白,诗人时而慨叹"蜀道之难,难于上青天",时而坚信"天生我材必有用";既不愿"朝如青丝暮成雪",也不愿"摧眉折腰事权贵",只能"五花马,千金裘,呼儿将出换美酒,与尔同销万古愁"。

古代有多少知识分子用诗词抒发自己怀才见弃的郁郁不平和报国思用的慷慨壮志!比如辛弃疾,他留下了大量这样的作品,《摸鱼儿》:"更能消、几番风雨?匆匆春又归去";《破阵子》:"醉里挑灯看剑,梦回吹角连营。……了却君王天下事,赢得生前身后名。可怜白发生";《永遇乐》:"廉颇老矣,尚能饭否?"……古代文学史上此类作品可谓数不胜数,面对社会动荡、民族危难而奸佞当道,千秋志士,同放悲声!

生命毕竟只有一次,只要有一线机会,谁会甘心无所事事地虚掷年华?对男性而言最为常见的是对建功立业的追求,如曹操的《短歌行》:"对酒当歌,人生几何。譬如朝露,去日苦多。……山不厌高,海不厌深。周公吐哺,天下归心。"他"老骥伏枥,志在千里"的暮年壮志则更为著名。积极入世一直是儒家对待人生的基本观点。为了完成人生的价值,有时不妨"杀身成仁"、"舍生取义",所谓"人固有一死,或重于泰山,或轻于鸿毛"。在国破家亡,民不聊

生时,应该选择大义,视死如归。这种思想对中国知识分子来说简直是深入骨髓、流淌在血液里那般深刻。许多爱国诗篇都是在这样的境界下用心血谱写而成的。比如岳飞的《满江红》、陆游的《示儿》可谓家喻户晓,范仲淹"先天下之忧而忧,后天下之乐而乐"的精神境界,更是流芳千古,倾倒多少仁人志士!

这种追索有时也表现为对朝代兴亡、往事如过眼烟云的叹息,如韦庄的《台城》:"江雨霏霏江草齐,六朝如梦鸟空啼。无情最是台城柳,依旧烟笼十里堤。"或刘禹锡的《乌衣巷》:"朱雀桥边野草花,乌衣巷口夕阳斜。旧时王谢堂前燕,飞入寻常百姓家。"有时还表现为对人格情操的浇铸,《离骚》《陋室铭》《爱莲说》都是这样的名篇。有时则直接表现为对一种生活情境的淳美感受,比如"两个黄鹂鸣翠柳"、"西塞山前白鹭飞"、"稻花香里说丰年"等脍炙人口的诗篇。

女性由于被束缚在闺阁之中,她们对自身价值的寄托便集中在爱情上,一个普通的古代女子对生活的最大期望也许就是:"执子之手,与子偕老。"从《诗经》的《氓》开始,接着是《古诗十九首》的《行行重行行》《迢迢牵牛星》和南北朝乐府民歌中的《西洲曲》,走过唐诗宋词,来到"情不知所起,一往而深"的《牡丹亭》和"千红一窟,万艳同悲"的《红楼梦》,女性的形象充满着惜春自伤、情爱成空、生命无从寄托的悲哀。

《牡丹亭》中杜丽娘游园,叹息"原来是姹紫嫣红开遍,似这般,都付与断井颓垣";《红楼梦》中林黛玉葬花,那"花谢花飞花满天,红消香断有谁怜?……一朝春尽红颜老,花落人亡两不知"的哀伤更是痛彻心肺。在静悄悄的春光中思念,折叠起自己的渴望、热情,把整个生命隐藏在时光流逝的阴影里,那个身影就是中国古代女子的定格。即使人中翘楚的李清照,虽然也有"生当作人杰,死亦为鬼雄"的别致,她的生活和她的创作仍然是以爱情中心的。直

到清末西学东渐,才有可能出现"身不得,男儿列;心却比,男儿烈"的秋瑾,抒发出"猛回头,祖国鼾眠如故。……没个英雄作主"的悲愤之情,选择了"一腔热血勤珍重,洒去犹能化碧涛"的生存方式。

在永恒的时空中体味生命的价值,当然不只是在我国古代文学作品中仅有的现象。苏轼慨叹"大江东去,浪淘尽、千古风流人物";法国诗人维庸怅惘:"去年之雪今安在?"莎士比亚调侃:"谁知道亚历山大的高贵的尸体,不就是塞在酒桶口上的泥土?"面对死亡,人是什么? 生命是渺小的、偶然的还是有价值的? 如何度过有限的生命才算是实现了生命的价值? 这些疑问是作为人必然产生的疑问,西方文学中自然也不乏这样的作品,除了文学体裁的异同以外,它们与中国文学还有哪些不同之处呢?

从表现的风格来看,传统地说,中国文学追求表现的含蓄,"不著一字,尽得风流",而西方文学则表现得更为直接(现当代文学另当别论)。"记得绿罗裙,处处怜芳草",这是中国人写爱情的方式;"我的心像一只会唱歌的鸟儿/它的巢儿在水灵的枝上/我的心像一棵苹果树/果实累累垂到地上……我的心比所有这些都快乐/因为我爱人来到我的身旁"①,这是西方的爱情诗。表现在生死的问题上,中国传统文学直接谈论死亡的作品不多,往往通过惜春伤情来含蓄地表达复杂的感受,常常将前途的黯淡、爱情的失意、生命的蹉跎融合在一起,比如李商隐的《无题》:"相见时难别亦难,东风无力百花残。春蚕到死丝方尽,蜡炬成灰泪始干。晓镜但愁云鬓改,夜吟应觉月光寒。蓬莱此去无多路,青鸟殷勤为探看。"写的是身世、是爱情还是两者兼而有之? 这种意蕴的丰富所带来的解读的扑朔迷离,对中国古诗来说正是一种成功所在。

---

① 黄杲炘译:《恋歌——英美爱情诗萃》,上海译文出版社 2002 年版,第48 页。

西方作家在作品中对死亡、墓地这样的意象并不讳言,比如艾米丽·勃朗特的《忆》:"你冷吗,在地下,盖着厚厚的积雪,远离人世,在寒冷阴郁的墓里?⋯⋯"克里斯蒂娜·罗赛蒂的名作《歌》:"在我死后,亲爱的,不要为我唱哀歌⋯⋯"两个女作家的诗起句就直言坟墓或死亡;拜伦、雪莱、济慈等浪漫主义诗人,在歌咏花朵、夜莺和恋人的同时也常常直抒胸怀地表达生命短暂的痛苦,例如雪莱的《悲歌》:"呵,世界!呵,人生!呵,时间!/登上了岁月最后一重山!/回顾来路心已碎,/繁华盛景几时还?/呵,难追——永难追!日夜流逝中,/有种欢情去无踪。/阳春隆冬一样悲,/唯独乐事不再逢。/呵,难追——永难追!"

(赵峻)

面对永恒　思索生命

——中西文学名篇的生命意识比较（二）

　　中西文学的不同风貌植根于中西文化的差异，如果说中国传统文化是儒、释、道三家互动互补的存在，那么西方近代文化则是古希腊文化和希伯来文化这两个源头相拒相融的结果。相应地，古希腊文学和希伯来文学也是欧洲文学的两大源头。

　　古希腊时西方还没有基督教观念，人们认为"死亡"是命运决定的，所以古希腊人并不奢求永生，而是更加热爱生命、崇尚荣誉，坚持自己对生命价值的追求。比如《荷马史诗》中的大将阿喀琉斯，不愿意过无所事事的平庸生活，而宁愿选择死在战场上。在古希腊悲剧中，普罗米修斯把象征光明和智慧的天火偷给人类，甘愿忍受天神宙斯的迫害；俄狄浦斯竭力反抗"杀父娶母"的命运，虽然失败了仍表现出人的力量和尊严。希腊文学中充满蓬勃的人本主义精神，对后世文学产生了深远的影响。

　　希伯来文化是西方文化的另一个源头，强调信仰上帝，轻视人的现世生命，重视来世天国的幸福。在中世纪，基督教思想在西方文学中占据了统治地位，人们认为人死以后经过"末日审判"，洗清

罪过的人进入天堂，罪孽深重的人则在地狱中遭受刑罚。但丁的《神曲》对此有极其生动的描写。人们今生的生活是面对永生的未来而存在的，比较中国文学，即使"可怜无定河边骨，犹是春闺梦里人"这样的诗句，虽然直言白骨，但终究充满了对现实的劝讽和对现世生命的关注。

基督教重理性、讲博爱的思想意识逐渐融入到欧洲文化的内核之中，一直影响到后来的文学创作。由于人们相信死亡只是肉身的毁灭，信仰基督可以使人得到精神的复活或永生，因此在文学作品中直言不讳地谈生论死、反映人性中精神和肉欲的分裂或统一，常常把爱情、青春与死亡联系在一起。例如伊丽莎白·勃朗宁的《葡萄牙十四行诗》第44首就以死来印证爱情的深浓："我究竟怎样爱你？让我细数端详……我爱你用笑容、眼泪、呼吸和生命！只要上帝允许，在死后我爱你将只会更加深情。"

文艺复兴时期的文学体现出对源自古希腊文明的人本精神的高扬，认为人是："宇宙的精华！万物的灵长！"从那时起，西方文学就没有停止过对生命意义的怀疑和追问。哈姆莱特在监狱般的世界中思考"生存还是毁灭，这是一个值得考虑的问题"。麦克白发现"人生不过是一个行走的影子……充满了喧哗骚动，却找不到一点意义"。堂·吉诃德为了守望理想踏上冒险生涯。弥尔顿在《失乐园》中，以圣经中人类祖先偷吃禁果失去伊甸园的故事，反映出"世界整个放在他们面前"的坚定信念。歌德在《浮士德》中说："凡是自强不息者，到头我辈均能救"，浮士德上天入地、不断进取的形象，反映了人类克服自身的弱点，追求美好生活的天性。

不论追问生命意义的答案是积极的还是消极的，西方文学都体现出基督教文化深刻影响下对人本身的关怀。有时在作品中流露对人生的哲理性思辨，充满着宗教神秘感，如瓦雷里的《海滨墓园》、里尔克的《杜伊诺哀歌》、霍桑的《红字》等；更多的时候信仰

爱，信仰光明，认为通过信仰的救赎可以克服人性的恶，使生活更加美好。现实主义大师们充满人道主义思想的作品有许多都属于这一类，例如雨果的《悲惨世界》、狄更斯的《双城记》、陀思妥耶夫斯基的《罪与罚》、托尔斯泰的《复活》等等。那些指出社会问题的作品，如斯汤达的《红与黑》、左拉的《萌芽》、哈代的《德伯家的苔丝》、果戈理的《死魂灵》、屠格涅夫的《父与子》、易卜生的《玩偶之家》、肖伯纳的《巴巴拉少校》等，虽然对既有的价值判断（包括基督教精神）提出怀疑或挑战，其主旨仍然是基于对人本身生存状态的关注，即对真理的揭示和对理想生活的追求。

现代以来，西方社会有了很大的变化，传统的基督教精神也有所动摇，在文学上，各种现代主义思潮此起彼伏，对生命意义的认识涌现出许多新的观点。例如叔本华认为人生是一个欲望永远无法满足的过程；柏格森认为生命的基本特征是"绵延"，生命是一个永不停息的流程，只能靠直觉来把握；弗洛伊德认为，人类自发的本能有两种："生的本能"和"死的本能"；萨特认为世界是荒谬的，人生是痛苦的，但是人可以自由地选择等等；所有这些反传统、反理性的思想学说都对文学创作产生了影响。

例如卡夫卡的《变形记》、奥尼尔的《毛猿》等作品反映了现代社会中人的异化和孤独；普鲁斯特在《追忆逝水年华》中认为，只有文学创造才能使流逝的生命免受时间的侵蚀，具有永恒的意义；乔伊斯的《尤利西斯》再现现代西方社会中普通人的生存状态和精神面貌；加缪的《局外人》、贝克特的《等待戈多》反映出生活的荒谬、个体生命价值的虚无；有些作者认为人类已经丧失精神的家园，拯救的唯一出路仍然在于皈依上帝、克己献身，例如艾略特的《荒原》；有些作者则强调精神信仰对人类生存的重要，如海德格尔《人，诗意地安居》等等。这些作品对人生意义和人类命运做出全新的表现，对生命价值的思索更为深刻，也更趋向本质化。

无论东西方,文学作品中的生命意识都经历了从古代到现代的变迁。总的来说,中国文学对现世今生更为投入,善于体会平凡生活中的人情美,关注个人的悲欢离合、祖国和民族的荣辱兴衰,在大自然和古往今来的中华历史中寻求自我生命的寄托;西方文学富于宗教精神,更长于哲理思辨,对人类的生存和生命的意义更多本质上的追寻和探索。前者重感悟、蕴藉;后者更贴近人性、凸现个性。

由于外来文化和文学的影响,中国文学尤其是当代文学,呈现出传统文化与外来文化相融合的多元性,在表现风格上也借鉴了西方文学的各种表现手法,对生命价值、生命意识深沉追问、大胆表达的作品越来越多,举不胜举。

正像里尔克在《慕佐书简》中所写的:"我相信,只有从死这一方面,才有可能透彻地判断爱。"某种意义上说,人对生存意义的理解是建立在对死亡的感受或思考中的。一切东方、西方的哲学家、文学家和我们每一个普通人都同等地面对生死及其意义的问题,而谁都不能给出一个确定的答案。

我们都读过朱自清的名篇《匆匆》:"燕子去了,有再来的时候;杨柳枯了,有再青的时候;桃花谢了,有再开的时候。但是,聪明的,你告诉我,我们的日子为什么一去不复返呢?"只有生命的流逝才能使我们更敏锐地发现生的可贵与美丽,中西文学对生命意识的表现虽然不尽相同,但有一点是共同的,那就是生命的真谛就在于追寻,也许一个珍惜生命和一切美好事物的人,将永远保持"路漫漫其修远兮,吾将上下而求索"的生命姿态。

(赵峻)

用"谎言"编织的爱的花环

——比较阅读《柏林之围》和《看不见的收藏》

在 21 世纪初的春天,我们一方面充分享受明媚的春光、和平自由的幸福,一方面充满忧郁地关注着世界各地此起彼伏的战争。处于战争中的人们该是怎样的活法? 处于战争之外的人们又是怎样的心情? 战争给人们带来的是什么样的灾难呢? 在飞机隆隆的轰炸声和儿童惨烈的哭喊声中,我想起了法国作家都德的《柏林之围》和奥地利作家茨威格的《看不见的收藏》这两篇非常感人的短篇小说。它们有一个共同的特点就是在战争的苦难中,作品中的人物都采用了编织"谎言"的方法,小心翼翼地呵护着两位老人的梦想不要被战争所打碎,向世人敬献了一捧饱含泪花的爱的花环,读来催人泪下,让人心痛。下面就让我们共同走进这两篇小说的艺术世界,体味人世间的真情以及战争给人们带来的无尽苦涩。

都德的《柏林之围》的故事是由作者假托的一位医生某君讲述出来的。故事发生在普法战争期间:在 1870 年 8 月"风暴灾难纷至沓来的最初几天里","我"被请到巴黎明星街半元广场一座高楼里诊视一个患急性中风的病人——儒弗上校,一个拿破仑帝国时

代的军人。普法战争一开始的时候,他就搬到香榭丽榭街,住在一套有阳台的住房里,为的是能亲自参加法军的凯旋仪式。而当维桑堡法军失败的消息传来的时候,他就像遭到雷击似的倒了下去,直挺挺的躺在地毯上满脸通红,口眼全不动,得的是一种地地道道的严重的半身不遂症,整整昏迷了三天。而当莱舍芬战役打响、国内传遍了胜仗的消息时,这位可怜的又聋又哑的病人眼里几乎有了光,舌头也不那么僵木了,竟有足够的力气向"我"微笑,并且结结巴巴地说了两次"胜……胜……仗!"当"我"把玛克•麻洪元帅辉煌胜利的详细情形讲给他听时,他的眉目逐渐舒展开来,面色开朗起来。正当"我"准备把老人得救的好消息告诉照料老人的孙女时,孙女却面色惨白地呜呜地哭起来,原来莱舍芬的真实消息刚张贴出来:玛克•麻洪元帅逃跑了,全军覆没……我们彼此狼狈地看着。她想着她的父亲——在玛克•麻洪元帅参谋处工作的一位军人——而伤心,"我"想着老人,不寒而栗——毫无疑义,他是禁不起这个新打击的。怎么办? 只有让老人保持住他的快乐,维持住那些使他复活的幻想。但是,唯一的办法那就是必须撒谎! 孙女擦干了眼泪,英勇地说:"好吧! 由我来撒谎吧!"就这样,孙女和"我"共同编织起了法军得胜以及柏林被围的谎言。刚开始时,老头儿的脑筋还不健全,像个孩子似的任凭人哄骗,但是随着老头儿健康的日渐恢复,他的思路也清楚起来,"欺骗"他的难度也加大。当普鲁士军队离巴黎只有八天的路程时,"我们"曾打算把老人搬到外省,但又担心一出门,法国真实的情况会都泄露给他,他会禁不起这巨大的打击。最终,还是决定留下来。巴黎被围的第一天,老人正兴高采烈地坐在床上,正做着法军围攻柏林的幻想,在他的床上堆满了一大堆乱七八糟的拿破仑帝国时代的破旧东西,沉浸在胜利和侵略的氛围中。"我们""围攻柏林"的军事行动简单化

了，耐心等待攻克柏林。无聊时我们给老人读他儿子的"来信"，老人在给儿子的信中甚至谈到了胜利后如何对待被征服者的政治观点，如"对那些不幸者，要宽大为怀。不要让被征服者感到担子太重"、"只要战争赔款，别的什么也不要……把他们的省份割过来，又有什么用？……难道说能把德国改造成法国吗？……"他说这些话的时候，声音是那么坚决，充满天真纯朴之气，这么伟大的爱国精神，实在不能不叫人感动。然而真实情况是巴黎被围日益吃紧。仗着我们的努力，围绕他的是有增无减的温存体贴，老人的安静生活一时一刻也没有受到搅扰，一直能够吃到白面包、新鲜肉。老人吃得红光满面，一天比一天好起来，可他孙女因饮食不足而显得比以前更加苍白了。老人的官能已经恢复许多，当他听到麻育门下的剧烈炮声时，惊得跳起来，跟猎狗似的支起耳朵。我们只好捏造出巴采纳将军在柏林城下最后的胜利，说是残废军人在鸣炮庆祝。有一天他在窗前看到了格郎达梅林荫路上麇集着的国民自卫队，便问："是哪个部队的？服装太不整齐了？"就在普鲁士军队进城的前一天晚上，老人的神色很特别，可能是他听到我们的谈话了。不过他心里想的是法国人，是他盼望了那么长久的凯旋：玛克·麻洪元帅在鲜花丛里，鼓乐声中沿着林荫大路走过来，自己的儿子在元帅身边走着，自己呢，站在阳台上，穿着军礼服，就像当年在鲁正一样，不住地向那些弹孔累累的国旗和火药熏黑的军旗致敬。第二天，就在普鲁士军队战战兢兢地踏上从麻育门到居勒里宫那条长街的时刻，阳台上那扇窗轻轻地开了，出现了上校，头顶钢盔，腰挎大马刀，米勒霍特老骑兵的光荣而古老的全副军装都披挂在身上。不知道是一种什么样的意志力量，一种什么样的突来的生命力竟促使他站了起来并且穿戴起来，站在阳台上。然而他对自己看到的一切诧异：为什么马路显得那么宽敞，那么寂静，各家的百叶窗都紧闭不开，巴黎凄凉如一座传染病患者的隔离所；为

什么到处悬挂着白色带着红十字的旗子,并且没有一个人出来欢迎我们的队伍? 在一个短时间内,他可能认为自己弄错了。然而在凯旋门的后面,是一片分不清什么声音的嘈杂喧闹,一条黑线朝着初升的太阳走过来……随着,钢盔的尖顶慢慢地闪出光来,耶那的小铜鼓敲起来,在凯旋门下响起了舒伯特的凯旋歌,随着歌的节奏前进的是列队的笨重步伐和腰刀的撞击声! 这时在广场惨切的寂静中,听见一声喊叫,一声凄厉的叫喊:"快拿武器! ……快拿武器……普鲁士人……"同时,前哨的四个骑兵看到高处阳台上一个高大的老人摇晃着双臂,东倒西歪地站立不住,最后整个身子倒了下去。这一次八十岁的儒弗上校真的死了。

通过阅读作品,我们会知道,作品中的"我"和孙女之所以要编织谎言来欺骗老人,是因为老人的病就是法军失败而引起的,而不能再让他接受更大失败的打击,否则老人的病将无法救治。当他们用谎言——法军节节胜利的假消息来"欺骗"他的时候,老人的病情却逐渐好转。病情好转以后,又给继续欺骗带来难度。两个人想尽一切办法想避免老人得知真实情况,让老人活在幻想的幸福里,然而现实是那么残酷,不是柏林被围,而是巴黎被围。最后当老人全身披挂满心喜悦地站在阳台上观看法军凯旋欢迎活动时,残酷的现实是普鲁士军队的侵入。老人的幻想破灭了,老人的生命结束了。一位有着强烈爱国主义精神和军人高度荣誉感的老军人形象栩栩如生地展现在我们面前。他可敬,可爱又可怜。假若谎言是真的,那老人该有多幸福呀! 可是现实令人多么痛苦! 幻想中的胜利与现实的惨败,如此强烈的对比,又怎么不让法国人扼腕呢! 作品中的"我"和孙女同样又都是多么心地善良的人! "我"作为一名医生,给老人看病,用的不是药品,而是用一颗博大的爱心来治疗老人的病,不得不用编织"谎言"的办法"欺骗"老人的手段。那个柔弱的小女孩,心里承受着多么巨大的痛苦与压力

呀:爷爷病瘫,父亲在前线被俘,一方面得接受残酷现实的打击,一方面还得强装欢喜"欺骗"老人,不让老人看出破绽。真难为她呀!她却又是那么勇敢,那么从容,那么聪明地做着"欺骗"老人的事。而这一切都又是为了爱——爱亲人、爱国家、爱人民……把灾难与不幸所造成的痛苦自己吞咽,而把胜利与欢乐所带来的幸福献给亲人,这是多么伟大的情怀!他们编织的"谎言"用心真是良苦啊!

　　茨威格的著名短篇小说《看不见的收藏》在叙述方式上与《柏林之围》很相似,作者也是假托作品中的"我"讲述他所遇见的一个不同寻常的生活插曲。故事发生在第一次世界大战期间的德国。战争爆发后,德国的通货膨胀使货币迅速贬值,就像空气一样不值钱,人们的生活非常困难。但有一批暴发户骤然对哥特式的圣母像、古版书以及古老的铜板雕刻画和古画感起兴趣来,而且需求很大,甚至出现抢购浪潮。"我"这家老字号古玩店里被搜刮得一干二净。后来"我"翻阅老账本想从中搜索到一些老顾客,从他们手里重新买回一些物品。于是"我"发现了曾从"我"的祖父和父亲手里买过东西,而在"我"经营的 37 年中从未进过自己商店的一位古怪的老顾客,如果他还活着的话,年龄至少过 80 岁了。他拥有一批珍贵的铜板雕刻画,这引起了"我"的兴趣,于是"我"坐火车直奔萨克森的一座十分破旧的小镇,并找到了老顾客的家。老人住在那种租费低廉的楼房的三层,一位年迈的白发女人惊讶而疑惑地打量着"我"——这位从外地来的客人,随即"我"被让进屋里见到了老人。他笔直地站在简朴的房间正中,身体健壮,浓髯密髯,身穿一件半军用的便服,亲切地伸出双手,但是他僵直的姿态和面部高兴的表情与其空无所视的眼睛形成极大的反差,原来他是一个盲人!老人对柏林来的古董大老板能光临他的寒舍感到很高兴,可是靠养老金过活的他们已经再也付不起钱收购如今价格发疯的物品了。"我"解释说来这儿只不过是想拜访一位老主顾和德国最

大的收藏家。老人一听称赞他是"德国最大的收藏家之一",脸上显出欢快明亮和洋洋得意的神情,声音充满快乐,和气甚至温柔地说:"你这真是太好了,太好了……您的确是不虚此行,我要让你看看在柏林甚至在巴黎都找不到的、我收藏了60年的几幅画。露易丝,把柜子的钥匙给我!"这时候却发生了意想不到的事情,他妻子突然向客人恳求地举起双手,同时猛烈的摇头表示不同意,"我"很不解。她则对丈夫说:"海瓦特,你还根本没问这位先生现在是不是有时间来看你的收藏呢,现在已经中午了,饭后你得休息一个钟头,这是医生明确嘱咐了的。饭后边喝咖啡边看你的东西不是更好吗?那时安娜玛丽也在这儿,她对这些东西很熟悉,可以帮你的忙!"说完立即再次背着什么也觉察不到的老人重复那种迫切乞求的手势。"我"终于明白了她的意思:她希望我现在拒绝看他的收藏。"我"找了个遁词说中午还有个约会,下午三点钟再来。老人有些恼火,像一个孩子被人夺去了心爱的玩具那样,嘟囔说:"那就说好三点,可要准时,否则我们看不完的。"老妇人陪我出门,她闷闷不乐、畏葸不安和不知所措,刚一出门口,她压低了声音,结结巴巴地对我说:"在您来我们这里之前,是否请您允许……我女儿安娜玛丽去领您前来?……这更好些……更妥当些……"

一小时后,"我"在旅馆里刚吃完中饭,就走进来一个衣着简朴显得有点老气的姑娘。她就是老人的女儿。当"我"准备起身随她去看她父亲的收藏时,她突然脸红起来,不安地用手抚弄衣服。最后总算说话了,但结结巴巴,老是一再慌乱无措。原来她们已经背着她父亲把画卖了许多。战争爆发后她父亲的双目就完全失明了——早在这之前他的眼睛就经常犯病,战争开始后,他虽然已经76岁了,可还要去打仗,而战争并非像1870年那样取胜。由于激动,他的视力就急剧减退。现在他唯一的乐趣就是赏玩他的收藏——那已经不是看,而是用手摸。他并不知道现在的处境,他

的养老金只够两天的生活用，而还得养活他们全家包括她妹妹以及她的四个孩子。妹妹的丈夫已经战死。被迫无奈，她们不得已变卖了许多父亲的画。可这时代钱也太不值钱，很快就贬得如一堆废纸。慢慢地，父亲收藏的画中最珍贵的卖得一张不剩，现在我要看画，一切就隐瞒不住了。如果他知道他的画早已无影无踪的话，他会心碎的。他女儿突然举起双手，眼睛满含泪水，恳求我一定要帮助她们，不要毁掉他这最后的幻想，一定要使他相信他的画还在，否则他会死去的。我深受感动，我答应她一定保守秘密，并尽最大的努力去做。当我得知别人用区区小数的钱欺骗了这两个穷苦无知的女人时，更加坚定了我去帮助她们的决心。老人兴高采烈地拿出所有的画册，一本一本一张一张地摸索着画册让我看，那双瞳仁已僵死的眼睛里闪出一种明镜般的光亮和智慧的光华，骄傲地说："您什么时候看到过这样极为漂亮的画呢？瞧，每一个细部都多么清晰，多么细腻！……谁也不会想到这些画居然会落到这间陋室里。"当这个一无所知的盲人那样赞赏一张废纸时，我脊背上不禁感到一阵发冷；看着他用指甲尖一丝不苟地指着那些只存在于他幻想中而实际上看不到的收藏画，我真难过，嗓子眼里发堵，一时不知说什么好。那个老妇人颤抖而激动地举起双手，我镇定下来，开始扮演我的角色。我讷讷地说："真是罕见，一张美极了的画。"当他夸奖伦勃朗的《安齐奥皮》时，他用他那神经质的有视觉的手指顺着印路描画着，可他那敏感的触觉上的神经在这张白纸上感受不到那种纹路，刹那间他的额头笼罩上一层黑影，声音慌乱起来。"这真的……真的是《安齐奥皮》吗？"他嘀咕起来，显得有些困惑。我于是灵机一动，马上从他手里把这张纸拿过来，并兴致勃勃地对这幅我也熟悉的铜版蚀刻画中的每一个细节加以描述。老人才逐渐恢复了常态。我越是赞赏，老人越是心花怒放，露出一种宽厚的慈祥和憨直的喜悦。他转向家人说"这才是一位行

家,你懂得我的画有多么珍贵。啊,60 年来,我不喝啤酒,什么酒也不喝,不吸烟,不外出旅行,不上剧场,不买书,我节衣缩食,省吃俭用,就是为了这些画。等我离开人世时,那你们就会有钱,比这个城镇的任何人都有钱,和德累斯顿最有钱的人一样富有,那时你们就会对我的这股傻劲再次感到高兴呢!但是只要我还活着,哪一幅画也不许离开我的家。得先把我抬去埋掉,才能动我的收藏。"他的手温柔地抚摩着早已空空如也的画册,像抚摩一个活物似的。我感到惊悸,同时也深受感动。在战争的年代里我还从没有在一个德国人的脸上看到这样完美、这样纯真的幸福表情。站在他身边的他的妻女也被老人孩子般的喜悦所感染,半是欢笑,半是泪水。老人终于把骗人的画册推到一旁,邀请我喝咖啡。我如释重负,同时又感到内疚。老人像年轻了 30 岁似的,又像喝醉了酒似的,不断谈着他搜集这些画的趣闻。当我告诉他我得告辞时,老人蓦地一怔,像一个固执的孩子那样满心不悦,气得直跺脚。两个女人极力使老人理解他不该再挽留我了,要不我就要误火车了。老人最后充满无限爱意地抚摩着我的手说:"您的访问使我高兴极了,我终于能同一个行家一道欣赏我心爱的这些画册。您没白来,我让我妻子作证,我答应,在我的遗嘱上加一个条款,把我的这批收藏委托您这家老字号负责拍卖。您应该有这份荣誉,支配这批不被人知晓的宝贝,直到它们流散在世上的那一天为止。但您要答应我,印一份精美的目录:这将是我的墓碑,我不需要其他更好的了。""我"向他的妻女望去,她俩聚集在一起,战栗不时从一个人传向另一个人,仿佛她俩成为一体,协调一致地在抖动。可"我"有一种庄重的情感,因为这个令人感动的一无所知的盲人把他那看不见的、早已无影无踪的收藏当做一批珍贵的财富委托给我支配。我激动地应允了他,可是这个允诺是永远不会兑现的。在他那对业已死亡的瞳孔中重又泛出光辉。我觉察到,他有着一种出自心

底的渴望,要和我接近,我感到他的手指是那么温柔、那么亲切地紧握住我的手指,满怀着感激和庄严的情感。两个女人陪我向门口走去。她俩不敢讲话,因为怕他灵敏的听觉会听到每一个字,她们望着我,两眼饱含热泪,目光里充满了感激之情。"我"迷迷瞪瞪地摸着下了楼梯,我真应该感到羞愧,看起来我像一个天使降临到一个穷人之家,由于我参与了一场虔诚的骗局并进行了可耻的欺骗,从而使一个盲人复明了一个小时,可我实际上是一个卑劣的商贩,来到这里是想从别人手里搞去一两张珍贵的作品。但我从这里带走的远比这要珍贵得多:在这个阴郁的、没有欢乐的时代里,我又一次活生生地感受到了纯真的热情,一种照透灵魂、完全倾注于艺术的狂热,而这种狂热我们的人早就没有了。"我"走到街上,老人把身子从窗户里探出很远,不停地挥动手帕,用孩子似的欢快声音喊道:"一路平安!"我永远不会忘记这个景象:窗口上面白发老人的一张快乐的面孔,高高地漂浮在马路上愁容满面、熙来攘往、行色匆忙的众生之上,乘着一朵幻觉的白云冉冉上升,离开了我们这个令人厌恶的世界。"我"不由得想起了歌德说的一句至理名言——"收藏家是幸福的人"。

这篇小说的内容虽然也在一定程度上表现了老人的爱国主义精神,比如作为一名老军人,虽然已是 76 岁的高龄,可还要去参战,战事不顺利,急得眼睛视力急剧下降以至双目失明等,但是这不是作家所着意要表现的内容。我们从文中能够体味到的,是作家那份感伤的厌战和反战情绪,它像一般潜流,流淌在故事的叙述中。作家同时表达了他对人世间的真情、善与爱的呼唤与渴求。作品中的老人在双目失明后,唯一的欢乐与精神寄托便是抚摩他60 年收藏的艺术品。他的收藏摆脱了金钱功利目的,纯粹是一种对艺术的近乎痴情的爱好。这与现实中的那些蝇营狗苟的暴发户形成鲜明对比,就连"我"——不失人道主义情怀的古玩商人都被

他的痴情感动,甚至羞愧。最难得的是他的妻女在那样困难的时代里,由于生活所迫,不得不"偷着"变卖旧画,但是依然小心翼翼地保护了老人一生的骄傲与幸福。如若不是"我"闯入他们的生活,这种"善良"的欺骗将继续下去。而当"我"的到来,使这种"欺骗"即将暴露时,着实让读者为老人及他的妻女捏了一把汗。在两个女人满含愁苦的眼泪中,在羞愧而虔诚的乞求下,"我"扮演了一次"骗子"的角色,成全了两个女人的"骗局",从而保护了老人幻想中的幸福,也维持了他们一家人贫穷而充满爱和善的平静生活,共同编织了一捧爱的花环。"收藏家是幸福的",因为他们收藏的是人世间最珍贵最纯真的爱!

在艺术上相比较而言,这两篇小说好像如出一辙。茨威格在创作上借鉴、模仿了19世纪末期都德以及莫泊桑等作家短篇小说的写法。在作品的构思上这两篇作品都采用了编织"谎言"、巧设"骗局"的方法,在"骗局"情境的设置中,两篇小说都把"欺骗"的对象设计为高龄老人,而且都是有"可欺骗"的可能,或病瘫不能动,或失明不能看,这样就为"欺骗"提供了一种真实的情境。所不同的是《柏林之围》中的"骗法"是医生提出的,具体由孙女来操作,"骗局"最终以"破灭"告终。而《看不见的收藏》中则是由妻女二人主动提出,"我"来成全实现,从始至终"骗局"没有被识破,虽然有过惊险,终究还是保全了老人的幻想。在表现手法上都运用了现实与幻想的对比手法,如法军现实中的失败、巴黎被围与老人幻想中胜利和柏林被围相对比;画册中的画现实上已经没有与老人幻想中的存在相对比等。在叙述方法上都运用了第一人称的叙述视角,给人一种真实如亲历的感觉。但是这两个不同国度不同时代不同个性的作家,在这两篇手法相似的作品中,还是存在着许多思想立意的不同之处。都德生活在19世纪的中后期,即1840—1897年间,亲身参加过普法战争,并深受战争影响,他站在法兰西

民族主义的立场上，摩挲着祖国惨遭失败的国耻的伤口，充满激愤地抒发着法国人民心中强烈的爱国主义激情。而茨威格生活在世纪之交，即 1881—1942 年，经历过两次世界大战，战争摧毁了他平静而幸福的生活。1914 年第一次世界大战爆发后，这场剧烈的"地震"就把他抛掷在混乱中，在 1914 年 8 月 4 日的日记中他曾写道："这是我整个生活中最可怕的一天。"从战争的第一天起，他就从内心作出决定，要做"一个欧洲人"，经过思想的波折，他逐步走向坚定的反战立场，成为一名和平的使者。在《看不见的收藏》中，他站在"世界公民"的立场上，虽饱受战争的苦难，执著而又不失天真地呼唤和平与真爱的幸福，深痛地谴责物欲横流、真情丧失、狂热民族主义导致仇杀的地狱般的时代。是啊，战争不论对哪一方的人民来讲，都是人道主义的"灾难"！因此，在作品中，茨威格不加掩饰地一任自我情感的流泻，更多了一份自我清醒的反思与自责。

而今，全球局部地域战争还在不断发生，世界上反战的呼声日益高涨。我们真诚地希望世界能够像海明威所说的那样——永别了武器，让明天的"太阳照常升起"！让"欺骗"的"骗局"不再无奈地演绎！

（张晋军　李红梅）

政坛失意,文坛不朽

——读但丁的《神曲》和屈原的《离骚》

　　北宋时期有一个著名的文坛典故,说有人在宋仁宗面前举荐柳三变,仁宗批了四个字:"且去填词。"柳三变受到打击,从此自称"奉旨填词柳三变",成为北宋第一个专力写词的作家。1830年,法国作家大仲马对国王提出治理旺岱的意见,国王回答他:"您是一个诗人,您去做诗吧!"

　　在东方的亚洲古国和遥远的欧洲,有两位与上述作家命运相同的伟大诗人,也是在政治生涯中遭遇到了挫折,却留下了千古名篇。虽然他们生活的时代相距较远,生平和创作中却有很多相似的地方,他们就是我国诗人屈原和意大利诗人但丁。

　　屈原(前339?—前278?)战国时楚人,是我国文学史上第一个伟大的浪漫主义诗人。屈原生活在社会变革、斗争激烈的时代,怀抱进步的政治理想,一心要使祖国富强,进而统一长期分裂的中国。他起初很受怀王的信任和重用,后来在与亲秦派的贵族的斗争中屡遭诬蔑谮毁,诗人被放逐,楚国也内政腐败,外交失策,最后为秦所灭。在长期的流放中诗人没有一刻不担忧国事,却救国无

路,只能把自己无法排遣的忧愤之情和爱国情怀通过诗歌表现出来。《离骚》是屈原的代表作品。

但丁(1265—1321)是中世纪最伟大的作家。他出生于佛罗伦萨的一个城市小贵族家庭。当时正值欧洲社会从中世纪向资本主义时代的过渡时期,意大利地处东西方交通的要道,13世纪时佛罗伦萨是意大利的工商业中心,社会政治斗争也很尖锐。但丁生平有两件重要的事情。其一是他有一个钟情的女子,叫贝阿特丽采,在1290年夭逝了。但丁为他爱慕的女子写了许多诗歌,取名《新生》。其二,但丁曾被选为佛罗伦萨的执政官之一,他领导的白党反对教皇干涉佛罗伦萨内政。1302年,黑党在教皇包尼法西八世支持下掌握了政权,但丁被判处终身流放。在放逐期间呕心沥血十四年写成的长诗《神曲》,是诗人的代表作。

《离骚》开篇,作者首先介绍了自己的家世出身、修养抱负,回顾早年辅助楚怀王进行政治改革,遭受诽谤,被怀王疏远的遭遇。诗人对楚王呼唤:"乘骐骥以驰骋兮,来吾道夫先路!"楚王却听信谗言,致使忠臣见弃,朝政荒芜。诗人愤怒地指责贪得无厌的小人,为自己精心培养的人才竟然堕落变节而痛心,表达了自己"虽九死其犹未悔"的决心。接下来诗人向舜帝(名重华)慷慨陈词,分析了往古兴亡的历史,为了追求理想,想象自己开始上天入地的旅程。"路漫漫其修远兮,吾将上下而求索。"这一番探索却因为障碍重重而失败。诗人心情痛苦不堪,先后去找灵氛占卦,巫咸降神,请他们指示出路。灵氛劝他远走高飞,巫咸则主张留在楚国等待时机。诗人感到留在黑暗的楚国也不会有什么希望,正当他升腾远去的时候,却一眼瞥见了故乡的大地。由于既不能实现理想,又不忍心离开祖国,诗人在诗歌结尾表明了自己效仿彭咸,以死来坚持理想的最终选择。

但丁的《神曲》简单地说就是记录了作者的一次神游。在作品

开端,但丁交代自己在人生的中途(35 岁)时,迷失在一个黑暗的森林中,被三头野兽拦住去路。古罗马诗人维吉尔解救了他,并带他游历了地狱和炼狱,贝阿特丽采带领他游历了天堂。地狱上宽下窄,好似一个漏斗,共分为九层,关在那里的灵魂,越往下层,就越是罪孽深重,受到的刑罚也越严酷。但丁把他生平憎恨的贪官污吏、叛国卖主的人都放在地狱中接受惩罚。例如,在地狱第八层的火窟里,但丁给还活在人间的教皇包尼法西八世预留了一个位置。地狱中心也是地球的中心,从那里翻越到地球的另一面,就到了炼狱。炼狱又译作净界,那里住着罪过较轻的灵魂。他们完全洗净罪恶之后,就可以升入天堂。天堂分为九重,九重天上的天府是灵魂居住的地方,他们在那里沐浴着上帝的光与爱。天堂纯净庄严,光辉灿烂,是诗人所渴望的理想社会。诗人感到身心和谐,喜悦满足。

《离骚》共 373 句,2490 字,是我国古典文学中最长的抒情诗,开辟了中国的浪漫主义诗风。作者凭借丰富的想象力,乘云驾龙,使望舒(月神)、驰天津(天河),上叩天阍(宫门),下求佚女,揉合神话传说、历史故事和自然景物,向读者展开一幅神奇绚丽的画卷。它不仅充满神话色彩,而且继承发展了《诗经》的比兴传统。诗人自比为女子,以众女妒美比群小嫉贤,以婚约比君臣遇合,以香草喻品性的高洁等等,使整首诗蕴涵着深刻的象征意味。《离骚》还通过诗人自己的遭遇,揭露了楚国政治的黑暗和统治阶级的腐朽,塑造了一个人格俊洁、理想崇高、爱憎分明的抒情主人公形象。它是一首抒情诗,却反映了丰富的社会现实,篇幅宏伟,既有波澜起伏的故事情节,又自始至终贯穿着作者的爱国激情。

但丁的《神曲》分为《地狱》《炼狱》和《天堂》三部,每部各 33 篇,加上《地狱》篇前面的序诗,共 100 篇,14233 行。《神曲》不仅篇幅宏大,想象奇特,而且有着完整的象征体系。黑暗的森林象征

着罪恶,维吉尔象征理性,贝阿特丽采象征信仰。诗人在他们的引导下游历三界,直至天堂,象征世人在理性与信仰的引导下,经过苦难与考验之后到达幸福的境界。作品虽然取材于圣经,但囊括了当时意大利重大的政治事件和风云人物,反映了广阔的意大利社会现实。整个诗篇都建立在诗人神奇的想象之上,又以《地狱》篇中各式各样的鬼魂和相应的刑罚留给读者的印象最为深刻。例如在地狱的第二圈,用永不停止的狂风吹打撞击生前荒淫的人,使他们发出阵阵哀鸣,在这样的风波之中,竟然有两个灵魂紧紧地合抱在一起,他们就是一对恋人:保罗和弗兰采斯卡。虽然因为犯了淫罪被罚,他们的爱情故事和彼此的深情却让但丁感动得昏倒在地。在地狱第七圈,三个佛罗伦萨的著名人士,看到但丁的故乡服装,急忙向他打听祖国的情况,询问"是否礼貌和勇敢住在我们的城里?"作者这里是在借地狱的亡魂表现自己对故乡的惦念之情。《神曲》融现实于幻境之中,既抒发了诗人的爱国之情,也是诗人思想的集中体现。

　　《离骚》还具有鲜明的楚文化特色。春秋以来,楚国在宗教、艺术、风俗等方面形成了独特的地方文化,又接受了中原文化的影响,在这种南北合流的文化基础上孕育了屈原这样伟大的诗人。诗人不仅采用楚国方言、受到地方音乐的影响,还吸收民歌构句的特点,如歌词末尾每隔一句用一个语助词,如"兮",后来就成为《楚辞》的主要形式。楚国民间的巫歌对《楚辞》的形成也许更为重要。楚国巫风盛行,这种原始宗教气氛对屈原的创作有直接的影响,《楚辞》中的《九歌》,就是对当时楚国各地民间祭神歌曲的改写。《离骚》中的灵氛占卦,巫咸降神,以及诗人自我形象的塑造,如高冠长佩,乃至丰富的神话传说都是这种文化色彩的体现。

　　但丁的《神曲》具有显著的中世纪文学特点。它采用中世纪常用的梦幻文学的形式,结构整齐有序,又合乎宗教教义。《神曲》三

部及每部各篇长短都大致相等,"三"这个数字很重要,象征神学上的"三位一体"。地狱中的罪恶、炼狱中的过失、天堂中的美德,无不按照"三"、"七"、"九"、"十"等数字来安排,反映了诗人整体构思中的神学观念。《神曲》虽然是以神学世界观为基础来创作的,诗人的情感认识却常常有矛盾之处。例如他虽然把古希腊罗马文化名家放在《地狱》篇的候判所里,却对他们充满敬意。诗人写道:"在我面前,绿油油的草地上,有许多英雄和伟人的灵魂都显现出来了。我能躬逢盛会,心里觉得非常光荣。"他称维吉尔为"我的老师","智慧的海洋"。但丁推崇古典文化,赞美人的才能与智慧,揭露教士、教皇的贪婪无耻,对真挚的爱情充满同情,是文艺复兴的先驱者之一。他的《神曲》透露了新时代新思想的曙光。恩格斯指出,但丁"是中世纪的最后一位诗人,同时又是新时代的最初一位诗人"。

　　《离骚》格式自由,错落中见整齐。屈原在学习楚国民歌的基础上,汲取了散文的笔法,创造了"书楚语、作楚声、纪楚地、名楚物,故可谓之'楚辞'"的新的诗歌形式。它美丽的比喻、奇幻的想象、热烈的情感、铿锵的韵律以及浓郁的地方色彩,对我国浪漫主义文学产生了极为深远的影响。例如,除了诗人的所见所闻和内心独白,诗中还有主客问答的形式,辅以大段的铺张描写,对后来的辞赋有很大的影响。诗人始终不渝的爱国情操和对悲剧命运的不懈抗争,引发了后世多少知识分子深深的景仰和不绝的共鸣。仅西汉就有贾谊《吊屈原赋》和司马迁《史记·屈原贾生列传》凭吊屈原生平、批判黑暗现实。以香草美人自喻、以男女关系比君臣关系,更成为中国古代文学中常见的创作手法之一。屈原高洁的情操和他伟大的《离骚》成为后世知识分子景仰的典范,故有"墨客骚人"之称。

　　但丁的《神曲》用民间诗歌中流行的一种三韵句写成,三行分节,隔行押韵。每部诗歌的最后一行都以"群星"一词作韵脚来结

束,彼此呼应,显示了诗人深厚的艺术功力。当时正统的文学作品都是用拉丁语写作,但丁首创用意大利民族语言写作文学作品,对于促进意大利民族语言的统一和民族文学的发展都起到了重要的作用。他是意大利文学史上第一个杰出的民族诗人,《神曲》使意大利文学跃居当时欧洲文学的前列。在他以后,英国的乔叟用英语发表了伟大的作品,法国的七星社倡导发展法兰西语言,文艺复兴时期,欧洲主要国家的民族文学陆续诞生了。

我们可以看到,屈原和但丁这两位大诗人的代表作品有许多相似之处。两部作品都具有奇幻瑰丽的色彩、浓郁的地方和民族特色。在作品的思想内容方面,他们都把宗教因素化为诗歌的有机组成部分,借助神奇的想象,上天入地,求神问鬼,不仅揭露了光明被黑暗笼罩、正义被污浊玷污的社会现实,而且在以宇宙空间为背景的宏大构架中成功地塑造了以作者自我形象为蓝本的抒情主人公形象。诗歌主人公都热爱自己的祖国,痛恨统治者的贪婪堕落,尽管社会黑暗、人生多艰,他们都不同流合污,不放弃追求理想,具有高洁的人格品质。在作品的艺术形式方面,《离骚》和《神曲》都采用了借幻境反映现实的手法,它们都是各自民族文学发展史上具有里程碑意义的作品,都开创了一代文风,影响了后来的许多作家。

但两位作家和他们的作品也有许多不同之处。首先就社会背景而言,但丁的佛罗伦萨因为教皇干涉俗政而陷于混乱,相对而言屈原所将要面临的亡国之灾却更为沉痛;相应地在人物性格上,《离骚》的主人公更为炽烈执著,表达了献身理想、以死报国的决心;而但丁认为信仰可以引导人类走上光明的前途,所以作品的结局是主人公喜悦地进入理想天国。一个更为显著的差异是,虽然贝阿特丽采在作品中被描绘成一个圣女,但丁仍在作品中流露了自己始终如一的恋情。在屈原的诗歌中诗人没有提供这方面的信息。造成这个差异的主要原因应该是由于时代条件的不同,屈原

生活在中央集权的封建专制国家还没有建立的诸侯割据时期,七国纷争,诗人或者无暇顾及爱情,或者不愿意表露私情;而但丁生活在资本主义经济萌芽时期,佛罗伦萨是意大利的中心城市之一,同时他是西欧文学史上第一个向读者剖露自己隐秘感情的作家。在他身后,彼特拉克和薄伽丘突破了禁欲主义的束缚,大胆赞美个人的爱情幸福,成为意大利早期人文主义文学的杰出代表。

虽然两位作家各自的身世遭际、个性理想具体有所不同,但比较他们的生平和创作,有一个最为根本的决定因素是一致的,那就是政治生涯的挫折带来的不幸生活,对他们文学创作的成功反而是一个有利的因素。没有在流放期间体会到的辛酸屈辱,没有流放生活所提供的难得的体察民情、丰富视野的机会,没有这种生活带来的对意志的磨砺、对现实问题的思索,就没有光耀千古的不朽名篇《离骚》和《神曲》。

中国自古就有"修身、齐家、治国、平天下"的思想。从孔子周游列国,席不暇暖;到戊戌六君子,流血变法;多少仁人志士为了保卫国家、变革社会、实现治国理想登上政治舞台,青史留名。可是,也有一些知识分子由于仕途暗淡,不得不将满腔心事付诸笔墨,写出了精彩的篇章,成为开拓艺术领域的一代大家。我们熟悉的就有屈原、曹植、陶渊明、陈子昂、李白、杜甫、李商隐、苏轼、辛弃疾等。在西方,也有一些这样的人,行到人生中途,因为无法实现政治抱负而专心从事写作,结果作为文学家流芳千古,比如但丁、塞万提斯、弥尔顿、歌德、司汤达等大家。司马迁在《报任少卿书》中写道:"盖文王拘而演《周易》;仲尼厄而作《春秋》;屈原放逐,乃赋《离骚》……"欧阳修在《梅圣俞诗集序》中写道:"非诗之能穷人,殆穷者而后工也。"东西方历史上这些有才华的人,描述他们的一生,正可谓政坛失意,文坛不朽。

(赵峻)

阅读《杜十娘》和《舞姬》

　　《杜十娘怒沉百宝箱》是我国明代万历年间的白话小说,经历代戏曲、曲艺以及近年来影视媒体的广泛传播,现已是妇孺皆知的文学名著,社会上简称《杜十娘》。它以沦落风尘的京师名姬杜媺(十娘)从良被弃,悲愤举身投江自尽的悲剧,揭露了封建社会对妇女的残害。人教版高中《语文》第四册选取了这篇小说。当我们阅读这篇小说的时候,不由得会想起和杜十娘命运相似的舞女爱丽丝。爱丽丝是日本近代作家森鸥外的短篇小说《舞姬》中的女主人公。《舞姬》发表于1890年,是日本近代浪漫主义文学的奠基之作,也是森鸥外的处女作,在日本文学史上很有影响。

　　众所周知,日本古代文学是在我国古代文学的影响下发展起来的。我国很多古代文学作品在日本流传甚广,有的可以说是家喻户晓。18世纪中叶(清代),我国古代白话小说流入日本,引起了日本文坛的一次变革,出现了新型小说——"读本",并由此逐渐替代了旧的通俗小说"浮世草子"。"读本"就是改写、翻译中国白话小说的作品。在1783年,一个叫都贺庭钟的人改写了《杜十娘》,名为《江口妓女愤薄情,怒沉百宝赴水亡》。这篇《江口妓女》和《杜十娘》的内容几乎完全一样,只是把人名、地名和时代改成日本

的名称。其中的名妓改名叫白妙,男主人公改名叫小太郎,名妓投江的地点改为日本淀川下游的江口。《江口妓女》在日本有着不小的影响,这种影响我们在森鸥外的《舞姬》中也可以看到。《舞姬》的内容显然与《江口妓女》是一脉相承的,所以,可以说它的渊源应该是我国的《杜十娘》。

《舞姬》的故事情节大概是这样的:男主人公太田丰太郎出身于旧世家,从小受到严格的家庭教育。他的父亲在他很小的时候就去世了。于是,母亲对他更加精心照顾,并且更加严格教育,使丰太郎从小就勤于学习,仰慕功名。他先是在私塾读书,后来到东京帝国大学法律系学习。他天性聪敏,勤学奋勉,功课在班里总是考第一,成为引人注目的高才生,19岁获得法学学士学位。毕业后,丰太郎被政府机关录用,成为令人羡慕的政府职员。有了稳定的工作后,他把母亲从老家接到东京共同生活。丰太郎在政府工作了3年,由于工作出色,深得上司器重。3年之后,他被委派到德国柏林考察和学习。当丰太郎接到出国留学的命令时,他心情振奋,以为成就功名,立家立业,全在此一举。于是,愉快地奔赴欧洲。

走出日本的政府机关,进入欧洲的大学,欧洲繁荣的社会风貌和浓厚的自由思想使得丰太郎的思想感情发生了重大变化,自我意识开始觉醒,对自己过去的辉煌产生了怀疑。他感到"接触到这个大学的自由风气,心中总是难以平静,潜藏在内心深处的我终于露出头来,向过去的并非我的我发动进攻"。他开始意识到"长官只想制造出可任意驱使的得心应手的机器",而他现在知道自己想要做的,是成为一个"具有独立见解,与众不同的人"。他过去所以得到上司的器重,是因为自己是一部听话的机器。可是,他的抱负绝不是做机器,他的感情也绝不愿意做机器!丰太郎的自我意识在激烈的内心矛盾中顽强地崭露出来。他开始尝试探索新的生

活,有意无意地荒疏了学业,对上司委派的工作开始感到烦琐,有时就敷衍搪塞。

一天黄昏,丰太郎信步走出了住所。他沿着街道,当走过修道院旧教堂的大门时,看到一位十六七岁的少女依门而泣。出于怜悯,丰太郎走上前去,问这位少女遇到了什么事?少女说,她名叫爱丽丝,因为家道贫寒,没有钱办理父亲的丧事,所以哭泣。丰太郎听后十分同情,当即拿出身上仅带着的三个马克银币和手表给了爱丽丝。丰太郎就这样认识了爱丽丝,很快地,两人堕入爱河,相亲相爱。这时的丰太郎虽然仍然每天坐在窗下读席勒和叔本华,但是和以前不同的是,他的窗前现在插着一枝名贵的鲜花——那就是爱丽丝,映衬得他的生活也鲜艳夺目。不久,丰太郎的风流韵事被日本公使馆知道了,而且知道了爱丽丝是个舞女。丰太郎被免去了官职,撤销了留学的资格,并被命令回国。几乎同时,他又接到了母亲去世的消息。丰太郎违背了上司的命令,流连不返,并进而与爱丽丝结合。爱丽丝说服了母亲,让丰太郎住到自己家里。

但是好景不长,很快地,丰太郎的心头又笼罩起忧郁的愁云,爱丽丝的柔情也无法驱散它。他知道自己此生的抱负并不是过平静的生活,总有一种"此生不复有出头之日"的压抑。这种愁思当爱丽丝有了身孕的时候,就更强烈了,让他感到"前途渺茫,一身无着"。正当这个时候,他的挚友相泽谦吉随政府大臣天方伯爵到海外考察,来到柏林。相泽把丰太郎举荐给天方大臣,竟得到了天方大臣的重用,并要带他回国!相泽进而规劝丰太郎,要他以仕途为重,割舍儿女私情。此时的丰太郎真正是左右为难,愁肠百结。他不忍心告诉爱丽丝真相,又不能放弃重登仕途的机会,他"心中掠过一个念头,倘使错过这机会,就会失掉回国的机会,断绝挽回名誉的途径,势必葬身于这座欧洲大城市的茫茫人海之中"。在极度

的矛盾和痛苦中，丰太郎重病不起。相泽为了帮助丰太郎下决心，就把丰太郎准备回国的事情告诉了爱丽丝。有孕在身的爱丽丝在毫无任何思想准备的状况下听到这个噩耗，她经受不住这样的打击，拿着即将生养的婴儿的褓褓，又哭又喊，成了一个疯癫的女子。

丰太郎病愈东归，在归途中百感交集，为失去爱人和个性自由而悔恨，一股无法排遣的幽愤和哀伤涌在心头……

这部小说记录了在封建势力依然强大的日本近代，知识分子从个性觉醒到理想破灭的心路历程。同时，表现了下层妇女对自由、幸福的渴望和她们的悲剧。从《杜十娘》到《江口妓女》，再到《舞姬》，是一脉相承的渊源关系，所以，在《杜十娘》和《舞姬》中，存在着一种血缘关系式的相似性。

首先，故事的爱情模式相同。两部小说的爱情模式都是我国传统文学中才子佳人小说的式样。这种爱情模式的情节基础就是：始乱终弃。《杜十娘》的情节简单地归纳，可以分为：游学——相遇而爱——受劝遗弃三个阶段。《舞姬》的情节也可以简单归纳为这样三个阶段。

其次，故事中男、女主人公的身份、性格相似。男主人公都是出身世家，在外游学的学生。女主人公都是身份低下，靠卖艺为生的美貌女子。男主人公都有着蔑视世俗偏见、诚挚真爱的品质。同时，又都性情软弱，惧怕权势，最后都是以向封建势力妥协，牺牲了爱人，葬送了爱情而结局。女主人公都有着出淤泥而不染的品质，都向往纯洁的爱情生活。同时，也都是对爱情义无反顾，最后以身徇情。

第三，两篇故事中都有代表封建势力的长者。《杜十娘》中有李甲的父亲李布政，《舞姬》中有丰太郎的长官和天方大臣。两篇故事中还有一位促使男主人公抛弃爱人的劝说者，就是《杜十娘》中的孙富和《舞姬》中的相泽谦吉。

　　再有,这两篇相似的故事又都是真实的,都真实地反映了当时的社会风貌。据说,《杜十娘》的故事是发生在我国明代万历年间北京城里的一件真实的事件。《舞姬》的内容与作者的个人生活也有一定关系。森鸥外青年时曾留学德国学医,据说,他归国后一周,一位名叫爱丽丝的少女也跟踪而至。他的母亲和妹妹为了掩饰家丑,托人把德国女子劝说回国。

　　当然,《舞姬》与《杜十娘》的故事从主题到情节、人物是有着很多不同的地方的,最突出的一点是《舞姬》的主人公不是遭受不幸的舞女,而是忏悔终生的丰太郎。另外,还有两点不同则不是森鸥外的独创,而是《江口妓女》对《杜十娘》的一点小小改动:其一,《杜十娘》中是好色之徒孙富对李甲的诱骗,《江口妓女》中是男主人公小太郎的近亲表弟对他的好言规劝;其二,《杜十娘》结尾处李甲终日悔恨而得"狂疾",终身不痊,《江口妓女》的结尾是小太郎回到故里得到父亲的宽宥。这两点情节的变动恰恰也反映在《舞姬》里,丰太郎受到的也是好言规劝,只是规劝者由近亲变为挚友;丰太郎回国后得到了长官的"庇护",与小太郎得到父亲的宽恕意义相同。这里,更体现了《杜十娘》和《舞姬》这两部作品一脉相承的血缘关系。

　　中国和日本相隔一衣带水,历史上的交往十分频繁。就封建社会而言,日本的封建社会是模仿中国封建社会建立起来的。说到小说创作,日本的小说作家,从最早的小说《源氏物语》的作者紫式部到现代的文学大师川端康成,都长期接受中国文学的熏陶,具有非常深厚的中国文化底蕴。在《杜十娘》和《舞姬》的比较阅读中,我们又在文学史上的一个案例中看到了历史上中日两国的文化交流。

（黄燕尤　李红梅）

第五章 文学与科学和艺术

响彻基督教寰宇的春雷

——走近达尔文和进化论

在欧洲的思想文化史上,基督教曾经是一面覆盖天地的大旗。中世纪以后,人们匍匐在上帝的脚下,忏悔着自己的罪孽。一直到19世纪,欧洲所有受过教育的人都是信教的。自然科学成了宗教的婢女,很多大学者都说,自然界的学问和神学并不抵触。不少大学还为此开设专门的课目,叫"自然神学"。所有的生物学文献里都贯穿着赞美造物主的思想。著名的牛津大学动物馆收集了全世界的动物,也只是用作证明上帝的智慧的教具。

早在文艺复兴时期,波兰的天文学家哥白尼提出了"日心说",第一次以科学的眼光看待宇宙运动,动摇了千年神学的宇宙观,是科学史上的重大革命。19世纪50年代,英国博物学家达尔文发表了震惊世界的《物种起源》,如一声振聋发聩的春雷,响彻了欧洲寰宇。在这滚滚雷声的震荡中,《圣经》的思想根基——"上帝创造万物,创造人"的生命观坍塌了。从此,科学的精神普照在世间所有的生命身上!马克思评价《物种起源》是"一部划时代的著作"。哈佛大学现代进化论生物学家斯蒂芬·杰伊·古尔德说:"从达尔文

以后,世界就不同了。"

那是 1859 年 11 月 24 日,是伦敦著名书商兼出版商人穆瑞心满意足的一天。从一早起,穆瑞的书店就顾客盈门,有的顾客还是远道而来,人们争相购买一本绿色封面的书——《论借助自然选择(即在生存斗争中保存优良种)的方法的物种起源》,简称《物种起源》,作者是查理士·达尔文。来买书的有菜园主、花园主;有牧场主、农业主;有结伴而来的大学生们;还有许多学者——植物学家、动物学家、地质学家;直至法学教授和神学教授。终于,刚刚出版的 1250 册新书一天就卖完了。面对后来顾客沮丧的表情,穆瑞答应到 1860 年 1 月一定出版第二版,以满足他们的需求。

达尔文的《物种起源》拨开了当时生物学家面前的几千个谜:为什么脊椎动物的骨骼有那么多共同之处? 为什么鲸鱼的鳍里有一根发育不全的骨头? 为什么哺乳动物的心脏在胎儿时期先像鱼,后来又像青蛙? 为什么人类的胎儿在发育的第二个月,身上有几条萌芽状态的鳍缝? 为什么每一种植物和动物都与他们的居住地"相配合":极地动物的白色在白雪的背景中看不出来;老虎身上的条纹在密林中不易被发现;狮子的黄色与荒漠栖息地类似;云雀和鹌鹑匍匐在田野里可以躲避猛禽……《物种起源》告诉人们:"物种是有变异的,而且……近似的物种起源于一个共同的根。"①为了这个在今天早已被公认的结论,达尔文付出了毕生的努力。

1831 年 12 月 27 日,22 岁的达尔文作为随行的博物学家,乘着英国军舰贝格尔号扬帆驶出了普利茅斯港,开始了他的环球旅行。他后来在回忆录中说:"贝格尔舰上的航行,是我一生中最重大的

① 巴仁著:《科学——智慧的沉思》,上海科技教育出版社 1991 版,第 112 页。

事件;它决定了我此后全部事业的道路。"贝格尔号一路向着南美洲航行,斜穿过大西洋,经过佛得角群岛,抵达巴西的巴伊亚,随即开始对南美洲东西海岸、岛屿及部分内陆的长达三年半的考察。1835 年 9 月离开南美,驶往东太平洋的加拉帕格斯群岛。然后,又用了一年左右的时间,横渡太平洋。越过印度洋,绕过非洲的好望角,于 1836 年 10 月 2 日,回到英国的法耳默思港,完成了它的环球航行。

达尔文在五年的海上航行和陆上考察中,观察到了大量地质学和生物学方面的第一手资料。前者主要是南美洲地层地质的沧桑变迁以及海洋珊瑚岛的形成过程。后者,则多得不胜枚举。巴西热带雨林丰富多彩的生命令人头晕目眩:达尔文在一天内捕捉过 68 种甲虫。有一次,在早上散步的时间里,他射死了 80 多种品种不同的鸟。他还眼见过一大队浩浩荡荡的蚂蚁,所过之处,如风卷残云,一无所剩,令人胆寒。……脚趾生有小吸盘的雨蛙,能在垂直的玻璃上爬行;既有吃黄蜂的蜘蛛,也有吃蜘蛛的黄蜂;土库土科鼠(南美鼹鼠)由于终年生活在地下,视力退化,变成了瞎子;下喙比上喙长 1.5 英寸的剪嘴鸟,从水面"犁"出小鱼来吃;蚁蛉的幼虫设置陷阱,捕食苍蝇和蚂蚁;一种名叫"庞克"的植物,叶子的直径达 8 英尺……达尔文怀着"难以言传的悭吝鬼般的狂喜"(给姐姐卡洛琳的信)不时将注意力从鹦鹉转移到棕榈,从甲虫转移到兰花……他思绪万千,将所见事实随时记在日记里,开始考虑关于物种起源的问题。回国以后,经过多年的不懈研究,终于整理写出了《物种起源》这本书。

后来他在给朋友的信中写道:"当我在'贝格尔'舰上的时候,我相信物种是不变的,但就我所能记忆的来说,不明确的怀疑偶尔在我的思想中忽来忽去。1836 年回国之后,我立即开始准备《日记》的出版工作,在那时我看到有如此之多的事实暗示着物种的共

同起源……我想直到经过两三年之后,我才开始相信物种是可变的。"①

《物种起源》的科学生命观一经问世就激起了轩然大波。维护物种不变学说的人们和黑衣教士站在一边,敌意的批评越来越多。甚至连德高望重的学者、达尔文的老师塞治威克也激烈地抨击达尔文。最终酿成了一场论战,论战在牛津大学展开。向达尔文挑战的一方是雄辩的演说家、牛津大主教威尔伯福斯;达尔文的朋友霍克和年轻的动物学家赫胥黎是达尔文学说的热诚支持者和辩护者。辩论极其激烈,不懂科学的主教甚至进行人身攻击。但是,真理的光辉是遮挡不住的,论战最终以进化论的完全胜利告终,并很快得到科学界的认同。达尔文成了当时最著名的人物,进化论学说的影响也日益深远,欧美十几个国家、七十多个科学研究和学术机构,先后授予他各种博士、会员、名誉会员、终身会员、院士、外国院士等等学位和荣誉以及奖章和奖金。达尔文对这些并不在意,常常遗失那些会员或院士的证书,连自己也搞不清楚是哪些学会的会员。

达尔文终生都专心致志地进行着自己的科学研究。从贝格尔号军舰回来后,他就再也没有离开过英国。达尔文 1839 年结婚后,在伦敦郊外购买了一处叫达温宅的乡间别墅,从此他的一家人在此定居,达尔文后半生的工作也完全是在这儿进行的,他很少出门。长年艰苦的旅行生活,使达尔文患上了一种莫名的疾病:心悸、心疼,长时间的呕吐,难以忍受的头疼、胃疼,皮疹和全身无力,经常使达尔文数月不能工作。直到达尔文去世之后,医学界也没能弄清达尔文的病因。但是达尔文并没有因此停止科学研究,《物

---

① F.达尔文编,叶笃庄、叶晓译:《达尔文生平》,科学出版社 1983 年版,第 211 页。

种起源》出版后,从 1860 年到 1872 年,此书共修改了 7 次,添加了新的证据和对批评的反馈意见。在《物种起源》之后,达尔文又成功地出版了十部专著,其中几本还是长篇巨著。这几部著作是对进化论各个方面细致入微的观察,进一步拓展深化了《物种起源》中提出的理论。

达尔文的"伟大真理"的发展道路并不平坦,直到今天,围绕进化论的争论仍然在进行。他的基本思想影响到生物学以外的领域,有别有用心的人曾利用其观点为种族主义辩护。宗教是进化论最顽固的反对者,到 20 世纪 20 年代,还形成了反对达尔文主义的宗教运动。1925 年,美国田纳西州审理了一起案件——斯科普斯审判案(反对达尔文学说的人称其为"猴子审判案"),就是对进化论的又一次激烈的争论。斯科普斯是田纳西州公立高中的教师,为了引人注意,他故意教授人类起源的知识,触犯了州的法律。审判的结果是斯科普斯败诉,田纳西州不准在课堂讲授此类知识的法律一直保留到 1967 年,但实际上未能生效。1960 年美国拍摄了反映这个事件的电影《往事随风》。总之,就是今天,神造论者和进化论者对自己的理论都怀着深切的激情,当代进化论探险家仍然在继续达尔文的事业,正如达尔文的好友华莱士所说:"生命的现象复杂多变、异彩纷呈。在探索它们起因的道路上,永不停息!永不满足!"①

(李红梅　黄燕尤)

---

① 丽贝卡·斯泰福著,丁进峰、徐桂玲译:《达尔文与进化论》,百花文艺出版社 2001 年版,第 144 页。

熵:一种新的世界观

迄今为止,人类文明的历史是勇往直前,所向无敌的历史。我们人类有着得天独厚的与其他动物相比要大得多、也复杂得多的大脑。在大脑的十二分之一的体积里,就有几十亿个神经细胞。人们发明了语言,用来协调行动,以进行有组织的狩猎与生产活动。人又是地球上唯一能驯服并利用火这一体外能源的动物。火不仅被用来驱赶野兽,它也成了人们进行"刀耕火种"的工具。随着畜牧业、农业和工业的发展,人类征服自然的能力又大大加强了。到今天,人类已毫无疑问地攫取、控制了这个星球上的任何一个重要的生态场所,并以征服者的姿态左右着这个星球的命运。

生产力的不断提高和科学技术的飞速发展,使不少人变得踌躇满志。他们坚信,从原始社会、狩猎—采集社会、农业社会、工业社会到后工业社会,每个历史时期与其前身相比都是一个进步,人类社会总是呈现出一个向着更完美的现世生活发展的总趋势。不是吗?谁会怀疑日本汽车制造公司经理那种高效率、高速度、计划严密的生活方式与狩猎—采集型社会成员的闲散而无计划的生活方式相比是一种进步?谁会怀疑煤炭燃料比木材燃料先进,而石油、电力又比煤炭燃料更先进?他们认为物质进步是没有止境的,

财富增长也是没有限度的,而科学技术就是这种永无止境的进步的可靠保证。

这种信念也统治着资本主义经济学的传统流派。从资本主义萌芽起,经济增长就一直是绝大多数经济学家追求的目标。一些经济模式因带来了显著的经济增长而备受他们赞誉,经济的增长和发展也被他们视为人类进步的同义词。尽管有石油危机和其他资源短缺,西方多数经济学家仍认为价格机制和市场调节能防止任何匮乏;任凭天翻地覆,亚当·斯密那只"看不见的手"仍然在经济领域中指点迷津。

1972年,马萨诸塞理工学院的丹尼斯·米都斯领导的一个17人小组向罗马俱乐部提交了一份题为《增长的极限》的报告,对当代西方增长癖文化进行了批判。报告指出,由于地球的能源、资源和容积有限,人类社会的发展和增长必然有一定的限度。用倍增的速度去求得经济和社会的发展,注定会使社会在物质和能源方面达到极限,给人类带来毁灭性的灾难。

《增长的极限》发表后,被翻译成34种文字,在全世界范围内引起了巨大反响。人类社会发展的目的、极限和后果,从此成了全世界最杰出的政治家、社会学家和科学家们争论的话题。《熵:一种新的世界观》就是在这种背景下出现的一部很有影响的著作,并已成了马尔修斯学派的后期代表作。

与《增长的极限》相比,《熵:一种新的世界观》涉及的领域要广泛得多,而且意义也更为深远。作者把熵这个物理学的概念广泛运用于哲学、心理学、经济学、政治学、社会学以及西方文化的各个领域。

熵定律的提出,无疑也是向鼓吹无止境经济增长的传统经济学提出了挑战。这样的经济学的一个基本前提,或者说一个基本错觉,就是人们在生产而不是找到能源和物资。事实上能源和物

资是一项资本,一项并不是人们生产出来的,而是地球所赋予的、不可替代的有限资本。正如作者所指出的,由于经济的快速增长以及人们对科学技术的崇拜和放纵,世界非再生的能源和物质材料的耗散实际上在加速增大,两者的熵正提高到了一个非常危险的水平。

要理解这一危机的严重性,我们有必要理解当今社会的一个显著特点,即人口、经济以及对非再生能源和物资的耗费的指数增长。就人口而言,人类人口达到第一个 10 亿花了整整 200 万年,再增加 10 亿只花了 100 年,第三个 10 亿却只花了 30 年(1930—1960),第四个 10 亿竟只花了 15 年。照这样的速度发展下去,人们预计到 2020 年,世界人口将大约是 70 亿。那时,全世界的能量需求就是现在的 4 倍。而要在将来十几年内保持中等水平的全球经济增长,那么普通矿产的消费必须增长 5 倍,食品消费必须增长 4 倍。这种指数增长如果不加控制,必然会导致这样的悲剧——耗尽地球上的非再生能源。人类正处在这样一个十字路口上。

历代的哲人早就认识到了这样的事实。先秦时代的韩非子曾说道:"今人有五子不为多,子又有五子,大父未死而有二十五孙,是以人民众而货财寡,事力劳而供养薄。"普罗米修斯把火交给了人类,给了人类以无穷的力量。然而我们也不应该忘记,普罗米修斯同时也曾警告人类,如果不谨慎使用,火也能给人类带来灾难。

(吕明)

想象和诗化的建筑艺术

——遥想《阿房宫赋》描绘的中国古代宫殿

　　皇宫是我国古代最高贵的建筑形式,它的风格壮丽辉煌。说起我国宫殿建筑的历史,可以一直追溯到公元前。在战国时代,诸侯王们就有竞相"高台榭,美宫室"的奢靡风气。可是,如果和后世的宫殿相比,那个时候真正称得上"建筑艺术"的宫殿屈指可数,其中最负盛名的是秦始皇建造的"阿房宫"。

　　壮丽辉煌的阿房宫曾巍然矗立于八百里秦川。司马迁在《史记·秦始皇本纪》中记述了它的宏伟:"先作前殿阿房,东西五百步,南北五十丈,上可以坐万人,下可以建五丈旗。周驰为阁道,自殿下直抵南山。表南山之颠以为阙。"阿房宫规模的宏伟和耗资的巨大曾引起当时和后世争议不断。而后,战乱中的一把大火,巍峨的宫殿化为了灰烬! 项羽的霸道和残酷同样震惊了后世! 阿房宫的消失又引起后世多少慨叹! 如昙花一现的壮丽宫殿,成为世人皆知的故事,成为历史的传奇,成为民族记忆中的文化瑰宝。晚唐诗人杜牧由是写下千古名篇《阿房宫赋》,用诗的语言描绘了这座传奇宫殿,引起后世的无限遐想。

　　《阿房宫赋》是一篇旨在劝诫的美文，它述说着秦始皇的骄奢淫逸，并富于哲理地指出，统治者的铺张奢侈其实是祸国的根本。同时，它诗意而形象地状写了阿房宫的姿容。文章对皇家宫殿极富想象的描绘，使阿房宫的宏伟壮丽随之而流传于世，其影响甚至超出了它的劝诫作用。

　　从诗情画意的《阿房宫赋》中，我们很容易想见这座我国历史上最早的宫殿建筑群的华美状貌。这是我们土生土长的故乡的建筑艺术，它那种木构架结构的独特风格，被视为东方三大建筑体系之一（东方建筑三大体系：中国建筑、印度建筑、伊斯兰建筑）。要是与世界其他国家的宫殿相比，我国的宫殿建筑表现出它的独特：我国历代的宫殿都是建筑群落，而不像欧洲的宫殿那样，是一个巨大的个体建筑，像法国的凡尔赛宫那样。我国的建筑群落虽然其中的个体建筑都不大，但是整个建筑群十分庞大，其中的单体建筑又具备独立的审美情趣。宫殿建筑群落层层叠叠，空间朦胧幽深，和谐而温馨。建筑周围的环境遍布自然人文景观……遥想当年，那曾遮天蔽日的阿房宫，自然也是这样的吧！

　　《阿房宫赋》首先诉说着宫殿群落的巍峨宏大："覆压三百余里，隔离天日。骊山北构而西折，直走咸阳。二川溶溶，流入宫墙"，"盘盘焉，囷囷焉，蜂房水涡，矗不知其几千万落。"这是一个巨大的建筑群，那"隔离天日"，那"蜂房水涡"，盘根错节地成为和谐温馨的整体。它拥有多不胜数的个体建筑，盘桓错落，从骊山山边一直绵延至咸阳，占地面积之广大，将河流山川都纳入宫殿群落，这样的规模真是有点空前绝后之感！让我们驰骋想象，体会《阿房宫赋》诗句中的建筑艺术："盘盘焉，囷囷焉，蜂房水涡，矗不知其几千万落"，是说宫室间隔众多，依山而建，曲折盘桓，不可尽数，竟如蜂房一样繁覆而有致，又像水涡似的富有韵律和动感。"渭流涨腻，弃脂水也"，是说流入宫墙的渭水又流出去了，应该说是设计的

巧妙。"辘辘远听,杳不知其所之也",是说宫室环绕,置身其间,有时只能听到声音而看不到车辇……诗的语句,艺术的境界,是对曾傲然于世的皇宫的摹写,也是我们民族曾魂牵梦萦的诗的乐章!

这和西方的建筑很不一样,西方的建筑大多以单体建筑而体量巨大著名,例如:埃及的金字塔、罗马圣彼得大教堂、巴黎圣母院、德国科隆大教堂、巴黎歌剧院、凯旋门等等。今天,当我们用审美的目光审视建筑的历史,看到的是,现代的建筑体量已大大超过古代,像美国的摩天大楼。可是没有超过古代的建筑群,没有像中国古代宫殿那样巨大的建筑群体。李允鉌先生在他的《华夏意匠》中这样评价中国古代建筑群落在建筑史上的地位:"现代建筑的'体量'早已超过过去任何时代的最巨大的建筑物,可是,以一个建筑单位而论,在数量上还没有出现过像中国古典建筑那样的数以千座计的庞大的、属于同一组织的建筑群。"这个评价也说出了中国宫殿建筑的特征,有人说北京的故宫拥有 9999 间房屋,是世界建筑的奇观。阿房宫恐怕不会逊色多少,"五步一楼,十步一阁","盘盘焉,囷囷焉,蜂房水涡","负栋之柱,多于南亩之农夫;架梁之椽,多于机上之女工;钉头磷磷,多于在庾之粟粒;瓦缝参差,多于周身之帛缕;直栏横槛,多于九土之城郭……"如此浩繁的宫室群落,其庞大宏伟也应是建筑史上的奇观了,而且应该算作中国宫殿建筑之源吧? 只可惜,我们今天已无法准确计算它拥有房屋的间数了。

中国宫殿建筑群体的庞大,是世界建筑史上的奇观。而如果考察其中的单个建筑,那种精工细雕,玲珑剔透,应是建筑史上的又一奇观! 这些建筑有的单幢单层,有的双层或多层,屋顶形式繁多,都有脊兽和脊吻装饰。在屋檐和墙身之间,有斗拱和彩画作为分界。窗户纹饰色调素丽,虚实相间。檐柱之下还有台座衬托,并饰有雕栏玉砌、丹陛高阶。如果单独矗立,则或雍容华贵,或朴素

淡雅，或巍峨严整，或孤芳自赏……均显示出独立的审美情趣。这就是中国的宫殿群落中往往拥有单个驰名建筑的原因。譬如，北京故宫中的太和殿、乾清宫、午门等。遗憾的是，我们在《阿房宫赋》中难以寻觅如此具体的著名建筑，可是单体建筑的雍容华美跃然纸上："五步一楼，十步一阁；廊腰缦回，檐牙高啄；各抱地势，钩心斗角。盘盘焉，囷囷焉，蜂房水涡……""长桥卧波，未云何龙？复道行空，不霁何虹？高低冥迷，不知西东。……"真是如梦如幻，如诗如歌，雄壮华美而韵味无穷。这是世间独一无二的阿房宫，是诗人记录的我们民族的艺术瑰宝。而在《阿房宫赋》中，建筑与诗歌融为一体，现实与想象融为一体，融化在一个超越时空、跨越凡境的意境之中。

说到意境，中国建筑的意境是在空间的朦胧和意趣中构成的。在建筑的空间布局中，常见以曲折多变的构景手法，通过空间的奇特奥妙变化，使人得以步移景异，给人深邃宛转、扑朔迷离之感。所谓"庭院深深深几许"，"径贵深曲，盖意不可尽，以不尽尽之"，正是这种境界的写照。《红楼梦》中描写的"怡红院"，表现了中国建筑空间的不尽意境：

> 进入房内，只见其中收拾的与别处不同，竟分不出间隔来。原来四面皆是雕空玲珑木板……一隔一隔，或贮书，或设鼎，或安置笔砚，或供设瓶花，或安放盆景；其隔式样，或圆，或方，或葵花蕉叶，或连环半璧……未到两层，便都迷了旧路，左瞧也有门可通，右瞧也有窗隔断，及到眼前，又被一架书挡住，回头又有窗纱明透门径。……转了两层纱橱，果得一门出去，院中满架蔷薇。

这里显示的意境是多么委婉幽静，情韵依依！那么，同属于木

构架结构的阿房宫,将展示怎样的情境呢?也许与后世的中国建筑别无二致?尤其在那墙、廊、亭、榭、桥、道等的巧妙构思中显示意趣?……墙或有素墙、灯墙、洞墙、云墙;高墙如屏障,低墙似凭栏;一墙之隔,闻其声而不可见其面,半孔之开,得其形而不能穷其貌。又似有廊,曲曲折折,虚虚实实;游其中可赏风花雪月,步其间可通馆舍阁台。更有复廊,廊间设墙,墙上设窗,窗形各异,疏密可望,仿佛天外有天。阿房宫中也该有亭有榭吧?因为那是宫殿中必不可少的。如北京故宫就有御花园,园中亭榭错落有致,周围林木成荫,花草缤纷,泉滴苔滑,叶影匝地,鱼戏清流,鸟翔疏枝,天然景致环绕着高榭低亭,恍若人间仙境!至于桥、道,则架设于楼阁之间,夹巷借天,浮廊实道,将大小曲直、虚实错落的各式空间组织在或疏朗、或稠密、高高低低的楼台亭阁之间,这种意境又不是一言可以蔽之的。至此,那"五步一楼,十步一阁",那"廊腰缦回,檐牙高啄",还有"盘盘焉,囷囷焉,蜂房水涡",以及"长桥卧波","复道行空"……不是更可引动我们的想象吗?

环绕建筑和建筑群落的环境艺术也是一种建筑的语言,是构成意境的又一因素。环境艺术首先可以是建筑群落组合本身。环境艺术还融进了时间、空间、自然、人文以及各类艺术,而往往能将各种因素——自然因素(山川河流、林木花鸟、日月星辰等),人文因素(历史、乡土、民俗等),艺术因素(环境雕塑、环境绘画、工艺美术、文学书法等)与建筑融为一体,产生意境。譬如,北京故宫的建筑布局。故宫构图严整,全部建筑沿一条中轴线对称分布,表现皇权的至高无上。紫禁城(故宫)中的建筑沿中轴线分布,可以分为三段。它的中段是帝王宫殿的中心,又可分为三节:前朝三大殿(太和、中和、保和),后寝三大宫(乾清、交泰、坤宁)和御花园。这些宫室、陛阶、凭栏、院落、门庭、花园均按对称的原则布置,无论是宫室相连还是院中套园,都不失严整的规范,像一首浑厚凝重的严

第五章 文学与科学和艺术

肃乐曲……威严宽敞的太和殿似仍弥漫着帝王的气息,富丽雍容的乾清宫也似留有嫔妃们的环佩余音,令人心仪的御花园与皇宫的清规戒律相连系着……步入故宫,有似浏览历史的长廊、翻阅历史的书卷。这时,那些雕梁画栋,朱壁绿瓦,高堂阔室,高门厚槛以及汉白玉栏杆、玉阶龙凤雕刻,匾额楹联字画……或斑驳陆离的,或修葺一新的,都在诉说着历史的变迁,演绎着民族的古今。

建筑记录了历史的脚步,又演绎在无声的砖木之中。浮想历史上的阿房宫,它没有数代帝王居住的荣耀,也没有数百年历史的沧桑,而它的富丽堂皇、奢华浮靡在《阿房宫赋》中展露无遗,不让后世。那些"妃嫔媵嫱,王子皇孙"于阿房宫中过着极其豪华奢侈的日子,朝朝管弦,夜夜笙歌,妆扮着花容月貌,享受着稀世珍宝,期待着帝王宠幸……"朝歌夜弦,为秦宫人。明星荧荧,开妆镜也;绿云扰扰,梳晓鬟也;渭流涨腻,弃脂水也;烟斜雾横,焚椒兰也……一肌一容,尽态极妍,缦立远视,而望幸焉……燕赵之收藏,韩魏之经营,齐楚之精英……倚叠如山……鼎铛玉石,金块珠砾,弃掷逦迤……"这样的画面与后世皇室的生活何其相像,印映着诗句勾勒的雕梁画栋,朱壁绿瓦,高堂阔室,高门厚槛,也许还有汉白玉栏杆、玉阶龙凤雕刻,匾额楹联字画……使阿房宫的形象更为清晰生动。

阿房宫是早已化为焦土了,可它得以历代传颂。人人都在很小的时候就会诵读《阿房宫赋》,于是,随着流畅的诗句,阿房宫的模样就矗立起来了,是那么富丽堂皇,那么玲珑剔透,那么轻盈飘渺,那么诗意盎然!令人浮想联翩……

(黄燕尤 李红梅)

第六章　名作中的人物

品味《红楼梦》的人物

人教版高中《语文》第六册选取了我国古典小说《红楼梦》中一个精彩的片段——"抄检大观园"。荣国府的少奶奶、小姐们和有头脸的丫鬟、婆子们,几乎都在这场风波中出场了,而且把自己的个性尽情地展示出来。随后的一篇"导读"课文,又介绍了《红楼梦》的主要人物和人物关系。激起我们品味《红楼梦》人物的极大兴趣……

品味或欣赏小说的人物,离不开文艺理论的指导。在文艺批评中,对小说人物的评价有很多方法。还是在 20 世纪 20 年代,英国小说家福斯特在他的著名文艺理论著作《小说面面观》中,提出了"扁平人物"和"圆形人物"的理论,在世界文坛产生了巨大影响。我国改革开放以后,引进了大量西方文艺理论,其中也包括福斯特的小说人物理论。20 世纪 80 年代以后,我国理论界对"扁平人物"和"圆形人物"理论给予了极大的关注,进行了专题研究,并应用于文学批评。当我们欣赏《红楼梦》的人物时,或可以使用这一理论,从与我国传统文艺批评不同的角度,来看看人物的风貌和特质。

所谓"扁平人物",《小说面面观》解释说,人物是"按照一个简

单的意念或特性而被创造出来",①也就是说,人物的性格或特性趋向单一,几乎一望而知。"十七世纪时,扁平人物称为'性格'人物,而现在有时被称为类型人物或漫画人物"。② 就是说,"扁平人物"有两个特征:第一,人物性格单一,趋向类型化;第二,艺术上的夸张,使人物或趋向漫画化。

福斯特并解释说:这种人物用一个句子就可以描述殆尽,例如"我永远不会舍弃密考伯先生"。这是福斯特举例的狄更斯的长篇小说《大卫·科波菲尔》中的密考伯太太。密考伯先生是小说主人公大卫的朋友,热心、乐观,但终生负债累累,为了债务他进过监狱,吃过官司,最后移民澳洲。密考伯太太带着四个年幼的儿女跟他过着漂泊的生活,一度住过监狱。密考伯太太具有同样的热情、乐观,最后怀着极大的热情鼓励密考伯先生奔赴澳洲。密考伯太太的生活中也有酸甜苦辣,尤其念念不忘自己的娘家,但她生活的宣言就是"我永远不会舍弃密考伯先生"。她始终如一地做到了,这就是她的性格,也是她在小说中言行的概括。我们凭着这一句话,就可以完整地认识密考伯太太,这就是扁平人物。显然,密考伯太太形象是夸张的,带有很强的漫画色彩,虽然性格单一,却妙趣横生。

说到圆形人物,福斯特举出了大量文学中的例子。像《战争与和平》中的人物;陀思妥耶夫斯基笔下的人物;普鲁斯特、福楼拜、菲尔丁、萨克雷、夏洛特·勃朗特小说中的部分人物等等。福斯特说,这是些"生气勃勃,似欲振翼飞出书外的人物"。③ 也就是说,是具有全方位、多侧面、多视角的审美特征的人物。这种特征也可

---

① 福斯特著,苏炳文译:《小说面面观》,花城出版社 1984 年版,第 59 页。
② 福斯特著,苏炳文译:《小说面面观》,花城出版社 1984 年版,第 59 页。
③ 福斯特著,苏炳文译:《小说面面观》,花城出版社 1984 年版,第 65 页。

以概括为两点:第一,人物性格丰富、复杂,不是单一、一目了然的;第二,人物性格是发展变化的,不是凝固不变的。福斯特还说,圆形人物要给人以新奇感,并令人信服。细想一想,《红楼梦》中的大多数人物就是这样的人物。以往的评价总是说,《红楼梦》的人物性格鲜明、生动,不再是"千人一面,千部一腔",说的差不多就是这个意思。

《红楼梦》的人物,是在情节的发展中逐渐丰满的,到"抄检大观园"这一回(第七十四回),情节紧张,矛盾尖锐,人物的性格分外鲜明地凸现出来,却令人十分信服,毫无突兀之感。让我们细细品味这些人物。先说凤姐,人们说到凤姐的时候,总是说她"心狠手辣"。而在抄检大观园的事件中,凤姐是既富于心计,又委屈隐忍,体现了她性格的多面性。

凤姐是显赫的荣国府的当家少奶奶,精明强干又风流俏丽,小说里说她"少说有一万个心眼子",是个"水晶心肝玻璃人",人称"凤辣子"。可以说"心狠手辣"是她性格的一个方面。她的奴才兴儿就形容她"明是一把火,暗是一把刀",这是说凤姐的"狠"。小说里与她相关的人命案就有好几条:金哥和未婚夫,鲍二媳妇,贾瑞,尤二姐。尽管这几个人并不是凤姐自觉去杀的,可事情分明与她有着直接关系,而凤姐竟能心安理得,丝毫不动什么"恻隐之心"。素日里惩罚丫鬟的时候,"只叫他们垫着磁瓦子跪在太阳地下,茶饭也别给吃……便是铁打的,一日也管招了"。毫不心软,这就显出凤姐的"狠"来了,可以说没人能比。

但是,狠毒并不能概括凤姐的全部性格,更具特色的是凤姐的"辣",泼辣干练、杀伐决断、痛快淋漓……协理宁国府的时候,她令行禁止,无论是谁,违反规定就罚,毫不手软。丈夫贾琏在外头偷娶了尤二姐,凤姐知道后,一面亲热地将尤二姐接进府里,一面找到与尤二姐定过亲的张华,威胁张华和贾府打官司,自己在家里闹

将起来,把贾琏和尤氏闹得家无宁日,她还落得贤惠的好名声。荣府的月银由凤姐掌管,她就用这项银子放高利贷,不知翻出多少倍的银子来。

凤姐的"辣"有时还让人气顺心开,甚至忍俊不禁。贾赦要讨鸳鸯作小老婆,贾母在气头上,贾府上下气氛紧张,众人噤声屏气,只有凤姐敢派老太太的"不是":"谁叫老太太会调理人。调理得水葱似的,怎么怨得人要?我幸亏是孙子媳妇,若是孙子,我早要了,还等到这会子呢。"一下子缓解了气氛,贾母也消了气。真是出奇制胜。静虚观的张道士是有职法官,贾母尊其为老神仙,独凤姐见了,竟说张道士托了盘子,像是化布施来了,唬了自己一跳,众人听说,哄然大笑。别看凤姐平日里苛待下人,可是一听说二奶奶要讲笑话,丫鬟婆子们争着凑过来听。凤姐"辣","辣"得俏丽,"辣"得谐谑。

凤姐性格的又一特色是"酸",在小说的回目中就有"变生不测凤姐泼醋","酸凤姐大闹宁国府"。贾府里的大家公子哥,三妻四妾,拈花惹草是家常便饭。贾赦、贾政、贾珍、贾琏无不如此,贾母就说:"什么要紧的事!小孩子们年轻,馋嘴猫儿似的,那里保得住不这么着。从小小儿世人都打这么过的。"可是,凤姐就不依。贾琏私会鲍二媳妇让凤姐撞上,她就惊动了家里上上下下,直到贾琏向她赔礼,鲍二媳妇上吊自尽。贾琏偷娶尤二姐,凤姐用尽心计,终将尤二姐逼迫而死。正像兴儿形容的,"人家是醋罐子,她是醋缸,醋瓮!"凤姐的"酸",不是哭哭啼啼、委委屈屈,而是和"辣"、"狠"混合在一起的。

凤姐也有无奈的时候,"抄检大观园"就是这样。王夫人得知大观园里拣到了"绣春囊",怒气冲冲地来找凤姐,喝命"平儿出去",不容分说地斥责凤姐为什么把"绣春囊"带进园里!凤姐极力而委婉地分辩,才使王夫人相信她和平儿不会做这样的事。邢夫

人的陪房王善保家的却乘机挑唆王夫人抄检大观园。凤姐并不愿意抄检园子,可是她不敢反对,"凤姐见王夫人盛怒之际,又因王善保家的是邢夫人的耳目,常调唆着邢夫人生事,纵有千百样言词,此刻也不敢说,只低头答应着"。这里,凤姐的隐忍不仅是为了王夫人盛怒,还怕王善保家的挑唆自己的婆婆,徒生嫌隙。为一个奴仆,凤姐竟不敢言声! 这还是那个杀伐决断的凤姐吗? 这就是凤姐的无奈,既要掌管好偌大一个家族每日里的千百件事务,又要理顺上上下下千丝万缕的人际关系,还得时时注意作媳妇的本分。作为荣府的当家少奶奶,凤姐隐忍的委屈和无奈还有很多,自己要强,劳心劳力以致病倒,除了平儿没有人真正关心她。

凤姐还有"留余庆"的一面。贾府终于"忽剌剌似大厦倾,昏惨惨似灯将尽"。凤姐死后,女儿巧姐在刘姥姥的救助下,躲过劫难,过起了村姑的生活。这是因为凤姐生前对贫苦的刘姥姥的关照。按照佛教观念,这是"善报",也就是说曹雪芹虽然写尽了凤姐的"心狠手辣",但在最终还是把她归到善行的行列。

"凤辣子"辣得狠、辣得酸、辣得俏、辣得谐,既心狠手辣又妙趣横生的言行俯拾皆是,绝不是一句话可以概括的。红学前辈王昆仑先生有一句著名的评价:"恨凤姐,骂凤姐,不见凤姐想凤姐。"究其原因,恐怕就是人物性格丰富复杂的魅力吧,令人叹为观止。这无疑就是福斯特所说的"生气勃勃,似欲振翼飞出书外的人物"的最好例证! 正是《小说面面观》所要求的"圆形人物"。

"抄检大观园"的时候,其他人物同样展示出她们丰富的性格。这一回里最出彩的人物要算探春。探春不仅"冷笑"着抗拒抄检,冲撞凤姐;而且"流下泪来",叹道:"可知这样大族人家,若从外头杀来,一时是杀不死的……必须先从家里自杀自灭起来,才能一败涂地!"给人痛心疾首之感;更出人意外的,当王善保家的拉扯她的衣襟时,探春"登时大怒",动手打了王善保家的一记耳光,还拉着

凤姐不依不饶。在第五十六回，探春"兴利除宿弊"，就曾让人对这个花容月貌、吟诗对弈、深居简出的大家闺秀刮目相看。这次抄检大观园，探春表现出的高傲、睿智和胆识，更丰满了探春不让须眉的个性。像透过三棱镜的阳光，折射出多彩的光束。这也是"圆形人物"的特征。

在这一回里，迎春、惜春也表现出性格的多面性。年少、娇弱、善绘画的惜春，竟是铁石心肠！甚至比凤姐还无情。她的大丫鬟入画被抄检出私底下和她哥哥相互传递物品，这也是府里规矩不容许的，可是与"绣春囊"不是一码事，所以凤姐都不想过多追究。但是惜春坚决打发入画离开，连入画含泪拜别都几乎不与理睬。这等冷心冷面，所以后来她遁入空门也就可以理解了。迎春一贯软弱，这次的事还就出在她的屋里。迎春虽然对惹了祸的司棋恋恋不舍，含泪告别，但她无力，也没有打算去为司棋说情。这就是迎春，她的软弱与她的薄命息息相关，自成一格，令人玩味。

《红楼梦》里的多数人物都极富个性，具有"圆形人物"的全方位、多视角、多侧面的审美特征；而且极其新奇，令人十分信服。比如，脂砚斋就这样评价宝玉和黛玉："……说不得贤，说不得愚，说不得不肖，说不得善，说不得恶，说不得正大光明，说不得混帐恶赖，说不得聪明才俊，说不得庸俗平凡，说不得好色好淫，说不得情痴情种，恰恰只有一颦儿可对，令他人徒加评论，总未摸着他二人是何等脱胎，何等心臆，何等骨肉。"这么多的"说不得"正是对人物性格多侧面、多视角的观照。短短一段话，道出了宝玉和黛玉超凡脱俗，不谙礼教却令人动情动容的奇特个性。不落窠臼且合乎情理。脂砚斋不知道什么是圆形人物，可是出色地评价了圆形人物。

这样看来，我们有理由认为，圆形人物在审美价值上要高出扁平人物。福斯特也明确地说：扁平人物在成就上无法与圆形人物相提并论。但是，扁平人物绝不是一无是处，他们可以在小说中与

圆形人物相辅相成。一本复杂的小说常常需要扁平人物和圆形人物出入其间。《红楼梦》里也有扁平人物，像赵姨娘和周姨娘，就代表了当时地位低下的妾的两种类型：一种是安分守节，没有任何棱角，即周姨娘型的；一种是赵姨娘型的，不甘心受气又没有教养，因为她生了儿子，想以儿子为资本，又受到大家族的压制，所以每每生事。赵姨娘在小说中非常重要，有了她，可以衬托出凤姐的厉害，又自然而然地造成大家子中的一些矛盾。有了她的儿子贾环，也衬托出宝玉的超凡脱俗，这也就是扁平人物的独特魅力。

（李红梅　黄燕尤）

五个吝啬鬼

文学反映人类的生活和情感,尽管各民族文化有所不同,但喜怒哀乐、爱恨情愁、聚散离合等心灵体验总是相通的,所以,文学作品塑造的人物有时也会有不谋而合的时候。世界不同国家的作家,彼此并没有沟通,有时会刻画出类似的人物来,比如我国古代文学中著名的吝啬鬼——《儒林外史》中的严监生,就常常令人联想到世界文学史上著名的另外四个吝啬鬼。将这五个吝啬鬼的形象相互比较,不仅非常有趣,而且对名著欣赏、语文学习都将是有益的。

世界文学史上著名的四个吝啬鬼中,莎士比亚喜剧《威尼斯商人》中的夏洛克"出生"最早,"年纪"最大。这位资本主义原始积累时期的资产者身上体现出极端的残酷性。他的贪婪、吝啬体现在他对安东尼奥疯狂的报复中。因为安东尼奥"借钱给人不取利钱",把"威尼斯城里放债这一行的利息都压低了",因此夏洛克对其恨之入骨。他利用安东尼奥一时周转不灵前来借款的机会,坚持取安东尼奥胸膛上靠近心口的一磅肉作抵押,以宣泄他的"深仇宿怨"。

夏洛克既是一个贪婪狠毒的高利贷者,同时又是一个生活在

基督教社会里的犹太人，会在稠人广众之中被人骂作异教徒和杀人的狗，长袍和胡须上被人吐上唾沫，甚至像野狗一样被人踢来踢去。莎士比亚既鞭笞他的贪婪、吝啬，同时又对夏洛克作为一个犹太人而受到的种族歧视与宗教歧视抱有同情之心，因此夏洛克这一吝啬鬼形象便显得分外的复杂、矛盾而又鲜明、生动。

莫里哀《悭吝人》中的吝啬鬼阿巴贡生活在 17 世纪的法国。这也是一个靠放高利贷而发财的商人，他爱财如命，成天穿着一件磨得发亮的旧上衣，瞪着一双疑神疑鬼的眼睛，盘算着怎样从儿子、女儿、仆人，甚至马匹身上尽可能多地克扣钱财并拿出去放高利贷。他的钱财越聚越多，可他的心事越来越重，他把他的钱装进一只特制的小箱子，偷偷地埋在花园里，提心吊胆地看守着。为了更多地占有钱财，他让儿子娶一位寡妇，因为她有一笔可观的财产；他把女儿许给一个有钱的老鳏夫，因为对方答应不要陪嫁。他自己则看上一位端庄、美貌的年轻姑娘但又担心她没有陪嫁。

极度的贪婪和吝啬使阿巴贡变成一个滑稽可笑的人物。对他来说丢了钱箱就如同丢了命一样，陷入痴狂的状态："捉贼！捉贼！捉凶手！捉杀人犯！王法，有眼的上天！我完啦，叫人暗害啦，叫人抹了脖子啦，叫人把我的钱偷了去啦。这会是谁？他去了什么地方？他在什么地方？他躲在什么地方？我怎么样才找得着他？往什么地方跑？不往什么地方跑？他不在那边？他不在这边？这是谁？站住。还我钱，混帐东西……（他抓住自己的胳膊）啊！是我自己。我神志不清啦，我不晓得我在什么地方，我是谁。我在干什么。哎呀！我可怜的钱，我可怜的钱，我的好朋友！"作者通过这个艺术形象深刻地揭露了新兴资产者的阶级本质。

高中课本《守财奴》中的葛朗台是法国 19 世纪批判现实主义作家巴尔扎克《欧也妮·葛朗台》中的人物。看到金子，得到金子，便是葛朗台的执著狂，是他生活的全部目的。得到财产时，他快乐

得忘乎所以,连天气也是"黄金一般的好天气"、"天上落金子下来了";当他以为要失去财产时,他痛苦得魂不守舍,大声嚷嚷"那简直是抹自己的脖子"。葛朗台时而欢喜、时而忧愁;凶猛如虎、温柔如羊;耳聋口吃、装愚守拙都是为了金钱。在聚敛财富的过程中他显得那样地精明、强悍,游刃有余。无论是商业投机、高利盘剥还是证券交易,他都左右逢源、财运亨通,以至人人对他都是"又钦佩、又敬重、又害怕",他以吝啬出名,但正因为这一点才受到人们的尊敬。他举止朴素,餐桌上从来都是粗茶淡饭,但他的言谈举止为当地人所效法。金钱控制法律,控制政治,控制风俗,到了前所未有的程度。

他为了财产竟逼走侄儿,折磨死妻子,剥夺独生女对母亲遗产的继承权,不许女儿恋爱,断送她一生的幸福。他晚年最大的嗜好便是监督女儿替他将一袋袋金币秘密地藏在密室中,"把门关严":没有亲情,没有关爱。即使面临死亡,葛朗台也在本性的驱使下,主动出击:他"做了一个骇人的姿势"想把"镀金的十字架"——一个临终法事中的法器攫为己有。虽然这"最后的努力送了他的命",但他仍然强悍地命令他的女儿:"把一切照顾得好好的!到那边来向我交账!"作者通过葛朗台一生的描写,深刻揭露了资本主义社会中人与人之间赤裸裸的金钱关系。

果戈理《死魂灵》中的吝啬鬼泼留希金拥有上千个农奴却过着乞丐般的生活。但凡他走过的路上,一块旧鞋底,一片破布,一个铁钉……都被他捡起来带回家。因此路上干净得不必再打扫。他把农奴上缴的货物和拾来的东西堆在房间里后,便不再去过问它们了。他的干草和谷子腐烂了,地窖里堆的面粉硬得像石头,只能用斧头劈下来。麻布、呢绒、布匹,手一碰就都化成飞灰。为了杜绝财产的消耗,他和一切人都断绝了往来,不关心子女的死活。他舍不得吃,两口稀饭、一碗菜汤地打发日子;舍不得穿,成天裹着一

件破烂不堪的女人长衫。封建社会宗法式的自给自足的农村经济造成了他的愚昧、闭塞,他对财产的贪欲集中在一个"守"字上,哪怕这种守护的结果恰恰是对财富的暴殄和毁坏。泼留希金卑琐、愚蠢,和他的屋子、财物一起散发着霉味,在这样一个僵尸般的守财奴身上,我们看到了 19 世纪俄国封建农奴制濒临死亡的鲜明印记。

泼留希金虽然在四个吝啬鬼中"出生"最晚,按照社会历史的进程来说却排在第一,他是俄国封建农奴制度腐朽落后的生产关系的代表。夏洛克是 16 世纪封建社会解体、资本原始积累初期的高利贷者。阿巴贡是 17 世纪法国资本主义发展时期的资产者,葛朗台是 19 世纪法国资产阶级暴发户。泼留希金对儿子、女儿视同路人;夏洛克试图禁止独生女儿恋爱结婚;阿巴贡在婚姻问题上算计自己的儿女;葛朗台为剥夺独生女的财产继承权,更是尽其所能地威胁、哄骗。四部作品中都出现主人公与至亲骨肉的冲突并非偶然,共同的原因只有一个,主人公不能容忍别人消耗自己的财产,哪怕是亲生儿女也不行。西方社会中,资本主义的发展一步步破坏了家庭的温情和人伦的关系,最终赤裸裸的金钱关系取代了一切神圣的旧律条。比较世界文学史上著名的这四个吝啬鬼的形象,可以从中纵览欧洲 400 年资产阶级人心腐蚀的进程。

吴敬梓《儒林外史》中的严监生是中国文学史上著名的守财奴形象,他"家私豪富,足有十多万银子",钱过北斗,米烂成仓,奴仆成群,牛马成行,但平时连"猪肉也舍不得买一斤",小儿子闹着要吃肉时,他"在熟切店买四个钱的哄他就是了"。病重时,心口疼痛,骨瘦如柴,舍不得银子吃人参。临终时,"伸着两个指头,总不肯断气"。当善解其意的妾赵氏将两茎灯草挑掉一茎时,他便放心地撒手归西了。

但严监生也有大把花钱的时候。为大哥严贡生打官司"衙门

使费,共用去了十几两银子";把一妾扶正,使 200 两银子贿赂他的两个舅子、50 两银子办酒席;为老婆出殡,用了四五千两银子。这些行为并不意味着他改变了吝啬的本性,他向自己的两个妻舅临终托孤是最好的解释:"我死之后,二舅照顾你外甥长大,教他读读书,挣著进个学,免得像我一生,终日受大房里的气!"与世界文学中另外四个吝啬鬼截然不同的是,生活在封建社会盛世的严监生,常常被大哥和妻舅欺诈、舍不得花钱却不得不讲究礼数、非常放不下他的后代——唯一的儿子,希望他能挣得功名出人头地。作者给他的评价是"胆小有钱":因盘剥利息、极力俭省而有钱,因功名低微、子嗣单薄而胆小。他的欲望并不单一地集中在金钱上,因此多了几许人情味,是个浸透了民族特性和封建气息的吝啬鬼典型。

文学作品及其人物形象总是蕴含着作家对社会生活的认识与评价,寄托着作家的情感和理想。莎士比亚在安东尼奥和鲍西娅等人物身上倾注了自己的人文主义理想,而夏洛克的冷酷、自私、吝啬,则显示出现实生活中与这一理想相悖的一面。夏洛克在法庭上败诉,有情人终成眷属,体现出莎士比亚早期戏剧的乐观性。

巴尔扎克在葛朗台身上充分展示出资本主义社会金钱法则的冷酷无情,金钱是巴尔扎克解析法国社会的利剑,是作家最关心也最拿手的创作题材。

果戈理通过"一个更比一个庸俗"的地主形象,表现出泼留希金及其所代表的那种制度,已经丧失了存在的合理性,从而提出祖国的前途问题。小说结尾时,乞乞科夫的马车在道上飞跑,作家感慨而痛切地追问:"俄罗斯,你究竟飞到哪里去?"

吴敬梓展现了一群在求取功名道路上的知识分子各种丑恶和可笑的现象,刻画了科举制度对他们人格与心灵造成的极大创伤。由于科举的门槛隔着贫与富、贵与贱、荣与辱,所以读书人对举业趋之若鹜,以至堕落得既无操守、也无学问,整个社会文化也陷于

病态。对科举制度合理性的质疑,反映出作者对民族素质、国家前途的反省和焦虑。

通过上述分析,我们看到不同时代的作家笔下出现了相似的人物类型,而彼此并没有明显的相互影响。对这一耐人寻味的文学现象的研究是比较文学的一个重要组成部分,也就是"研究同一主题、题材、情节、人物典型跨国或跨民族的流传和演变,以及它们在不同作家笔下所获得的不同处理"①。这样的研究是以人类天性的相通为基础的。五个不同时代、不同国家、民族的作家在世界文学的画廊中留下的五个吝啬鬼形象,归根到底都是由"贪婪"这一人性弱点生发出来的文学典型。守着万贯家财而仍要千方百计地克扣自己、克扣别人,这正是大大小小的吝啬鬼、守财奴们的共同特性。严监生看着两根灯草不肯咽气,阿巴贡要将点着的两根蜡烛掐灭一根才肯闭眼归天,这两个几乎相同的细节把贪欲对人性、人伦的毁灭表现得何等的淋漓尽致!作家对他们吝啬的共性或讽刺、或批判、或调侃,将他们一一置于出乖露丑的尴尬境地,揭示他们精神上的畸形,以寄寓作家对人性的深刻洞察,对人性弱点的尖锐批判。

这些吝啬鬼既有共性,又有各自鲜明的个性特征。夏洛克凶残,阿巴贡多疑,葛朗台狡诈,泼留希金迂腐。每个吝啬鬼身上体现的不同时代特色又折射出作家对所处时代的敏锐把握。正是透过作家对人物的不同处理,我们看到了莎士比亚早期乐观、明快的人文主义色彩;看到了莫里哀针砭现实的敏锐眼光;看到了巴尔扎克摒弃了"自己的阶级同情和政治偏见"后取得的现实主义的胜利;同样,我们也体会到果戈理那"含泪的笑"以及"不分明的泪"中

① 叶绪民等主编:《比较文学理论与实践》,武汉大学出版社 2004 年版,第 136 页。

包含的分明的苦涩以及无可奈何的哀婉；品味到吴敬梓不露声色的描绘中隐含的对文化危机、社会颓败的绝望以及绝望中的探索。

这种对同类文学典型的不同特色、不同处理的研究是饶有趣味的，在西方文学中常见的还有犹太人研究，家庭女教师形象研究，根据神话传说创造的许许多多文学形象的研究等等。这些研究让我们领略到一个个丰富、复杂而又生动有趣的小世界，同时也让我们接受了一次又一次令人难忘的文化巡礼和艺术熏陶。

（胡亚瑜　赵峻）

路见不平一声吼

——漫谈中外绿林好汉

　　不知在卡通世界尽兴漫游的少年朋友们对下列的图景作何感想:黑黝黝的丛林深处,静阒无声。偶尔,孤单过往行人匆忙的脚步声会惊起一两只栖睡的鸟雀。忽然间,像天上劈下的炸雷:"若要打此过,留下买路财!"

　　也许你会哑然失笑,这不是古典小说里的绿林好汉——山大王吗?是的! 如果你对他们感兴趣,不妨把视线转向中外文学中的绿林好汉世界:文学经典《水浒传》、西汉末期绿林赤眉故事、隋末唐初瓦岗寨故事以及《说岳全传》《英烈传》等故事的篇段。这些故事中的人物,像响马马武、程咬金、牛皋、胡大海、《水浒传》中的一百单八将,你可以从他们身上了解绿林人物的行为举止,观察中国封建社会沦落底层人们的不平反抗和无奈归宿。你还可以把视线延伸到西方社会,西方民间传说中的侠盗罗宾汉、佐罗……那种要求冲破等级束缚的自由、平等的呼声,会给你的心灵另一番震撼。

　　人教版初中《语文》第六册选取了《水浒传》的片段:"鲁提辖

拳打镇关西。""水浒"的故事经年历代传唱在民间,家喻户晓。《水浒传》中写了好多绿林好汉锄强扶弱、令人称快的侠义故事,其中李逵、武松、林冲、鲁智深等英雄一直为人们喜闻乐道。在梁山泊众好汉中,鲁智深是老百姓最喜欢的好汉。他耿勇中藏着机智,粗爽中透着细腻,浑醉中不失清醒,几乎成了绿林社会侠义的化身。

"拳打镇关西"是表现鲁智深豪侠仗义最精彩的章节。鲁智深本是北宋的下级军官,薪俸虽然微薄,却也不愁吃喝,介入郑屠霸占金翠莲事件纯属偶然。出于义举,他完全可以资助金家父女盘缠使之脱身而去就作罢。但他不满郑屠的淫威,主动出手拳打,终于惹上了人命官司。在戏曲、评书、弹词等民间艺术中,出于善心帮助路人的故事很多,但是像鲁智深这样疾恶如仇的个性,比较少见。

除了援救金家父女,鲁智深还打过什么"假和尚"、"假道士",也打过假好汉之名的强盗"小霸王",更打过仗官府之势作恶的公人……不管是欺压良善的市井恶霸,还是高官太尉,都在他的禅杖、戒刀之下,得到了应有的惩罚。鲁智深不像宋江杀阎婆惜、林冲火烧山神庙、武松斗杀西门庆那样,出于为"私"、为"己"的目的,也不是在无可奈何的困窘境地下不得已出手,而是发自对下层人民疾苦的深切同情,出于伸张正义的美好愿望,使"该出手时就出手"的绿林精神绽放光辉。

《水浒传》不是惟一的绿林故事,在它前后,文学中还描写了不少绿林好汉:如《刘秀演义》中的马武;《说唐》中的程咬金、秦琼;《说岳全传》中的牛皋;《英烈传》中的胡大海等等,都是绿林好汉形象。这些人物共同勾勒出华夏绿林史的发展轨迹,使我们从历史的回响中听到下层人民反抗社会的不平呼声,看到绿林英雄正直豪爽、忠勇机智、不畏强暴、舍生取义等优秀品质。

可是,英雄们的结局如何呢?读过众多绿林故事以后,我们会

发现:招安"反正",几乎是所有绿林好汉的共同归宿。甚至像不求功名利禄、以抱打不平著称的鲁智深,虽然反对招安,可还是加入官兵行列,去打别的"强盗"——征田虎、王庆、方腊去了。瓦岗寨的好汉们最终是成了唐太宗李世民的"彀中之物",名正言顺地"反正"成朝廷的文武大员,扶助新生的封建政权了。至于宋代的牛皋和明代的胡大海,一个靠剪径劫道聊以为生,后上太行山聚义,最终目的是为了保岳飞精忠报国;一个是乱石山聚义,明确目的是辅佐朱元璋推翻异族统治,缔造汉人政权。由此看来,宋元以来的绿林英雄们既有着除暴安良、劫富济贫的反抗意识,又由于思想和文化的局限而无法摆脱封建正统观念。于是,这些绿林好汉最终都无可选择地回归到封建统治集团。

西方文学中也有不少英雄好汉的故事,《罗宾汉谣曲》就是一例。《罗宾汉谣曲》是英国中世纪的民间故事,充满传奇色彩。这个的故事产生在 12 世纪,后来以民谣的形式口头流传下来。那时正是英国历史上最黑暗、最不幸的时期,传说中的罗宾汉由亨廷顿爵士败落为自由农民。他为人正直,勇敢机智,武艺高强,神奇的箭法更是能够百步穿杨。罗宾汉原来有一个倾心相爱的情人玛丽安,但她不幸被残暴的英国首相威廉大公之子强占了;早已垂涎亨廷顿家族 60 公顷庄园的圣玛丽修道院院长伺机指控罗宾汉为"法外人"——无人身保障、有生命之虞的非自由民,并将他的土地攫为己有。无奈之下,罗宾汉射杀 6 名修道院院长的卫队卫士,成为夏伍德皇家森林的"法外人"首领,踏上了反抗封建贵族、反动教士的不归路。

塑造成文学形象的罗宾汉有两种版本:

一种是由英国历史小说家司各特在其名著《艾凡赫》中所描述的。英明君王理查一世率十字军东征耶路撒冷,失利后为奥地利大公拘禁。理查王之弟,残暴的约翰亲王暂为摄政王。约翰勾结

少数贵族领主、反动教士,横征暴敛,欺压平民。理查王脱险后,罗宾汉会同理查王的亲信——骑士艾凡赫等,在约翰亲王举行的射箭比武中,挫败了约翰企图篡夺政权的阴谋,维护了王权的统一,使国家趋于安定。

另一种是由当代英国女作家罗丝玛丽·萨特克里夫于1950年创作的《绿林英雄罗宾汉》,直接取材于《罗宾汉谣曲》。故事中,罗宾汉在离家两周后被修道院主管盖伊爵士诬陷,说他射死了皇家的红鹿。罗宾汉被宣布为不法分子、强盗,失去了自由人身份。于是,罗宾汉被迫在巴奈斯黛尔森林落草,作了"强盗"。以后,罗宾汉和他的绿林豪杰们控制了英格兰巴奈斯黛尔和舍伍德的广大森林,杀富济贫,拦截客商,昭雪冤案,解救生灵,路见不平、拔刀相助,成为人民的忠实保卫者、反动统治阶级不共戴天的敌人。他们替受难骑士从修道院长老手中赎回产业,为被爵爷抢走新娘的无辜青年伸张正义,从执政官手里抢回送上绞刑架的正派爵爷,用重金赎回贤明国王理查……作为绿林好汉的杰出领袖,罗宾汉以狂飙飓风般的自由博爱主张,任侠仗义的豪杰气概,赢得了人民的衷心爱戴。

罗宾汉的英雄事迹在英格兰民间广为流传,并被谱写成了民歌民谣,家喻户晓。人民拥护他,并永远怀念他,因为他"象征着自由、正义和善良,而这一切对英国人民来说,都是极其珍贵的"(高尔基语)。

读完罗宾汉的故事,少年朋友们也许会想到侠盗佐罗、"骑士"唐·吉诃德吧?其实,从啸聚山林、劫富济贫这样的行为说,佐罗不过是个人的行侠仗义,或相当于中国侠义小说中的侠客与剑客,比如《三侠五义》中的展昭。而唐·吉诃德更不入流,他是个模仿古代骑士的疯子。他们都不是严格意义上的绿林英雄,只有罗宾汉称得上西方绿林好汉的真正代表。但是,罗宾汉也和我国古代

绿林英雄一样,既向反动教士、豪强贵族射出正义之箭,又为了维护王权、为还国家以清明政治而不惜肝脑涂地!

鲁智深和罗宾汉,他们胸中都鼓荡着锄强扶弱、解危济困的浩然正气,手中都紧握时刻准备刺向权贵的祛邪之剑。但是,梁山好汉们最终被招安,罗宾汉与众豪侠发出了"愿作国王忠实子民"的誓言……这,恐怕是历史留给后世的思考吧。

"大河向东流,天上的星星参北斗……路见不平一声吼,风风火火闯九州!"1998 年,当这首雄浑激越的《好汉歌》随着电视剧《水浒》的播出在中华大地上广为传唱时,我们的心灵不禁为之振荡,思绪穿越历史的隧道,在绿林英雄们的刀光剑影中徜徉,与勇士的英灵共享正义、勇敢、豪情和壮志。

是的,我们不能苛求数百年前的绿林英雄具有今天社会的民主觉悟,我们应该传承他们的不屈意志和无畏精神,使人类进步的基因中永不缺失为正义而战的气质。这就是千百年来中外绿林好汉留给我们的精神财富。

（张晋军　温玉芳）

第七章 媒介与流传

徐志摩在康桥

徐志摩是中国现代新诗成就颇高的诗人。他像一颗璀璨的明星,在文学的天河中闪烁着永久的光辉。

> 轻轻的我走了,
> 正如我轻轻的来;
> 我轻轻的招手,
> 作别西天的云彩。
> ……

这是徐志摩 1928 年重游康桥,在归途的南中国海上写下的感伤诗行。康桥(现译剑桥)是徐志摩一生求知的圣地,是他梦萦魂绕的地方,是他人生的机遇和转折,也是他相遇知己、结交朋友、萌发爱情的乐园。因此,在徐志摩的感情中,有着浓重的"康桥情结",这也贯穿在他一生的诗文中。

徐志摩曾说:"我不敢说受了康桥的洗礼,一个人就会变气息,脱凡胎。我敢说的只是——就我个人说,我的眼是康桥教我睁的,我的

求知欲是康桥给我拨动的,我的自我意识是康桥给我胚胎的。"①

事实正是这样,剑桥大学的学习,使徐志摩继中国传统文化的熏陶之后,又接受了西方文化的浸润,从而具备了中西学兼备的知识结构和思维习惯。这种知识结构和思维方式,使他在面对现实、观察生活和学术研究时,超越了那种单一的文化模式,扩展为多元的文化视野,在广阔的人类知识背景上建构自己的学术思想和文学创作。所以应该说,剑桥是诗人人生道路的转折点。

徐志摩1918年走出国门赴美国留学。他先在马萨诸塞州的克拉克大学历史系学习,1919年6月毕业。后来到纽约哥伦比亚大学读经济学硕士,1920年9月获得哥伦比亚大学经济学硕士学位。这时,英国思想家罗素的著作深深吸引了他,罗素的自由思想、渊博学识和高贵人格博得徐志摩由衷的崇敬。他决定到英国去"从罗素",由此开始了他人生新的道路。

1920年9月24日,徐志摩乘船离开美国。可是,他到达英国以后才知道,罗素此时已远去中国讲学。虽然有些沮丧,但他还是很快适应了环境,申请到伦敦大学政治经济学院攻读博士学位。直到一年后罗素回国,徐志摩才实现了与罗素相识的夙愿。在以后的日子里,徐志摩曾几次拜访罗素夫妇,后来,他记录了自己与罗素谈话的感受:"我在他们家住了两晚。听罗素说话正比是看法国烟火;种种玄妙的神奇,不可思议的在半空里爆发,一胎孕一胎的,一彩绽一彩的,不由你不讶异,不由你不欢喜。"②

罗素不是躲在"象牙之塔"的书生,他身为哲学教授,不仅写出许多"精确的真理"的哲学著作,对社会生活也充满热忱,寄予深切

① 徐志摩著:《深巷琵琶》,华夏出版社2003年版,第175页。
② 凡尼、晓春著:《徐志摩:人和诗》,广西师范大学出版社2005年版,第77页。

的关怀。徐志摩这个年轻的理想主义者,深受罗素政治和社会思想的影响。罗素提倡的世界政府,热爱和平、文明、人类,捍卫创作自由等,都是他所追求的。罗素攻击卑鄙虚伪、反对西方工业主义,他也表示赞同和接受。同时,罗素对社会主义和暴力革命的偏见,也深深影响了他。徐志摩和罗素的关系,既是朋友又是师生,他在罗素那里获得了智慧、思想,甚至获得了对他离婚的支持。1923 年,罗素发表《什么是西方文明的错误》一文后,徐志摩发表了一篇题为《罗素又来说话了》的文章,表现了他对罗素的赞赏,文章的开头这样说:

> 每次我念罗素的著作或是记起他的声音笑貌,我就联想起纽约城,尤其是吴尔吴斯 58 层的高楼……罗素的思想言论,仿佛是夏天海上的黄昏,紫黑云中不时有金蛇似的电火在冷酷地料峭地猛闪,骇人的闪电,在你的头顶眼前隐现。
>
> 矗入云际的高楼,不危险吗?一半个的霹雳,便可将它锤成粉屑……但是不然!电火尽闪着,霹雳却始终不到,高楼依旧在层云中矗着。纯金的电光,只是照出它的傲慢,增加它的辉煌!①

徐志摩初到英国结识的中国朋友有陈源、林长民和林长民 16 岁的女儿林徽因,才貌双全的林徽因曾让徐志摩一度深陷情网。徐志摩在康桥时还结交了很多学界名流,如著名作家狄更生、吴尔芙、嘉本特、福斯特、哈代、萧伯纳、康拉德,画家傅来义,文学史家威尔斯,著名汉学家魏雷,诗人卡因、毕列茨等。尤其是文艺批评家麦雷和他的夫人——英国著名女作家曼斯菲尔德给徐志摩留下

---

① 徐志摩著:《徐志摩散文经典全集》,武汉出版社 2010 年版,第 307 页。

终生难忘的回忆。

徐志摩与狄更生的关系非常密切。当初，徐志摩在伦敦大学感到烦闷，是狄更生帮助他转学到康桥，从此开始了他人生新的旅程。在康桥，对徐志摩影响最深的也是狄更生。徐志摩曾经拜梁启超为师，他把狄更生看做是英国的梁启超，对狄更生，就像他拜师梁启超，追随梁启超一样。他说："我一直认为自己一生最大的机缘是得遇狄更生先生。"①

1922 年 7 月一个雨天的晚上，徐志摩在伦敦彭德街 10 号曼斯菲尔德的家中拜访了这位他心仪已久的女作家。在徐志摩的想象中，曼斯菲尔德大概与罗丝·麦考利、弗吉尼亚·吴尔芙、罗默·威尔逊等女作家差不多，可是，他没有想到曼斯菲尔德竟对他产生如此巨大的震撼，美的震撼！她竟是如此"仙姿灵态"，脱尽尘寰之气，一若高山琼雪，清澈重霄，亦如神境人间，幻化异彩，或明明可识，又似梦中仙境，不隶人间。20 分钟的会面，使徐志摩受到了一次美的洗礼，并和这位女作家结下深厚友谊。曼斯菲尔德患有肺病，1923 年 1 月 9 日在法国去世，终年 35 岁。徐志摩一生顶礼膜拜的女性美的理想，只和他接触了 20 分钟，"那二十分钟不死的时间"成为徐志摩终生的眷恋。和曼斯菲尔德见面时，徐志摩接受了翻译她小说的重托，翻译成了《曼殊斐尔小说集》。在得知曼斯菲尔德逝世之后，徐志摩一腔哀思难平，写下诗歌《哀曼殊斐尔》。在回忆文章《曼殊斐尔》一文结尾处，徐志摩引用拜伦的诗句"感美感恋最纯粹的一俄顷之回忆"②来表达自己对曼斯菲尔德的深情怀

① 凡尼、晓春著：《徐志摩：人和诗》，广西师范大学出版社.2005 年版，第 34 页。

② 徐志摩著：《徐志摩经典作品选》，当代世界出版社 2004 年版，第 159 页。

念。

罗素评价徐志摩"有很高文化修养","是能用中英两种文字写作的诗人"①。徐志摩精通英文,深谙中西文化、文学,从英文翻译了大量西方文学作品,尤其是诗歌。

徐志摩的翻译活动在剑桥学习时就开始了,"我在康桥译了几部书。第一部是《涡堤孩》。第二部是法国中古时的一篇故事,叫做《吴嘉让与倪珂兰》。第三部是丹农雪乌(既邓南遮)的《死城》。新近又印了一册《曼殊斐尔小说集》,还有凡尔泰(既伏尔泰)的《赣第德》"。

这以后,徐志摩还翻译了许多著名诗人的作品,如:莎士比亚、布莱克、安诺德、哈代、嘉本特、济慈、拜伦、华兹华斯、歌德、席勒、弗莱克、莫里斯、邓南遮、史文朋、惠特曼、柯勒律治、勃朗宁夫人、波德莱尔、但丁·罗赛蒂、威尔莫特、泰戈尔等。徐志摩更是怀着挚爱之情翻译了曼斯菲尔德的《曼殊斐尔诗三首》。他在北京大学教英诗时,讲过雪莱的《西风颂》。这些引起诗人艺术兴趣的名家,使他接受了浪漫主义、象征主义,使他醉心于"摩罗诗人",对徐志摩的诗歌创作风格的形成,起了不可低估的作用。

英国的浪漫诗人,像拜伦、雪莱、济慈、华兹华斯等人的诗心、诗风、情怀和气概都深深打动着徐志摩,如春风化雨,浸润着他的诗歌创作。徐志摩钦佩和崇敬拜伦,称赞拜伦是"伟大的诗魂"。他翻译拜伦的诗作,还学习借鉴拜伦的诗。他翻译过拜伦最富反叛意味的《唐璜》里的篇章,其中有一首《哀希腊》,是一曲歌唱自由的赞歌,拜伦在诗里表达了对失去自由、被奴役民族的哀痛之情。徐志摩的《梦游埃及》表达了与拜伦同样的情思,只不过一个是希

———————————

① 黄燕尤著:《在比较文学视野里:中外文学研究与阐释》,宁夏人民出版社 2005 年版,第 174 页。

腊,一个是埃及:

> 龙舟画桨
>
> 地中海海乐悠扬;
>
> 浪涛的中心
>
> 有丑怪奋斗汹张;
>
> ……
>
> 顷刻大火蟠蟠,火焰里有个
>
> 伟丈夫端坐;
>
> 像菩萨,
>
> 像葛德,
>
> 像柏拉图,
>
> 坐镇在勇士们头颅砌成的
>
> 莲台宝座。

徐志摩钦佩拜伦那种冒险和牺牲的主题,认为拜伦"从不介意自己骸骨的安全,最不怕险恶,厄难只是他雄心的刺激"。在徐志摩的一首《无题》中:那黑夜的恐怖,悚骨的狼嚎、狐鸣、鹰啸,蔓草间有毒蛇缠绕,而诗人只要"前冲! 冲破这黑暗的冥凶,冲破一切的恐怖,迟疑,畏葸,苦痛。"只要"灵魂的勇"。这与他翻译介绍的拜伦的一首诗几乎同出一辙:"再休眷念你的消失的青年,/此地是健儿殉身的乡土,/听否战场的军鼓,向前,/毁灭你的体肤。"①

在英国浪漫诗人中,雪莱的气质与徐志摩最为接近,与徐志摩同时代的人多把他比作雪莱。在徐志摩的诗中,有很多雪莱式的

---

① 黄燕尤著:《在比较文学视野里:中外文学研究与阐释》,宁夏人民出版社 2005 年版,第 176 页。

空灵之气以及雪莱式的"单纯的信仰"和一颗赤子之心。徐志摩天性好动,雪莱的最大特色是"动"和那任侠的天性,这使得徐志摩不由自主地接近雪莱。他说:"是动,不论是什么性质的,就是我的兴趣,我的灵感。是动,就会催快我的呼吸,加添我的生命。"①所以,徐志摩的诗,在意象的选择上,常常模仿雪莱。如《夜半松风》的"风",与《西风颂》(*Ode to the West Wind*)中的"风";《云游》中的"云",与《浮云之歌》(*The Cloud*)中的"云";《落叶小唱》中的"声",与《云雀》(*To a Sky Lark*)中的"声音";《威尼市》中的"水",与《致尼罗河》(*To Nile*)中的"水";《秋月呀》中的"光",与《致一颗星》(*To a Star*)中的"光"等等,都有些渊源关系。徐志摩喜欢描绘大自然,这使他与英国浪漫诗人们很自然地走到了一起,也使得他与雪莱诗心相通。

济慈是追求"纯艺术"的天才诗人,徐志摩赞叹他的《夜莺颂》(*Ode to the Nightingale*)有无比的价值,他说:"诗中有济慈的《夜莺歌》,与禽中有夜莺一样的神奇。"徐志摩的诗追求"美即是真,真即美",济慈的诗歌观点:"被想象视为'美'而捕捉住的东西必定是'真'",两人都是主张"以美为艺术的核心"。在艺术手法上,徐志摩和济慈又都是善于抒发异于常人的内心感受的诗人。在诗歌中,他们往往打破视觉、听觉、触觉和嗅觉的界限,凭借诗人的联想创作出新颖的艺术形象,其实就是"通感"。如济慈的《希腊古瓮颂》《夜莺颂》,徐志摩的《半夜深巷琵琶》《呻吟语》等等。

就像喜欢雪莱诗里的"动",徐志摩也神往济慈诗中静谧的意境。他认为,雪莱的诗是动、舞、生命,精华的,光亮的,搏动的生命;济慈的静,幽,甜熟的,渐缓的,奢侈的死,比生命更深奥更博大

---

① 徐志摩著,展望之编:《徐志摩小品精萃》,上海书店出版社 1994 年版,第 176 页。

的死,那就是永生。徐志摩感慨地说:"血呕尽了,夜莺死了！但他的余韵却溺溺的永远在宇宙间回响着……"①一如呕血而死的夜莺,徐志摩也创作了一只啼血的杜鹃:"杜鹃,多情的鸟,他终宵唱:……"诗中满盈着晶莹、静谧的意境。《爱的灵感》是徐志摩最长的一首诗,同样受到《夜莺颂》的影响。难怪徐志摩被称作是"新月下的夜莺"。

作为现代青年,徐志摩放弃古奥语言,做浅近白话文,很大程度上是受了华兹华斯、柯勒律治、济慈等人用日常用语写作的影响。华兹华斯说:"这些诗的主要目的,是在选择日常生活里的时间和情节,自始至终竭力采用人们真正使用的语言来加以叙述和描写。"②这些淳朴有力的话,直接影响了徐志摩,华兹华斯的《抒情歌谣集》也引起他的浓厚兴趣。其中的《丁登寺旁》,以写普通人生活为题材,表现了热爱自然山水和荒山大泽的情思:"我感到/有物令我惊起,它带来了/崇高思想的欢乐,一种超脱之感,/像是有高度融合的东西/来自落日的余晖,/来自大洋和清新的空气,/来自蓝天和人的心灵,/一种动力,一种精神,推动/一切有思想的东西,一切思想的对象,/穿过一切东西而运行。"

华兹华斯的《咏怀》(Lines)诗,表现的是自然界最平凡最卑微之物的灵魂,使人的心灵在自然的关怀中得到纯洁、恬静:

五年过去了;五度炎夏还加上

五个漫长的冬天！我又再一次

---

① 刘介民著:《类同研究的再发现:徐志摩在中西文化之间》,中国社会科学出版社2003年版,第329页。

② 刘介民著:《类同研究的再发现:徐志摩在中西文化之间》,中国社会科学出版社2003年版,第345页。

听见这水声,这水从山泉流来,
在这远离海的内地潺潺作响。

这些爱山,爱水,爱自然,爱神思漫游的思想和质朴的诗歌语言,都深深感染着徐志摩。使他亦写出了很多超越时空的自然诗,用质朴平易的语言在自然中畅叙心曲。《再别康桥》就是其中一首:

......
那河畔的金柳,
是夕阳中的新娘;
波光里的艳影,
在我的心头荡漾。
......
寻梦?撑一支长篙,
向青草更青处漫溯,
满载一船星辉,
在星辉斑斓里放歌。
但我不能放歌,
悄悄是别离的笙箫;
夏虫也为我沉默,
沉默是今晚的康桥!

徐志摩在剑桥学习和在欧洲漫游期间,还结识了许多思想和文化的伟人。他的诗歌创作也就当然受到了多方面思想的影响。在文学方面,像英国的哈代、彭斯,意大利的邓南遮,还有浪漫主义、象征主义、唯美主义等诗风,对徐志摩都有直接或间接的影

比较文学视野里的中外名篇

响。尤其是印度诗人泰戈尔的精神人格更是徐志摩顶礼膜拜的。徐志摩学习、生活、创作、翻译在中西文化之间，是中西方文化交流的使者。他的《再别康桥》可以说是这种身份的一枚小小的标志。

（黄燕尤　李红梅）

第七章　媒介与流传

·208·

《药》与外来影响

鲁迅在《我怎么做起小说来》一文中说,他写小说"大约所仰仗的全在先前看过的百来篇外国作品和一点医学上的知识","我所取法的,大抵是外国的作家"①。鲁迅所吸收的世界文化艺术营养是很广泛的,在文学创作上,他自己就是一个"拿来主义"的先锋。研究鲁迅文学创作的外来影响一直是一个热门的话题,其中《药》就是十分典型的一篇。

据专家研究,《药》的外来影响,直接地主要来自俄国作家,特别是安特莱夫。鲁迅与周作人在日本东京翻译的《域外小说集》,发行于1907年左右,其中安特莱夫的小说《谩》和《沉默》,就是鲁迅译的。鲁迅在谈到《药》所受的安特莱夫影响时曾说:《药》的收束"也分明的留着安特莱夫式的阴冷"②。这"安特莱夫式的阴冷"就是从他早年翻译的安氏小说《沉默》中得来的印象,主要表现在小说的悲剧氛围的营造上。

《沉默》的开头是这样的:"5月的夜晚,月光皎洁,夜莺在歌

---

① 周楠本编注:《鲁迅文学书简》,天津人民出版社2006年版,第126页。
② 卢今著:《鲁迅短篇小说欣赏》,广西教育出版社1987年版,第63页。

唱。伊格纳季牧师的妻子脸上显出痛苦的神情，手里抖抖索索拿着一盏小小的灯……"①对照《药》的开头，我们发现安氏笔下有声、有月的春夜与鲁迅的笔下无声、无月的秋夜是相对应的，而夜中出现的道具"灯盏"则是相同的。

《药》结尾处的坟场与《沉默》中的坟场一样地阴冷，一样地令人毛骨悚然。只是《药》的上坟者是母亲，《沉默》则是父亲。两个坟场风止树静中透着同样的令人窒息的沉默，只是鲁迅的静是丝竹、是弦乐："微风早已经停息了；枯草支支直立，有如铜丝。一丝发抖的声音，在空中愈颤愈细，细到没有，周围便都是死一般静。"安特莱夫的静是无声的交响，是颤动的冰流："整个空气都因这沉默，犹如咆哮的海洋中升起的激浪，在发抖，在颤动。沉默窒息着他，像一股冰流从他头上滚滚而过，他浑身颤抖着，痛苦地挺起腰。"②

从《药》的思想内容与主题意义来看，则与安特莱夫的另一篇作品《齿痛》的关系更密切。鲁迅的友人孙伏园曾撰文指出《药》与安特莱夫《齿痛》之间的联系。孙伏园在《鲁迅先生二三事》中写道：

　　"鲁迅先生和我说过，在西洋文艺中，也有和《药》相类的作品。例如，俄国的安特莱夫，有一篇《齿痛》(原名 Ben Tobit)描写耶稣在各各他钉在十字架上的那一天，各各他附近有一个商人患着齿痛。他也和老栓和小栓们一样，觉得自己的疾

────────────

① 谢泉铭、徐如麟主编：《世界必读短篇小说一百篇》，华夏出版社1988年版，第250页。
② 谢泉铭、徐如麟主编：《世界必读短篇小说一百篇》，华夏出版社1988年版，第253页。

病,比起一个革命者的冤死来,重要得多。"①

    同样是为革命牺牲的先觉者,钉在石十字架上的耶稣和被杀的夏瑜一样地不被群众理解。那位患着齿痛的商人与老栓小栓们一样地麻木、愚昧。但是鲁迅先生采用一明一暗两条线索,剖析辛亥革命后的病态社会,痛定思痛后开出的"药"发人深省。安特莱夫的《齿痛》是单线突进,在表现先觉者的悲哀和群众的不觉悟上远不如鲁迅深刻,但弥漫在文中的阴冷、滞重、不安的氛围与《药》是息息相通的。

    鲁迅对安特莱夫的象征主义表现手法的借鉴也是成功的。鲁迅十分赞赏安特莱夫"严肃的现实性以及深刻和纤细,使象征主义与写实主义相调和"②,也就是把象征手法融汇到现实主义的描写当中。

    现实地说,华老栓把"人血馒头"当药给儿子治病是无效的,而"人血馒头"象征着牺牲,揭示着愚昧与麻木,作者但愿这触目惊心的"药"能够疗救病态的社会,使做奴隶而不自知的人民觉醒起来!结尾时夏瑜的新坟上平添了一个红白的花环,于阴冷中透出一丝温暖,正是作者心中的光明和希望。

    《药》的外来影响当然不仅仅来自安特莱夫,果戈理也是鲁迅非常喜爱的俄国作家。果戈理对黑暗现实的愤怒,对苦难人民的同情,对可悲的愚昧的批判,都和鲁迅心灵深处的忧愤相共鸣。鲁迅的《狂人日记》就是在果戈理的同名小说影响下写成的。鲁迅先生自己阐明写《阿 Q 正传》的用意时说,要像果戈理作《钦差大臣》那样,使读者意识到在"笑自己","由此开出反省的道路"。鲁迅写

---

    ① 叶德浴著:《走向鲁迅世界》,中国文史出版社 2002 年版,第 60 页。

    ② 罗钢著:《历史汇流中的抉择:中国现代文艺思想家与西方文学理论》,中国社会科学出版社 2000 年版,第 153 页。

《阿Q正传》是为了"写出一个现代的我国人的魂灵来"①,写《药》又何尝不是为了勾勒出中国的人生、国民的灵魂?

文学作品的主题思想和表现它的艺术手法是不可分割的,怎样才能深刻地揭示出现实的黑暗、生活的苦难和民众精神的可悲?在《药》的叙事方式上,鲁迅做出了大胆的创新。大家都知道,中国传统小说一般都采用第三人称的全知叙事方式,也就是说作者对于他所写的事件和人物,不论全局还是细节都了然于胸,引导着读者走向故事的结局。

《药》采用的叙事方式迥异于传统,可以称之为第三人称限制叙事,也就是在小说中通过不同人物的不同视角来交待情节、刻画性格、反映社会,共同组成多棱的小说世界。

小说的第一、第二部分是以老栓的视角展开的。

第一部分从华老栓在"秋天的后半夜"点灯、取钱、听小栓咳嗽,到出门、上街、到丁字街口的杀人现场,都是通过华老栓的眼睛在看小说中的世界。卖人血馒头的刽子手在华老栓眼中是"一个浑身黑色的人""眼光正像两把刀",在这一视角中,屠杀革命者、买人血馒头两条线纠结在一起,人物的惊惧、不安和憧憬又从心理层面上加深了现实的恐怖和愚昧。

小说的第二部分,小栓的病态,小栓妈的紧张、不安,小栓吃人血馒头时的惶惑、懵懂也都在展现小说情节中属于老栓的生活。

第三部分的叙述是以刽子手康大叔为中心的。革命者夏瑜在狱中的表现,夏三爷的告密,牢头红眼睛阿义的凶残,花白胡子、驼背五少爷的麻木均通过康大叔这个角色来展现,而革命者的英勇牺牲和群众的愚昧无知形成鲜明的对比。

---

① 周鸿俊、石发亮著:《阿Q的过去现在和未来》,河南文艺出版社2007年版,第173页。

小说第四部分是从两位母亲的视角切入的。前半部分是以华大妈的视点展开的：馒头似的丛冢，小路上来的老妇人，面带羞愧的哭祭，踉踉跄跄地发怔以及新坟上那一圈红白的花。后半部分，夏瑜母亲视角中出现的红白花圈起到一石二鸟的作用：仍有人在怀念默默牺牲的革命者，革命者的母亲并不理解儿子的牺牲。出现在两位母亲视角中的乌鸦，无论是"铁铸般地站着"还是"箭也似的飞去"均使寂寞、荒凉的坟场显得更加凄凉、阴冷。

不断地转换人物视角增强了小说的立体感，而人血馒头则将多重视角汇聚在一起。对当时的中国文学而言，这是一种新颖的叙事方式。对比分析中学语文课本中的《林教头风雪山神庙》与《群英会蒋干中计》，我们就会有更为深刻的理解。这两篇课文分别选自《水浒》和《三国演义》，均采用第三人称叙事，前者是线形结构，后者是网状结构。《林教头风雪山神庙》以一人（林冲）一事（为高俅所害）为贯穿线索，前因后果，环环相扣。店主李小二的故事是林冲的回忆，李小二对林冲的关照是回报林冲早年的恩惠。林冲因李小二的关照而买了解腕尖刀，时时警惕奸贼的加害，因风雪压倒草厅，林冲得以死里逃生并终于用那把解腕尖刀结果了奸贼。《群英会蒋干中计》中，周瑜定计、用计，蒋干中计，曹操一时上当均在共时性的不同空间中发生、发展，以"花开两朵，各表一枝"的结构方式来表达，既便于展现两军隔江对峙的不同生活场景，又能栩栩如生地表现人物的音容笑貌及其性格特征。

在结构安排上，两部小说都按照故事情节自然发展的顺序推进。《林教头风雪山神庙》中，自李小二发现陆虞候要来加害林冲后，从"当晚无事"——"次日天明"——"过了一夜"——"街上寻了三五日"——"到第六日"早上卷起大雪——"到晚越下得紧了"——"天色黑了"——林冲杀了陆虞候等人"出庙门投东门去"。六天中发生的故事一一交代、日日相续。《群英会蒋干中计》

中,虽然"花开两朵,各表一枝",但周瑜寨中与曹操军中的故事是同时推进的,而自蒋干驾舟至周瑜寨中——文官武将"宴饮"——饮至天晚,点上灯烛——至夜深"入帐共寝"——军中鼓打三更,"残灯尚明"——将近四更——睡至五更——"干下船,飞棹回见曹操"。情节的发展与自然时间的推进完全吻合。这种着眼于情节发展自然时序的叙述方式正是中国小说的传统叙事方式。

《药》在不断变换叙事角度的同时,对小说的"时间顺序"也作了新的处理。小说的第三部分康大叔叙述夏瑜被害经过并非按自然时序一一道来,而是兴之所至,随内心意识的流动而叙述。极度贪婪而又自以为是的刽子手先说夏瑜被杀(自我吹嘘,也因没有得到好处而遗憾)——红眼睛阿义剥下死者衣服——夏三爷得了赏银——夏三爷告官,出卖夏瑜——夏瑜狱中劝牢头造反——牢头打夏瑜,夏瑜说牢头可怜。这样忽前忽后打破自然时序,一方面突出了康大叔的贪婪,另一方面也展示了群众的麻木、冷血和愚昧。从全文的安排来看,无论是明线(买人血馒头),还是暗线(夏瑜被害),作者关注的不是情节的发展而是人物的心理:华老栓买人血馒头的心理,群众看待夏瑜被杀的心态。

作者不断变换视角并按叙述者的心理流程来安排"时间"是为了追求小说人物的心理真实,加强小说的形式感。而这一切也正是鲁迅从"先前看过的百来篇外国作品"中学来的。联系鲁迅当时写作的其他小说来看,鲁迅的学习是自觉的,小说创作形式上的革新也是多方面的。《狂人日记》的第一人称限制叙事,以人物的非连贯、非情节的跳跃式心理感受来营造小说。《祝福》《孔乙己》采用旁知视角,一个探索人生的青年,一个天真未泯的儿童,在他们"旁观"的视野中出现的小说世界令人耳目一新。《伤逝》中,今天的"我"审视过去的"我",而隐藏在字里行间的作家又在严峻地解剖着审视者,这种作者与叙事者的间离同样有着外来影响的鲜明印记

……从叙事角度的变换来看,鲁迅对小说叙事手法的实验是自觉的,作为文体家的鲁迅与作为社会批评家的鲁迅同样地令人瞩目。

鲁迅文学创作的成功当然不能排除传统小说的滋养。比如《水浒》《三国演义》和《红楼梦》对多条线索的收放自如和群体人物的刻画;《红楼梦》《西游记》现实与象征、明线与暗线的交织;特别是《儒林外史》的断片式结构和高超的讽刺艺术,鲁迅先生是十分重视的。

鲁迅先生自叙:"我们在日本留学时候,有一种茫漠的希望:以为文艺是可以转移性情,改造社会的。"①他也曾评价"俄国的文学……主流还是一个:为人生"②,这就是他特别重视俄罗斯文学的原因吧。不论是《狂人日记》《阿Q正传》还是《药》,鲁迅的创作始终都源于"爱之深,责之切"的沉痛忧愤,始终都关注着如何才能使落后的民族急起直追,摆脱几近灭亡的沉沦,走上进步的人类大路。他对文学形式的学贯中西的创新对于新文化建设的意义,也应该包括在这种努力之中。

通过上述分析我们可以看出,小说《药》对外国文学的借鉴是明显的,鲁迅在思想内容、叙事方式、小说的悲剧氛围等方面都采取了"拿来主义",作为文学家和思想家,鲁迅先生对外来文艺的借鉴,不论思想内容还是艺术形式都是卓有成效的。形式上的新颖处理与敏锐的社会批评意识、炽热的爱国情怀相结合,造就了鲁迅作品的无穷魅力。

(胡亚瑜 赵峻)

---

① 刘运峰编:《鲁迅序跋集》,山东画报出版社2004年版,第202页。
② 散木著:《于无声处听惊雷——鲁迅与文网》,百花洲文艺出版社2002年版,第309页。

曹禺和他的《雷雨》

《雷雨》是我国剧坛的一棵常青树,从 1934 年问世至今,常演不衰。新中国建立以后的不同时期,《雷雨》都是话剧舞台的保留剧目。1993 年,中国青年艺术剧院按照最早的剧本重排了《雷雨》,曹禺很高兴,说这次上演"使一部很旧、很旧的《雷雨》进入了一个新的世界"[①]。

我们知道,话剧是 20 世纪初期由欧洲传入我国的一种新型的艺术形式。在此以前,中国的戏剧舞台上只有戏曲,没有话剧。中国的第一个话剧是胡适 1918 年创作的独幕剧《终身大事》。1934年,当四幕话剧《雷雨》在北京的《文学季刊》上发表时,一下子震动了戏剧界,成为当时中国话剧的问鼎之作,也是中国戏剧史上的里程碑。话剧的形式既然是外来的,所以,我国话剧大师们的创作,都不同程度地借鉴和吸收了西方的东西。曹禺当然也是这样,曹禺学习西方戏剧有他自己的特点,就是博采众长。他首先是受到古希腊悲剧的形式及其观念的影响,这一点在《雷雨》中最为明显;

---

① 黄燕尤著:《在比较文学视野里——中外文学研究与阐释》,宁夏人民出版社 2005 年版,第 180 页。

曹禺还受到过易卜生、奥尼尔等戏剧大师的影响,这些在《雷雨》里也有体现。

先说《雷雨》受到的古希腊悲剧结构形式和思想观念的影响。欧洲戏剧有两种结构形式:一种是源于古希腊的锁闭式结构,一种是莎士比亚开创的开放式结构。《雷雨》采用的就是源于古希腊的锁闭式结构。所谓锁闭式结构,是指:第一,戏剧的故事情节单一,一个剧演一件事,不是演几件事;第二,剧情发生的地点是固定的,不宜改变;第三,剧情发生的时间要在一天当中。《雷雨》的结构符合锁闭式结构的要求:第一,故事叙述了周朴园一家人的关系及他们的命运,故事情节是单一的;第二,故事发生的地点主要在周家的客厅,只第三幕例外;第三,从第一幕到第四幕仅一天时间。另外,《雷雨》也深受易卜生戏剧结构的影响。易卜生是锁闭式结构的戏剧大师,曹禺从小就特别喜爱他的戏剧。易卜生的戏剧结构还是源自古希腊,所以,曹禺学习易卜生也就是学习古希腊,是一脉相承的。

《雷雨》在剧情的安排上也符合古希腊的戏剧理论要求。古希腊文艺理论家亚里士多德在《诗学》当中谈到,悲剧所以能使人惊心动魄,主要靠情节的"突转"和"发现"。《雷雨》第四幕的戏剧高潮中,特别体现了这一点。周萍和四凤眼看就可以离开周公馆了,没想到周朴园下楼了,周家的两代三姓人碰到了一起。周朴园要周萍上前认鲁侍萍:"跪下,萍儿!……这是你的生母。"就这一句话,剧情"突转",周萍与四凤互相"发现"了彼此的兄妹关系,于是,他们苦苦追索的自由生活的憧憬被命运轻易地击碎了,并在转瞬之间双双殒命。这里,显示了命运的威力和残忍!比起古希腊悲剧也毫不逊色。

在思想观念上,《雷雨》更是受到古希腊悲剧的深刻影响。古希腊悲剧是"命运悲剧",贯穿着浓厚的命运观念,例如《俄底浦斯

王》。《俄底浦斯王》的故事大致是这样的：俄底浦斯是忒拜英明的
国王，他曾得到一个"神谕"，说他要"杀父娶母"。俄底浦斯曾为逃
避这样的命运，不惜放弃王子的地位。可是，最终还是在无意间犯
下"杀父娶母"的罪恶，造成王后——也是他的母亲自杀，他自己自
残流放的悲剧。《俄底浦斯王》反映了希腊人的"命运"观念：人总
是不屈地反抗命运，但是最终还是不能逃脱命运的摆布。

　　曹禺创作《雷雨》借鉴了古希腊的命运观念，剧中的人物都遭
受着命运的摧残：四凤和周冲并无过错，为什么惨死？周萍想摆脱
与继母的乱伦关系，想靠四凤来净化自己，反而犯下更为严重的乱
伦？繁漪抓住周萍，像抓救命的稻草，可结果周萍自杀，她疯了，是
谁安排这一死一疯的下场？侍萍30年后怎么又回到周公馆，而且
目睹了自己儿女的乱伦和惨死？周朴园一心想整顿一个秩序的
家，他事先能知道自己种下的这种恶果吗？曹禺自己也无法解释
剧中人物的遭遇，他把这一切的原因归之于"命运"。他在《〈雷
雨〉序》中写道：

　　　　《雷雨》所显示的，并不是因果，并不是报应，而是我所觉
　　得的天地间的"残忍"……在这斗争的背后或有一个主宰来使
　　用它的管辖。这主宰，希伯来的先知们赞它为"上帝"，希腊的
　　戏剧家们称它为"命运"……在《雷雨》里，宇宙正象一口残酷
　　的井，落在里面，怎样呼号也难逃脱这黑暗的坑。①

　　《雷雨》剧中有8个角色，他们都不能不听从命运的摆布，"命
运"是不出场的角色，可是威力无比。曹禺这样说："《雷雨》里原有
第九个角色，而且是最重要的，我没有写进去，那就是称为'雷雨'

---

① 曹禺著：《曹禺自述》，京华出版社2005年版，第61—62页。

的一名好汉。他几乎总是在场,他手下操纵其余八个傀儡,……象征雷雨中渺茫不可知的神秘。"①很显然,"命运"是《雷雨》一剧中的第九个角色,虽然没有出场,却是最重要的。

曹禺受西方戏剧的影响是多方面的。美国现代著名剧作家、诺贝尔文学奖获得者尤·奥尼尔,对曹禺的影响也很显著。1985年,曹禺在《我所知道的奥尼尔》一文中,谈到了他所受到的奥尼尔的影响。他说一直很爱读奥尼尔的剧本,中学时期就开始读,大学时读过《悲悼三部曲》。后来教书了,对学生讲过奥尼尔的作品。1946年,他在纽约还看过奥尼尔剧作的首演。这里,我们就先谈谈《悲悼》和《雷雨》之间的关系。

《悲悼》发表于1929—1931年,故事情节大概是这样的:第一部《归家》。1865年美国南北战争刚刚结束,准将艾斯拉·曼农和他的儿子奥林准备回家。曼农将军这回解甲归田,本想消除与妻子的隔阂,开始一种新的生活。不料,回家的当晚,妻子克莉斯丁就和他吵了起来,并且恶毒地告诉将军,自己已经有了情人卜兰特船长。曼农将军听妻子说她根本不爱自己,十分激动,以致犯了心脏病,克莉斯丁把早已准备的毒药给将军服下。这时,女儿莱维妮娅闯了进来,看到了毒药盒,并听到她深爱的父亲最后的话:"她犯了罪……不是药!"

第二部《被追猎者》。奥林因伤比父亲晚几天回家,他深爱着母亲。回到家里,他就不断向母亲表示柔情。姐姐莱维妮娅却阴沉着脸,不断地叫奥林去看看父亲的遗体。当姐姐说母亲有了情人时,奥林不禁妒火中烧。他和姐姐跟踪母亲来到卜兰特的船上。等母亲一走,怒不可遏的奥林开枪打死了卜兰特。回到家中,奥林

① 王兴平等编:《曹禺研究专集》,海峡文艺出版社1985年版,第30—31页。

把卜兰特的死讯告诉了母亲，母亲开枪自杀了。听到枪声，奥林不禁大哭起来。只有莱维妮娅暗自高兴。

第三部《闹鬼者》。一年以后，曼农姐弟俩海外旅游返回家园——母亲曾说它是"坟墓"，老花匠萨斯说这房子闹鬼。莱维妮娅精神焕发，奥林却憔悴麻木。他还没有从怀念母亲的哀痛中恢复过来。奥林觉得姐姐酷似母亲，莱维妮娅的男朋友彼得甚至有一次把她认做她母亲的鬼魂。莱维妮娅想和彼得结婚，开始新的生活，而奥林设法阻挠。对此，莱维妮娅很生气，不顾一切地说："我恨！我但愿你死了！"奥林明白自己得不到任何人的爱，于是开枪自杀了。莱维妮娅新生活的愿望无法实现。她把自己关在屋里，"和曼农家的死鬼们住在一起"，接受命运的惩罚！

《悲悼》这部剧，和《雷雨》有着很多神似的地方。首先，《悲悼》的题材来自古希腊悲剧诗人埃斯库罗斯的悲剧三部曲《奥瑞斯特斯》，因而贯穿着和古希腊一脉相承的命运观念。第二，都是写家庭关系，而且着重表现罪孽的情欲，尤其是乱伦的情结。在《悲悼》中，儿子爱母恨父，女儿爱父恨母，弟弟对姐姐产生性爱感情，并想把姐姐占为己有。第三，角色多走向死亡。《悲悼》中，父亲被母亲毒死，母亲的情人被儿子打死，母亲自杀，儿子自杀。最后，活着的人都穿上"哀悼"的丧服。《悲悼》中，姐姐莱维妮娅穿着哀悼的丧服封门独居。《雷雨》最早的剧本有十年后的"序幕"和"尾声"，在"序幕"和"尾声"中，周公馆改成了教堂的附设医院，周朴园和疯痴的侍萍、繁漪在哀悼中度过余生。

曹禺说："在大学时我读过他的三部曲《哀悼》。他受古希腊悲剧诗人埃斯库罗斯的《奥瑞斯忒斯》三部曲的影响，写了这样一个长剧本。……读了这本长戏，我惊叹奥尼尔善用人物的变态心理和相互的爱与恨的关系。这部结构十分紧密的三部曲，它使我不能不一直读下去。我料到在舞台上它也会叫人喘不出气来地看下

去的。"①曹禺这段话和《雷雨》与《悲悼》的神似或许有些关系，至少曹禺在创作《雷雨》时，奥尼尔对他是有着潜移默化的影响的。

奥尼尔还有一部剧《榆树下的欲望》，在人物性格上与《雷雨》也有相似。曹禺曾说，《雷雨》中的繁漪是一个最"雷雨的"性格，她的生命交织着最残酷的爱和最不忍的恨，她拥有行为上的许多矛盾，但没有一个矛盾不是极端的。"矛盾"和"极端"就是她性格的基调。《榆》剧中也有一个最"雷雨的"性格，就是女主人公，老农场主的年轻妻子爱碧。她爱上丈夫前妻的儿子伊本，为了证实她的爱，她亲手杀死了和伊本所生的儿子。她对丈夫的恨及对伊本的爱，和繁漪对周朴园的恨及对周萍的爱太相似了。爱碧那种极其强烈、极其矛盾、极其复杂的感情也令人联想到繁漪。曹禺说："我们被《榆树下的欲望》的深刻性感动过。……两种欲望激烈的斗争，那种残酷性使人战栗，使人觉得奥尼尔对人生探索得多么深透。"②《榆树下的欲望》发表于1924年，《雷雨》发表于1934年，曹禺在创作《雷雨》时可能受到《榆》剧的影响。

曹禺的其他剧本《日出》《北京人》《原野》等也同样受到欧美戏剧家的显著影响。准确地说，曹禺的创作是在众多外国戏剧家的影响中进行的，从古希腊悲剧到19世纪欧洲的易卜生和美国的奥尼尔等等，易卜生和奥尼尔又是受到了古希腊悲剧的影响。在这里，我们更深切地理解了古希腊文学作为欧洲文学源头的意义，还看到了随着历史的发展，世界各国戏剧文学的相互影响和融会贯通。

（黄燕尤　李红梅）

---

① 田本相、刘一军主编：《曹禺全集》（第5卷），花山文艺出版社1996年版，第445页。

② 田本相、刘一军主编：《曹禺全集》（第5卷），花山文艺出版社1996年版，第444页。

用拿来主义建造新文艺"大宅子"的人

——从徐志摩对托马斯·哈代的介绍谈起

1929年,鲁迅先生曾半幽默半批评地写道:"梁实秋有一个白璧德,徐志摩有一个泰戈尔,胡适之有一个杜威,——是的,徐志摩还有一个曼殊斐儿,他到她坟上去哭过……"①

为什么说鲁迅先生幽默的语气中含着批评的意味呢?因为当时新文学借鉴外来文学还不够深广,鲁迅先生认为,外来的东西单取一件是不行的,因为一切事总免不掉环境的影响,文学也是如此。而当时的文学界,"我们知道得太不多,而帮助我们知识的材料也太少"。即使有一些人介绍了外国的作家、提出了新的文学主张,又是"创作的很有,研究的却不多"②,往往创作的水平也值得商榷,有时不免在激进的招牌底下残留了老调子。改变这种现状,只有多读外国书、多翻译,才能对新文学的发展更有功,对大家更有益。

---

① 鲁迅著:《鲁迅杂感选集》,北方文艺出版社2006年版,第228页。
② 鲁迅著:《鲁迅杂感选集》,北方文艺出版社2006年版,第228页。

　　这是鲁迅先生 1929 年 5 月 22 日在燕京大学国文学会的演讲。后来,1934 年,鲁迅先生又专门写文章讨论对外来文艺介绍、挑选和借鉴的问题,这就是著名的杂文《拿来主义》。在文章中,先生明确提倡要运用脑髓,放出眼光,自己来拿。要"占有挑选,或使用,或存放,或毁灭",把外来文艺这所"大宅子"改造成新主人的"新宅子"。鲁迅先生认为,没有拿来的,人不能自成为新人,没有拿来的,文艺不能自成为新文艺。

　　虽然,与先生所希冀的"沉着、勇猛,有辨别,不自私"尚有距离,但新文化运动的大家以及各个流派社团,在汲取外来影响方面特别是对外来文艺的译介方面所做的工作,在造就新文学的过程中是功不可没的。其中有些人的贡献更是众所周知的。正是由于这些先驱者的不断努力,从一位作家或一篇作品开始,从对外国文学的一星一点的了解开始,直到后来的人或者勾勒出外国文学史的轮廓,或者建造起中国人自己的现代文学史的高楼广厦,名家名作如群星灿烂光照四野。有许多作家既是外来文艺的介绍者,又在借鉴外来文艺的过程中成为中国现代文学的名家,徐志摩就是其中有名的一位。

　　徐志摩在欧洲游学数年,结交了许多文艺界名流。他对引进外来文化持宽厚态度,而且身体力行。这首先表现在对新诗艺术形式的探索上,徐志摩作为新月社的发起人,是新月派创作活动的主要组织者之一和最有代表性的诗人。在他和闻一多等人的共同努力下,新月派涌现了许多在诗歌创作上卓有建树的诗人,成为中国现代新诗的重要派别之一。

　　由于做编辑工作,他对文化交流的提倡就不仅仅局限在新诗的实验方面。在《说"曲译"》和《汉姆雷德与留学生》等文章中,我们了解到徐志摩认为改编外国戏剧、翻译外来作品,以及古戏新做、古诗新读等等,"至少是有趣并且有意味的尝试",是欣然接受

并大力提倡的。他虽然没有做"拿来主义"这样旗帜鲜明的号召，但他对引进外来文艺的看法与鲁迅先生是基本一致的。徐志摩是用"拿来主义"的精神建造新文艺的"大宅子"的主将之一。

徐志摩翻译了许多外国作品，向国人介绍外国思想家和文学家的情况，成为这些文化伟人对中国文艺界产生影响的桥梁之一。大家都知道，印度大诗人泰戈尔是新中国成立前来到中国的外国作家之一。他的小诗不仅深为中国读者喜爱，并且促进了以冰心、宗白华为代表的"小诗体"的形成。20世纪20年代泰戈尔访华期间，徐志摩不仅负责接待照顾，而且前后作了数次演讲宣传，并和林徽因等诗人、作家们一起排演了泰戈尔的戏剧。这一段友好的文化交流活动至今仍传为佳话。但是他对托马斯·哈代的介绍和研究鲜为人知。

英国作家哈代是当代我国读者比较熟悉的一位英国作家，尤其是他的《德伯家的苔丝》深为中国读者喜爱。哈代生活于19世纪末20世纪初，是英国文学史上一位重要的小说家、诗人。他一生创作了十四部长篇小说，四部短篇小说集，此外还有八部诗集和史诗剧《列王》三部。在国外，对哈代的研究已有一百多年的历史，许多研究者对哈代的作品提出了不同的评价。

在我国文坛，对哈代最早的介绍是在1921年。当年11月10日出版的《小说月报》第12卷第11号的"译丛"栏内，发表了理白翻译的英国哈提（哈代）著的短篇小说《娱他的妻》，并在其后的译者附识中对哈提的生平和著作情况作了简要的评述。

之后，对哈代作了许多介绍和研究的就是徐志摩。

1923年11月10日出版的《小说月报》第14卷第11号刊登了徐志摩翻译的哈代的两首诗：《她的名字》《窥镜》，首次采用了"哈代"这个如今通用的译名。

1927年7月，徐志摩通过英国朋友狄更生介绍，在多切斯特哈

代寓所拜访了80多岁高龄的作家。1928年，在《谒见哈代的一个下午》一文中，徐志摩描写了他所见到的哈代的相貌："他的脸是怪，我从不曾见过这样耐人寻味的脸。他那上半部，秃的宽广的前额，着发的头角，你看了觉得好玩，正如一个孩子的头，使你感觉一种天真的趣味，但愈往下愈不好看，愈使你觉得难受，他那皱纹龟驳的脸皮正使你想起一块苍老的岩石，雷电的猛烈，风霜的侵凌……什么时间与空间的变幻都在这上面遗留着痕迹……他不露一点笑容，你不易相信他与我们一样也有喜笑的本能。正如他的脊背是倾向伛偻，他面上的表情也只是一种不胜压迫的伛偻。喔哈代！"

哈代"坐着也是奇矮"，并且茶也不请客人喝一盅，不肯留影、不肯留下笔迹，只摘了一朵红的一朵白的花儿给远道而来的客人，令徐志摩不禁感慨"吝刻的老头"。但短暂的会晤结束后，他心里仍觉得"充满了神奇"。哈代在交谈中问中国诗歌"用韵不用"，甚至觉得中国文字难懂不如换成英文或法文方便，他对中国文化的陌生让徐志摩感到骇异。两位诗人谈诗论友，交谈还是愉快的。①

仿佛不经意间两颗流星在时空的交叉点上遇合，徐志摩成了中国文坛唯一见过哈代的人。虽然见面的时间不长，但作为一个诗人，徐志摩敏锐地抓住了作家哈代的几个特点。哈代的长篇小说反映了英国南部农村宗法制社会的衰亡和小人物的悲剧性命运。大多数中国研究者认为哈代是"宿命论者"，作品中笼罩着悲观的气氛，这一点徐志摩从哈代的外貌上就已经感受出来，并作了生动的描写。

从某种程度上说，哈代是一个乡土作家，除了在伦敦的五年建

---

① 徐志摩著：《徐志摩作品集》，内蒙古人民出版社1998年版，第412—417页。

筑行生涯和间或外出旅游、访问，哈代没有离开过他的故乡多塞特郡及其周围一带。他长篇小说的地理背景主要都在多塞特郡及其周围一带，人物也大都是土生土长的。徐志摩所感受到的哈代对来访者的不甚热情，正是中国诗人对哈代那隐者般淡泊致远的性情的直觉把握。

其实，在作品里经常直面悲剧性命运的作家哈代，深藏着一颗温柔而富于人性的灵魂。作家爱花，并且亲手摘了一朵红的一朵白的花儿递给徐志摩，告诉他可以暂时插在衣襟上，并嘱咐他"现在赶六点钟车刚好"。其实，红白相间的美对哈代而言具有特殊的意味。哈代曾回忆有一次在乡间小路邂逅一位年轻的乡村姑娘，她悠闲地坐在马车上，红唇中露出一点点洁白的牙齿，这"红梅白雪"般的美给哈代留下了极其深刻的印象，后来写苔丝姑娘，"深红微撅的嘴唇儿"，"说完了一个字，一闭嘴，她的下唇，总要把上唇的中部往上一撮"①，就是从这一段经历而来。哈代的爱犬，徐志摩译为"梅雪"，不知是巧合，还是当年那美的震撼仍流连在日渐老去的作家的心中？

哈代那倔强中的柔情和对美的深刻感悟力，把徐志摩深深地吸引了。在徐志摩看来，哈代是一个强者，因为他不像我们的文人那样耗费他吟咏的天才或者自怜"身世"，而是敢于对爱神说："人类必定灭绝——也就让他去休。"②在徐志摩看来，这是一种壮健的人生观。

在哈代的诗歌里，徐志摩发现"最烦恼他的是这终古的疑问，

---

① 哈代著，张谷若译：《德伯家的苔丝》，人民文学出版社1984年版，第22页。

② 韩石山编：《徐志摩全集》（第1卷），天津人民出版社2005年版，第410页。

人生究竟是什么！我们为什么要活着？既然活着了，为什么又有种种的阻碍？使我们最想望的最宝贵的不得自由的实现。"①这个疑问萦绕在许多诗人的心间笔端，也是像徐志摩这样追求个性解放的新青年最为苦恼、困惑的人生课题。由此引发出彼此的共鸣与呼唤。

正是由于这种心灵的契合，徐志摩对哈代的评价极高，认为"单凭他的四五部长篇，他在文艺界的位置已足够与莎士比亚、鲍尔札克（巴尔扎克）并列"。他还将哈代的裘德与莎士比亚的哈姆雷特相比，认为这两个人物是英国文学史上的"两株光明的火树"，"这三百年间虽则不少高品的著作，但如何能比得上这伟大的两极，永远在文艺界中，放射不朽的神辉。再没有人，也许陀斯妥也夫斯基除外，能够在文艺的范围内，孕育这样想象的伟业，运用这样宏大的题材，画成这样大幅的图画，创造这样神奇的生命"②。

哈代让徐志摩敬佩的是他常青的创造力和直面人生的勇气。他赞叹道："他一生不绝的创造之流便是近代文艺界里可惊的一个现象，不但东方艺术史上无与伦比，即在西欧亦是件不常有的奇事。"③徐志摩向往自由，欣赏灵魂的自由。在1923年发表《就使打破了头，也还要保持我灵魂的自由》，呼吁要保全理想的火星不灭。

从某种程度上说，与其说是徐志摩仰慕哈代的勇敢，不如说是诗人在用自己的方式寻求心灵的光明。徐志摩生活创作的年代，社会动荡，生活暗淡。1924年翻译了泰戈尔在清华的演讲后，徐志

---

① 韩石山编：《徐志摩全集》（第1卷），天津人民出版社2005年版，第407页。
② 韩石山编：《徐志摩全集》（第3卷），天津人民出版社2005年版，第216页。
③ 韩石山编：《徐志摩全集》（第1卷），天津人民出版社2005年版，第396页。

摩在《附述》中感愤地写道："现在目前看得见的除了龌龊,与污秽,与苟且,与懦怯,与猥琐,与庸俗,与荒伧,与懒惰,与诞妄,与草率,与残忍,与一切的黑暗外,我不知道还有什么?"①1927 年在《年终便话》里写道："这年头你再不用想有什么事儿如意。……什么都长豁了样。"一方面诗人渴望飞:"超脱一切,笼盖一切,扫荡一切,吞吐一切。"为了排除阻碍,甚至可以掷了这太重的皮囊! 另一方面,即使"阴沉,黑暗,毒蛇似的蜿蜒/生活逼成一条甬道",哪怕"煨成灰,碎成断片,烂成泥",诗人也要"迎上前去","在这灰、这断片、这泥的底里"②,再来发现更伟大更光明的理想。

尤其难得的是,虽然大多数中国学者对哈代的小说兴趣浓厚,徐志摩却对哈代的诗歌更为关注。他先后在《小说月报》《文学周刊》《晨报副刊》《语丝》等刊物上翻译了哈代的诗作将近 20 首。作为一个中国译者,徐志摩对哈代的诗歌作出了深入的评价。在《汤麦司·哈代的诗》等评论文章中,徐志摩认为哈代诗歌独树一帜,思想深刻,朴实清新,富有浓郁的乡土气息,与维多利亚中期诗歌肤浅的乐观不同,表现了自卢梭以来人类思想史上从自我意识到现代意识的发展进程。

徐志摩对哈代的译介,以及他在波光浩瀚的外国文学之海上所注目流连的粼粼金光,无不带有他个人的思想印痕,都和诗人的个性和学养密不可分,这也是文化交流传播中的必然现象。徐志摩是中国哈代研究领域的先驱者。在把哈代这个外国文学家和他的作品拿到中国来建造一间"新宅子"的过程中,徐志摩铺下了第

---

① 韩石山编:《徐志摩全集》(第 7 卷),天津人民出版社 2005 年版,第 43 页。

② 韩石山编:《徐志摩全集》(第 2 卷),天津人民出版社 2005 年版,第 142 页。

一块厚重的基石。在他的大力介绍之后,哈代的作品吸引了一批中国学者。哈代的主要作品在 20 世纪三四十年代就已基本翻译到中国,并一直受到中国读者的喜爱。中国的哈代研究也逐渐深入,除了"哈代专家"张谷若先生外,还有相当一批学者在哈代研究领域做出了贡献,比如张中载先生、聂珍钊先生和陈焘宇先生。许多后来的研究者也都把哈代作为自己的研究方向。他们在前人开拓的研究领域中徜徉流连,希望看到风景这边独好,能用自己新的见解使哈代研究这座高大的屋宇更上一层楼。

在语文教育更加讲究宏观视野、学术研究更加重视开放性的今天,徐志摩在中西文化交流方面所做的工作正受到越来越多的重视。上面我们就以徐志摩对托马斯·哈代的介绍为例,来看一看"拿来主义""大宅子"中的一间是怎样建造起来的,姑且当做对鲁迅先生《拿来主义》的一种别解。

(赵峻)

第八章　戏剧·人生

生生死死的恋爱

——从《罗密欧与朱丽叶》看殉情主题作品

《罗密欧与朱丽叶》是莎士比亚著名的悲剧作品,创作于1594年,在莎士比亚的前期创作中占有很突出的地位。

剧中讲述,维洛那城中两个名门巨族的一双纯情男女——蒙太古家的罗密欧与凯普莱特家的朱丽叶,在一个化装舞会上巧遇了。他们一见钟情,如痴如醉,却不能公开爱情。因为,他们所属的家族之间有着"累世宿怨",经常纷争械斗。他们只能在神父的帮助下,秘密结合。谁料,由于杀死了寻衅滋事的提伯尔特——朱丽叶的表兄,罗密欧受到驱逐,一对恩爱的情侣不得不痛苦分离。不久,朱丽叶的父母为她议婚,逼她嫁给他人。为了逃婚,也为了能与罗密欧长久相聚,朱丽叶勇敢地服下了假死药。由于误传,身在外地的罗密欧以为爱人已死,悲痛万分、万念俱灰中买下了剧毒药。他赶回维洛那,冲进凯普莱特家的墓地,在朱丽叶身旁服下了毒药。朱丽叶醒来,见罗密欧已死,便拔出罗密欧的匕首自杀了。

这的确如开场诗所说,是"一段生生死死的恋爱"。男女之间的真情、深情、痴情,竟至他生我亦生、他死我亦死的程度,怎不令

人感动,怎不令人钦佩!在这里,这种"生生死死的恋爱"的执著追求,实际上已经不再是单纯的男女情感,它升华为一种信仰,一种人生价值境界,成为人人景仰、人人叹为观止的精神品格。唯其如此,罗密欧与朱丽叶式的"生生死死的恋爱"主题,亦即殉情主题,无论中外文学,总是在被不断地表现着、赞颂着。

据梁立基等主编的《外国文学简编[亚非部分]》修订本记载,早在7世纪时,阿拉伯的贞情诗人盖斯·本·穆劳瓦哈(?—约688)就曾用自己的生命吟咏过殉情主题。他自幼与一个叫莱伊拉的女孩相爱,但莱伊拉的父亲拒绝了他的求亲,让莱伊拉另嫁他人。盖斯苦恋不舍,整日在荒漠中呼唤着莱伊拉的名字,用诗倾诉着自己的痛苦和悲伤,最后因情而死。①

盖斯的痴情感动了后世许多诗人、作家,也激发了他们的创作灵感,写出许多以此为题材的诗歌、诗剧。其中著名的是阿塞拜疆诗人内扎米·甘哲维(1141—1209)的具有传奇色彩的叙事诗《蕾莉与马杰农》。在内扎米笔下,蕾莉与盖斯由于生活于不同的部落,即使倾心相爱,也无法结为夫妻。盖斯因痛苦而疯癫,整日唱着情歌,在蕾莉的村寨前后游荡,后又流落荒野,与百兽为伍,人称"马杰农"(意为"疯人"、"痴情汉")。蕾莉被逼另嫁他人,郁郁而终。盖斯到蕾莉坟前拜哭,最后悲伤而死。②

与莎士比亚的《罗密欧与朱丽叶》比较起来,内扎米似乎更突出了笔下人物的情感的持久性,他们不是偶然相遇、一见钟情,而是从小青梅竹马、同窗相恋。内扎米也通过"马杰农"的称号显示

---

① 参见梁立基、陶德臻主编:《外国文学简编[亚非部分]》,中国人民大学出版社1998年版。

② 张鸿年:《蕾莉与马杰农》与《罗密欧与朱丽叶》,《国外文学》1992年第1期,第124页。

出主人公活着时情感的"痴傻"状态——对蕾莉的"爱"占据了他全部的理智空间,其他都不复存在。

上述两幕悲剧,使得我们不能不有所沉思:男女之间的爱是最为自然的了,何以罗密欧与朱丽叶、蕾莉与马杰农们竟付出如此的代价? 答案当然就在悲剧的语境之中。主人公们遭遇了来自外部的、社会的强大的力量,一种违背自然的强大力量,弱小的他们虽然是"自然的",却无力与之抗衡,只能最终以死亡来殉自己的"信仰"和追求。在《罗密欧与朱丽叶》中,"累世宿怨"已经注定了罗密欧与朱丽叶的命运。面对家族的整体利益与意愿,个体的牺牲是必然的。而在内扎米的《蕾莉与马杰农》中,主人公所面对的则是一种更不自然因而也许是最不人道的力量——自我封闭、自我保护的部族禁令,不同部族的人不能通婚。在这样的禁令面前,虽然盖斯有着"我生为爱情而生,没有爱情,我的生命也就告终"的执著,虽然蕾莉有"我为理想而死"的信念,其结果,也只能走殉情一条路,别无他途。这使我们得出这样的结论:社会原本脱胎于自然,可它创造的文明有时是违背自然的;社会本是人的集合体,它本应是理性的、人道的,可它有时又如鲁迅所说是"吃人"的!

这样违背自然、违背人道的文明在中国文学史上也分明书写着。在越剧《梁山伯与祝英台》中,我们感受到了"父命"的专横与残酷,祝公远的一声"岂不闻婚姻大事由父母作主",一声"岂不知三从四德乃是天经地义",一声"亲事已定,不必多言",便硬生生地断送了女儿的幸福,断送了一对"情重如山深如海"、"志同道合相敬爱"的情侣的生命。这个根据民间传说而写成的悲剧,真实地反映了封建时代作为儿女的个体意志的可怜处境以及青年男女在婚姻方面的不自由状况。"自从盘古开天地,哪有闺女自定亲?"祝英台的婚姻只能由祝公远做主,女儿如同私人财产;祝公远择婿,首要条件是门当户对,"有财有势太守之子马文才"是最佳人选,这样

女儿又成了家庭向上攀附的绝好工具。什么情感,什么自由,在那样的时代里是根本不允许存在的。因此,梁山伯与祝英台的"情重如山深如海"、"志同道合相敬爱"这种值得赞美、推崇人格品质,反倒构成了爱情悲剧的重要力量。从这个意义上看,在一个专制的社会里,是没有理性可言的,有的只是"荒诞"。

现实的不理性、不人道、不自由实在使人压抑、使人窒息,人们承受不了这一切。于是,莎士比亚让蒙太古与凯普莱特两个家族在他们"累世宿怨"的牺牲品面前握了手,内扎米让可怜的蕾莉与马杰农埋在了一起。而《梁山伯与祝英台》的结局则是最美丽的。生不能夫妻双双、相亲相爱,死则愿同冢同穴、永不分离;生不能朝夕相随,死则能幻化成蝶,翩翩双飞。《梁山伯与祝英台》最后一幕有一个幕后合唱:"彩虹万里百花开,花间蝴蝶成双对,千年万代不分开,梁山伯与祝英台。"想象世界中的一幕反映了广大读者的强烈愿望和美好祝福:在幻化而成的翩翩双飞的美丽蝴蝶身上,这些把真爱作为生命真谛、作为最高信仰的"生生死死的恋爱"着的"情感精灵",终于获得了舞动着的生命。

但是,文学世界中不都是这样的"美丽的谎言"和"光明的尾巴",它也有残酷的清醒。在汉乐府民歌《孔雀东南飞》中,我们读到这样的诗前小序:"汉末建安中,庐江府小吏焦仲卿妻刘氏,为仲卿母所遣,自誓不嫁。其家逼之,乃没水而死。仲卿闻之,亦自缢于庭树。"这又是一出活生生的殉情悲剧。

在上述几个悲剧中,用自己的手亲自送多情儿女走上不归路的家长、家族力量的代表者,其角色定位于男性,而《孔雀东南飞》中,则主要是"仲卿母"。这样的角色变化令我们胆寒:扼杀情感精灵的外在力量是不分性别的! 常情是"严父慈母",但在情感精灵面前"慈母"也不存在了。常情是父母控制着儿女的婚姻,而现在父母控制着的是儿女的整个生活:婚前要无条件地听从父母之命,

要你婚配你便婚配;婚后也不例外,要你"遣归"你便"遣归"。纯粹是无理刁难——"三日断五匹,大人故嫌迟。非为织作迟,君家妇难为。"如果说,在上述几个悲剧中,家长、家族力量代表者留给读者的最深印象是专制、霸道的话,那么,我们在《孔雀东南飞》中感受到的则是这种力量的肆无忌惮的淫威。之所以如此,是因为在"仲卿母"的身后,有许多的力量在呼应着。对于焦仲卿妻刘氏来说,这种力量就是:"我有亲父母,逼迫兼弟兄。"整个社会都不容她的真情、痴情和专情。

于是情感精灵们——罗密欧与朱丽叶、蕾莉与马杰农、梁山伯与祝英台,还有刘氏与焦仲卿,只有以殉情来进行愤怒的反抗,让生命的最后呐喊来控诉他们生活于其中的那个社会的不理性、不人道、不自由。在强大的社会力量面前,凭着他们感情的真挚热烈、追求的执著和性格的倔强不屈,他们没有别的选择。我们认为,恰恰是他们所做出的这最后的选择,他们生命中所萌发出的爱成了一种"生生死死的恋爱",撼人心魄,可歌可泣;恰恰是他们所做出的这最后的选择,他们生命中所萌发出的爱,如前所述,才升华而为信仰的高度,情感精灵们的生命本身才获得存在的价值。就这个意义而言,他们如萨特笔下的俄瑞斯忒斯一样获得了自由。①

(吴春兰　陈雅谦)

① 萨特著,袁树仁译:《萨特戏剧集》(上),人民文学出版社1985年版,第99页。

第八章　戏剧·人生

·237·

《屈原》与《李尔王》在风雨中相逢

　　戏剧作品《屈原》与《李尔王》展现在舞台上的是两幅相似的风雨情景图：

　　一幅是战国时代的华夏大地，一幅是文艺复兴时期的大英帝国；一边是楚国德高望重的三闾大夫屈原，一边是不列颠威风显赫的国王李尔；一边是屈原遭人陷害锒铛入狱，一边是李尔遭女儿虐待无家可归。在阴森的牢房中，在茫茫的荒野上，仰望天上的雷鸣电闪，面对迎面的狂风暴雨，两位身处逆境的人发出了愤怒的呼号和充满激情的呐喊。风雨、雷电与他们的抒怀和诅咒一道，构成了一曲雄浑的交响乐，久久地在观众的心头回荡，深沉地在历史的长廊中回响……

　　辽远的战国，人心叵测，群雄争霸，战云密布，烽烟滚滚。屈原就生活在那个战乱频仍的岁月，劳顿于危机四伏的楚国。他的高尚人格为国人所景仰，他的儒雅文风为弟子所钦服。他爱国忧国，爱民忧民；他胸襟坦荡，疾恶如仇。不幸的是，命运并没有为他的远大志向安排一个理想的环境。楚王是一个昏庸的当权者，南后是一个心胸狭隘、阴险刁钻的小人。为阻止屈原的报国志向，她不惜勾结奸贼，设计陷阱，一举将忠心耿耿的屈原打入大牢。一时

间,谣言惑众。人们误解了他,弟子背叛了他,下人远离了他,国王憎恨他,南后冥落他。奸人暗笑,小人猖獗,亲者痛,仇者快。正直的婵娟勇敢地怒斥南后惨遭毒打,善良的知情者大胆地讲明真相身陷囹圄。面对眼前的一切,面对一步步逼近的死神的脚步,心力交瘁的屈原在风暴中仰天长叹,迸发出荡气回肠的"雷电颂"……

20 世纪的 40 年代,郭沫若的历史剧《屈原》就这样将观众带入那个充满了危机,充满了战乱,充满了罪恶,充满了悲剧的遥远岁月,使人们进入无法平复的沉思之中。

古老的不列颠,年迈的老王李尔身感力不从心,决意将国土分封给三个女儿。倔强暴躁的李尔在虚荣心的驱使下要考查一下女儿们对他的爱心。在父亲面前,大女儿和二女儿上演了一出欺骗的丑剧,她们的花言巧语和百般奉承不但没有引起任何警觉,反而博得了老头子的一片欢心。这时,轮到李尔最疼爱的小女儿考狄利娅出场了。出人意料的是,这个诚实、纯洁的姑娘并没有向父亲表述一句虚伪的赞美词。结果,老头子勃然大怒,将国土全部分给了大女儿和二女儿。可怜的考狄利娅不但分文未得,而且被远嫁法国。李尔的草率和偏听偏信很快就得到了回报。两个阴险的女儿用美妙的语言骗过了父亲,骗来了国土后,立刻便露出了狰狞的面目。她们都不愿供养自己的老父,都想解除父王仅有的武装,都不把老迈的父亲放在眼里。终于,在一个雷雨交加的日子,李尔被女儿们赶出了家门。冒着狂舞的倾盆大雨,顶着轰鸣的雷电怒吼,李尔想到了那些饥寒交迫的贫民,抒发出倾情悲愤的"暴雨吟"……

17 世纪的初叶,英国大诗人莎士比亚的悲剧《李尔王》同样将观众带入到那个充满了恐怖、充满了不安、充满了罪恶、充满了矛盾的"混乱颠倒的时代",留给观众的则是那一声长长的叹息。

　　屈原走了,带着满腔的悲愤,带着未竟的事业,带着对奸人的憎恨,带着对国家的忧患。李尔也走了,带着对两个狠毒女儿的愤怒诅咒,带着对心爱的小女儿的深深懊悔,带着孱弱的老躯,带着心灵上的伤痕。

　　当我们怀着思索、带着叹息走出剧场,又回到眼前的大千世界的时候,不禁又生发出诸多的联想:屈原和李尔,这两个历史人物无论如何是不可能联系在一起的;在《屈原》和《李尔王》两部悲剧中也丝毫找不到影响与被影响、借鉴与被借鉴的痕迹。那么,究竟是什么使我们伫立在两位伟人的面前不愿离去? 又究竟是什么使我们捧着两部剧作而不愿放手呢? 在无数的疑惑中,在不断的思考中,在苦苦的探求中,在强烈的好奇中,我们终于在悲剧中找到了他们(它们)的契合点,找到了他们(它们)的结合处:是电闪,是雷鸣,是狂风,是暴雨,使屈原和李尔的境遇得到了奇迹般地吻合,是这场大自然所演奏的交响乐使《屈原》和《李尔王》两剧中出现了惊人的相似。《屈原》和《李尔王》这两部无论在风格、主题、人物还是在艺术手法上都不尽相同的剧作,就这样在暴风雨中“相逢”。

　　　　风! 你咆哮吧! 咆哮吧! 尽力地咆哮吧! 在这暗无天日的时候,一切都睡着了,都沉在梦里,都死了的时候,正是应该你咆哮的时候,应该你尽力咆哮的时候!

　　　　……

　　　　雷! 你那轰隆隆的,是你车轮子滚动的声音! 你把我载着拖到洞庭湖的边上去,拖到长江的边上去,拖到东海的边上去呀! 我要看那滚滚的波涛,我要听那鞳鞳鞺鞺的咆哮,我要飘流到那没有阴谋、没有污秽、没有自私自利的没有人的小岛上去呀! 我要和着你,和着你的声音,和着那茫茫的大海,一

同跳进那没有边际的没有限制的自由里去!

啊,电!你这宇宙中最犀利的剑呀!我的长剑是被人拔去了,但是你,你能拔去我有形的长剑,你不能拔去我无形的长剑呀。电,你这宇宙中的剑,也正是,我心中的剑。你劈吧,劈吧,劈吧!把这比铁还坚固的黑暗,劈开,劈开,劈开!虽然你劈它如同劈水一样,你抽掉了,它又合拢了来,但至少你能使那光明得到暂时的一瞬的显现,哦,那多么灿烂的,多么眩目的光明呀!①

这是身陷牢狱的屈原在熊熊燃烧的怒火中所抒发的充满激情的风雨雷电的颂歌。

吹吧,风啊!胀破你的脸颊,猛烈地吹吧!你,瀑布一样的倾盆大雨,尽管倒泻下来,浸没了我们的塔尖,淹没了屋顶上的风标吧!你,思想一样迅速的硫磺电火,劈碎橡树的巨雷的先驱,烧焦了我的白发吧!你,震撼一切的霹雳啊,把这生殖繁密的、饱满的地球击平了吧!打碎造物的模型,不要让一颗忘恩负义的人类的种子遗留在世上!

……

尽管轰着吧!尽管吐你的火舌,尽管喷你的雨水吧!雨、风、雷、电,都不是我的女儿,我不责怪你们的无情;我不曾给你们国土,不曾称你们为我的孩子,你们没有顺从我的义务;所以,随你们的高兴,降下你们可怕的威力来吧,我站在这儿,只是你们的奴隶,一个可怜的、衰弱的、无力的、遭人贱视的老头子。可是我仍然要骂你们是卑劣的帮凶,因为你们滥用天

---

① 郭沫若著:《屈原》,人民文学出版社 1952 年版,第 98 页。

上的威力,帮同两个恶毒的女儿来跟我这个白发老翁作对。啊!啊!这太卑劣了![1]

这是被抛弃的李尔在茫茫荒原上,在暴雨的袭击下所发出的撕人心肺的控诉。

光明呀,我景仰你,我景仰你,我要向你拜手,我要向你稽首。我知道,你的本身就是火,你,你这宇宙中的最伟大者呀,火!你在天边,你在眼前,你在我的四面,我知道你就是宇宙的生命,你就是我的生命,你就是我呀!我这熊熊地燃烧着的生命,我这快要使我全身炸裂的怒火,难道就不能迸射出光明了吗?

……

但是我,我没有眼泪。宇宙,宇宙也没有眼泪呀!眼泪有什么用呵?我们只有雷霆,只有闪电,只有风暴,我们没有拖泥带水的雨!这是我的意志,宇宙的意志。鼓动吧,风!咆哮吧,雷!闪耀吧,电!把一切沉睡在黑暗怀里的东西,毁灭,毁灭,毁灭呀![2]

这是身处逆境,面临死神的屈原对光明的企盼,对未来的信念,对正义的渴求。

伟大的神灵在我们头顶掀起这场可怕的骚动。让他们现

---

[1] 莎士比亚著,朱生豪译:《李尔王》,中国国际广播出版社 2001 年版,第 133—135 页。

[2] 郭沫若著:《屈原》,人民文学出版社 1952 年版,第 99 页。

在找到他们的敌人吧。战栗吧,你尚未被人发觉,消遥法外的罪人!躲起来吧,你杀人的凶手,你用伪誓欺人的骗子,你道貌岸然的逆伦禽兽!魂飞魄散吧,你用正直的外表遮掩杀人阴谋的大奸巨恶!撕下你们包藏祸心的伪装,显露你们罪恶的原形,向这些可怕的天吏哀号乞命吧!我是个并没有犯多大的罪、却受了很大的冤屈的人。①

这是被厄运所摧残的李尔对自我行为的忏悔,对上苍的期待,对罪恶的诅咒。

"雷电颂"是悲壮的,是正义和善良受到邪恶与黑暗的摧残时激情的呐喊。"暴雨吟"是悲伤的,是好心的父爱换来女儿们的恶报时激愤的哀号。"雷电颂"激发了人们的斗志,唤起他们起而同邪恶实力抗争。"暴雨吟"引发了人们的怜悯,促使他们对罪恶的现实睁大思考的双眸。

(王福和)

---

① 莎士比亚著,朱生豪译:《李尔王》,中国国际广播出版社 2001 年版,第 137 页。

余波荡漾与戛然而止

——从《窦娥冤》看中西戏剧结局的差异

　　《窦娥冤》是由一则在民间长期流传的故事改编而来的,从《东海孝妇》到元代关汉卿的最后定稿,其故事情节日臻完善。著名学者王国维曾经说过:"最有悲剧之性质者,则如关汉卿之《窦娥冤》……即列之于世界大悲剧中,亦无愧色。"①

　　这出戏剧共分四折,前二折的故事情节如下:窦娥因为家中贫寒,7 岁时便成了蔡家的童养媳。丈夫早逝,窦娥便与婆婆相依为命。后来,婆婆遭到无赖张驴儿父子的胁迫,要求婆媳二人分别嫁给他们。窦娥听说之后,坚决不从。为了让窦娥屈从,张驴儿企图毒死蔡婆婆,但无意中毒死了自己的父亲。懊悔之余的张驴儿对窦娥威逼利诱,无奈窦娥不为所动。于是,张驴儿恼羞成怒,以杀人罪将窦娥告上公堂。受到贿赂的昏官桃杌听信一面之词,对窦娥严刑拷打,于是她违心屈招。

――――――――――――

　　① 王国维著:《王国维戏曲论文集》,中国戏剧出版社 1984 年版,第 85页。

第三折则是全剧的高潮所在,这一折是窦娥临刑前的一段描写。屈打成招的窦娥,悲痛地控诉这个黑暗的社会是:"为善的受贫穷更命短,造恶的享富贵又寿延。"面对一个毫无公正可言的世界,窦娥愤怒地唱道:"地也,你不分好歹何为地;天也,你错勘贤愚枉做天。"

尽管窦娥心中满怀着对世间的失望,但是对于婆婆仍然充满了爱心。即将身赴刑场的窦娥,不愿再增加婆婆的痛苦,所以一个人去承受这死之伤痛,而让行刑的大哥绕开婆婆等候的大道。在不得不面对婆婆的时候,窦娥尽量忘却自己心中的悲痛与委屈,依旧安慰婆婆说:"婆婆也,再也不要啼啼哭哭,烦烦恼恼,怨气冲天。这都是我作窦娥的没时没运,不明不暗,负屈衔冤。"面对着死神,窦娥责怪的是自己的时运不好。她尽量淡化死之悲切,对婆婆轻诉:"念窦娥伏侍婆婆这几年,遇时节将碗凉浆奠,你去那受刑法尸骸上烈些纸钱,只当把你亡化的孩儿荐。"以最微小、最简单的要求表达对美好生命的眷恋。

临刑前,窦娥发下了三桩誓愿:一要自己的满腔热血尽洒高悬的白练;二是要那六月飞雪将自己的尸体掩埋;三是要楚州亢旱三年,以证明自己的无辜。

此时不仅戏剧情节达到了高潮,也将观众对窦娥的同情引向了极致。如果就此打住,《窦娥冤》可以说与西方悲剧相类似。因为西方的悲剧一般在高潮时就戛然而止,让观众在悲剧气氛达到高潮时感受一种悲壮之美。

比如,《安提戈涅》这出悲剧。安提戈涅的兄弟波吕涅克斯因勾结外敌进攻自己的祖国而死,国王下令不许为叛人收尸,违令者斩。作为妹妹的安提戈涅出于手足情谊,为了死者的灵魂得以安息,冒死埋葬了兄弟,这就触犯了国王的法令。结果安提戈涅身亡,但国王也为此付出了代价,国王的儿子——安提戈涅的未婚夫

殉情而死,国王的妻子因为失去爱子而自尽,戏剧在此戛然而止。

但是,中国戏剧在悲剧性的高潮之后,往往会有余波荡漾。比如《梁山伯与祝英台》中的梁山伯与祝英台,生前不能成就姻缘,死后也要化为蝴蝶,双栖双飞于天地之间。《窦娥冤》这部悲情四溢的戏剧也不能例外,故事最终以窦娥的冤仇得到昭雪,恶人张驴儿等人得到其应有的下场作结。

梁漱溟先生在分析东西方文化时认为,以希腊文化为代表的西方文化是一种奋求型的文化,它表现为勇往直前,不达目的誓不罢休的精神;以中国文化为代表的东方文化则是一种达观型的文化,强调随遇而安,强调自我调整,少有拼死反抗的精神。①

所以,纵观西方的悲剧,从《俄狄浦斯王》《普罗米修斯》到《安提戈涅》《美狄亚》都表现为一种毁灭式的悲壮之美。而中国戏剧则不同,即使像《窦娥冤》这一悲剧色彩较为强烈的戏剧,作者在极度悲愤的高潮之后,仍给了全剧一个光明的结局,使恶人获得了他们应有的下场,从而缓解了观众的不平之气,带给人们心理上的满足感。

东西方这种戏剧结局的差异,是因为其生活环境、民族心理以及由此形成的文化等诸多原因造成的,不能作孰优孰劣的简单划分。

生长在地中海周围的西方人,常常要通过征服自然获得自己的生存必需,所以他们有的是探索与冒险的精神。在征服的过程中,人和自然往往会发生冲突,但这是为了自身生存所进行的斗争。因此不论结果如何,人们对他们都是充满了崇敬。

希腊有一个神话人物叫伊卡洛斯,他身穿蜡制的双翼向着太阳靠近,但蜡制的翅膀遇到太阳的热量就被熔化掉了,伊卡洛斯也

---

① 梁漱溟著:《东西文化及其哲学》,商务印书馆 2010 年版,第 36 页。

坠海身亡。明知将遭遇失败,仍然勇敢地挑战自己的极限,为了更高更强而努力,这是伊卡洛斯的精神,也是西方人精神的象征。

这种挑战自我的观念反映在文学中,就形成西方所特有的悲剧理论。他们反对剧中人物由逆境转入顺境的观点,用亚里斯多德的话说就是,悲剧就是要"借引起怜悯与恐惧来使这种情感得到陶冶"。因此西方的悲剧多呈现出一种悲壮之美。剧中的人物多半为英雄式的人物,他们为了实现自己的理想,做出种种努力,甚至不惜以生命为代价,尽管在冲突中会遭到毁灭,但正是因此展现了自己的本质力量,所以仍旧是英雄。观众则在观看中被主人公的牺牲精神所感动,所鼓舞,从而激起无限勇气。

西方人强调人生的意义在于奋斗,人只有在奋斗中才能实现自我,并且为了实现自我,不惜和命运进行抗争,哪怕这种抗争最终导致的是自身的毁灭。比如,著名的悲剧《俄狄浦斯王》中的俄狄浦斯,他为了解救人们,努力探寻造成灾害的根源,当发现自己就是导因之时,毫不犹豫地刺瞎了双眼,进行自我放逐。这种悲剧是和崇高相连的,它绝不是为了一己私利,所以悲剧主人公虽死犹荣。观众则从中感受到崇高,使自己的灵魂得到净化。

而中国人自古以来就生活在一个相对封闭的环境中,周围有众多的崇山峻岭,经常发生各种不可预测的自然灾害,这就造成了人们靠天吃饭的依附心理。人们把自然看成是高高在上、不可企及的事物,不敢轻易得罪上天,惟恐遭到惩罚。因此,习惯于相信上天的权威,相信上天所作出的决定都是公正的。

面对不幸,中国人相信"天将降大任于斯人也,必先苦其心志,劳其筋骨";面对恶人,中国人则相信"不是不报",而是"时候未到"。这种善恶有报的观念使得中国人较少作积极的反抗,更多的是忍耐与承受。表现在文学欣赏中,则倾向于哀而不伤、怨而不怒这种含蓄内敛的美学风格。

但是,在现实的生活中,人生总有如此之多的残缺不全,无法遂人所愿。于是,作家在写作的时候,尽量在戏剧这一虚拟人生中,为不完美的人生增加完满,中国的戏剧常常出现从逆境到顺境的转换。

从观众的角度看,人们观看戏剧时,往往是希望从琐碎而又充满痛苦的人生中逃离片刻,从中获得安慰,为生命的存在找到一丝亮色。对此,王国维有一段精辟的分析,他说:"吾国人之精神,世间的也,乐天的也,故代表其精神之戏曲小说,无往而不著此乐天之色彩,始于悲者终于欢,始于离者终于合,始于困者终于亨;非是而欲餍阅者之心。"①

这种悲剧之后的余波荡漾,用我国明代戏剧家李渔的话来说,就是中国戏剧的"团圆之趣",或是有情人终成眷属,或是主人公功成名就。即使像《窦娥冤》这样的悲剧,主人公遭受了不幸,但坏人也没能逍遥法外,而是得到了应有的处罚,告慰了死者的在天之灵,也满足了观众的观看心理。

中国戏剧的大团圆式结局,体现了中国人重视文学教化作用的一面,通过戏剧人生告诫人们善恶有报,在一定程度上有利于社会稳定。

总之,无论是西方戏剧在高潮时的戛然而止,还是中国戏剧在高潮后的余波荡漾,都呈现出东西方民族文化观、审美心理等的差异。我们没有可能也没有必要强求一致,世界因为不同而丰富多彩,生活是这样,文学也是这样。

(黄孝萍)

---

① 王国维著:《红楼梦评论》,岳麓书社 1999 年版,第 11 页。

第九章 文学与文化交流

罗马作家眼中的东方丝国形象

中国有句俗话：远亲不如近邻。古罗马却有一句谚语："Major ex longinquo reverentia。"（人离得愈远愈受敬重）英国也有句谚语：Intimacy breeds contempt（关系太密切了反生不敬）。人类早期的交往史告诉我们，地理上的接近很难使民族之间产生友情。距离产生美，空间或时间上的相距遥远，反倒会构想出美丽的神话和传说，让人们将自己对黄金时代的思念和对乌托邦幸福的渴望，寄托在遥远的民族身上。罗马作家笔下的东方丝国形象就是如此。

一、遥远而神奇的丝人国

正如古代中西交通，以丝绸贸易为开端一样，西方人知道有中国，也以丝为肇始。① 欧洲最早记述中国的是生于前 400 年的希腊

---

① 西方人称丝制品为"赛尔基"（Serge），故称中国为"赛里加"（Serica），而称中国人为"赛里斯"（Seres）。"Ser"为汉语丝之译音，"ge"为所加语尾词。

人克泰夏斯,他称中国为"赛里斯"(Seres),意即丝国。① 古罗马人承接了古代希腊人对中国的想象,对中国人("赛里斯人")怀有更强烈的兴趣与好感。这种渴望据说源于一场罗马人远征东方的战役。

前53年的一个盛夏之初,古罗马"三头政治"之一的执政官和叙利亚的总督克拉苏率领七个军团越过幼发拉底河,杀向东方,在卡莱被安息人包围。罗马人负隅抵抗,很久后的一天正午,安息人突然展开他们鲜艳夺目、令人眼花缭乱的军旗。这些军旗耀眼夺目,使本已疲惫不堪的罗马军团备受惊吓,彻底丧失了勇猛善战、所向披靡的赫赫英名,造成空前的大崩溃。历史学家弗罗鲁斯认为这些耀眼的军旗就是罗马人从未见过的第一批丝绸织物。克拉苏战败后不到10年,恺撒在罗马庆贺他东征的战绩,展出了一批丝绸织物,目击者无不惊诧赞叹。人们称赞丝绸为"赛里斯国的布"或"赛里丝的纱"。

丝绸,刺激了罗马人对"赛里斯国"的兴趣,也刺激着罗马作家对东方丝国的浪漫遐思:

古罗马最伟大的诗人维吉尔(前70—19)在其前30年成书的《田园诗》里说:"叫我怎么说呢? 赛里斯人从他们那里的树叶上采集下了非常纤细的羊毛。"②著名的地理学家斯特拉波(前58—21)

① 在埃及的另一希腊人于1世纪末写的《厄立特里亚海航行记》,称中国为"秦尼"(Thinae)。后来,欧洲对中国的地理名称就沿着两系统发展:一称中国为"赛里斯"、"赛里加";一称中国为"秦"(Sin、Thin)、"秦尼"。150年(中国东汉桓帝时),大地理学家托勒密所著《地理学指南》,将中国分为"赛里斯"与"秦尼"两国。称大亚细亚最东为秦尼国及赛里斯两国,"世界之极东,至秦尼国之都城而止","秦尼国北界赛里斯东部"。

② 戈岱司编,耿昇译:《希腊拉丁作家远东古文献辑录》,中华书局2001年版,第2页。

在其《地理书》中则说："也是出于同一原因（气候的酷热），在某些树枝上生长出了羊毛。……人们可以利用这种羊毛纺成漂亮而纤细的织物，马其顿人用来制造座垫和马鞍。这种织物像是足丝脱掉的皮织成的赛里斯布一样。"①

罗马哲学家、悲剧作家塞内加（前4—65）曾依据希腊原作，改编悲剧九种，这些作品中也多次提到中国（赛里斯国）。在《费德拉》第387—389行，塞内加说："女士们，请为我脱掉这些缀金和紫红的服装！我不要推罗人的紫红染料，也不要遥远的赛里斯人采摘自他们树丛中的丝线。"在《提厄斯忒》第378—379行也有这样的话："纵使他受到那些敢于进犯到多瑙河滨的人和以其羊毛而驰名的赛里斯人的攻击也安然无恙，不管他们居住在哪个地方。"②在《论慈善》第7卷第9节，塞内加更慨叹当时罗马妇女"身上穿的是中国丝衣，假如那种东西也算是衣服的话！因为它既不能护身，也不能遮羞，穿它的女人扪心说老实话，也得承认等于赤身裸体、一丝不挂。这是所费不赀的进口货，从那些一向没有贸易关系的国家弄来的。"在《劝谕友人书》里也说："哲人的生活最简单不过。……大自然指示我们，只要大家对地面上的东西随遇而安，日用所需就件件齐全；我们都有屋可住，无须依仗大理石匠和营造工人，我们也都有衣可穿，用不着去跟中国人做丝的买卖。"③

罗马著名的地理学家老普林尼（23—79）于77年在他的名著《自然史》第6卷里说："人们在那里所遇到的第一批人就是赛里斯

---

① 戈岱司编，耿昇译：《希腊拉丁作家远东古文献辑录》，中华书局2001年版，第5—6页。

② 戈岱司编，耿昇译：《希腊拉丁作家远东古文献辑录》，中华书局2001年版，第7页。

③ 转引自钱钟书著：《欧洲文学里的中国》，《中国学术》（第13辑），商务印书馆2003年版，第8页。文中钱钟书先生均将"赛里斯人"译成"中国人"。

人,这一民族以他们森林里所产的羊毛而名震遐迩。他们向树木喷水而冲刷下树叶上的白色绒毛,然后再由他们的妻室来完成纺线和织布这两道工序。由于在遥远的地区有人完成了如此复杂的劳动,罗马的贵妇人们才能够穿上透明的衣衫而出现于大庭广众之中。"①

生于 3 世纪中叶的索林基本上重复了老普林尼的这种说法。索林在其著述《多国史》里说:"在朝着夏日朝阳东升的海岸地段,赛里斯人是经过蒙昧族地区之后所遇到的第一个民族。他们用向树叶喷水的方法借助于水力而从树上采下絮团,他们随心所欲地使用这种柔软而又纤细的绒毛,用水进行处理。这就是人们所称的'赛里斯织物'(Sericum),我们也忍辱而使用它。追求豪华的情绪首先使我们的女性,现在甚至包括男性都使用这种织物,与其说用它来蔽体尚不如说是为了卖弄体姿。"②

罗马诗人卢坎(39—65)在史诗《法尔萨鲁姆》里,描写埃及艳后克利奥佩特拉时,也说她"白腻酥胸透过西顿的罗襦而闪闪发光。这种罗襦是用赛里斯人的机杼织成,并用尼罗河畔的织针编出粗大透亮的网眼。"③

西流士·伊塔利库斯(25—101)所著《惩罚战争》(《迦太基战役纪事》),是古罗马文学最长的史诗。诗里描写战场上的一个早晨:"太阳神把马匹从西海里牵到东海边,套上车子,大放光芒,消散了黑夜;日影瞳瞳,只见中国人正从生长毛绒的树上采摘。"又写

---

① 戈岱司编,耿昇译:《希腊拉丁作家远东古文献辑录》,中华书局 2001 年版,第 10 页。

② 戈岱司编,耿昇译:《希腊拉丁作家远东古文献辑录》,中华书局 2001 年版,第 64 页。

③ 戈岱司编,耿昇译:《希腊拉丁作家远东古文献辑录》,中华书局 2001 年版,第 14 页。

维苏威火山的爆发:"到头来,这座山给身子里的一股气撑得熬不住了,就把几百年来吞咽的火焰向天呕吐,这火愈滚愈大,延烧到海洋和大陆;说来真教人不信,远在极东的中国人也发现他们的毛绒树上白白的盖满了一层意大利飞去的死灰。"①

诗人斯塔西(40—96)在《诗林》(90—96)里多次以"赛里斯"作为点缀的辞藻。其中有首祝贺朋友新婚的诗,他写婆婆要打扮媳妇,为她做新衣服,即提到"赛里斯人吝啬已极,他们把圣树枝叶剥摘殆尽,我对此深表惋惜"(第122—123行)。他哀悼一位朋友的妻子说:"随你把……印度、阿剌伯或中国的无穷财富赠送给她,她宁愿穷困到死,要保持她的清白的节操"。② 诗里又描写这个女人的尸体躺在铺着中国丝褥的榻上。③ 他还在赞美皇帝宠僮的诗里,说爱情女神和她儿子为他"拾掇头发,披上一件中国丝袍"。

另外,古罗马最后一位诗人克劳地安在其作品也多次提到中国。比如在一首颂诗里提到"中国人从嫩树上梳下丝来"。他用一个比喻挖苦当权的宦官欧脱罗比厄斯:"就仿佛一个猴子,穿了中国的丝衣,可是露出精光的屁股。"《贺婚诗》里提到"中国来的染了黄颜色的丝"。另一首诗里夸张罗马的繁盛富饶:"腓尼基供给它颜料,中国供给它丝,印度供给它珠宝。"④

---

① 钱钟书著:《欧洲文学里的中国》,《中国学术》(第13辑),商务印书馆2003年版,第10—11页。

② 钱钟书著:《欧洲文学里的中国》,《中国学术》(第13辑),商务印书馆2003年版,第11页。

③ 斯塔西著:《诗林》第244—246行:"她穿着梯尔的紫红衣衫,安息在赛里斯国人精工制作的床台上。"

④ 钱钟书著:《欧洲文学里的中国》,《中国学术》(第13辑),商务印书馆2003年版,第13页。

华丽异常的丝绸撩动人们无尽的想象,这精美衣袍的丝线究竟从何而来? 仅仅说它来自树上,似乎远不能满足人们的猎奇心。2 世纪的希腊地理学家包撒尼雅斯在《希腊志》第 6 卷里就提供了更新鲜刺激的说法:"至于赛里斯人用作制作衣装的那些丝线,它并不是从树皮中提取的,而是另有其他来源。在他们国内生存有一种小动物,希腊人称为'赛儿'(Sêr),而赛里斯人则以另外的名字相称。这种微小动物比最大的金甲虫还要大两倍。在其他特点方面,则与树上织网的蜘蛛相似,完全如同蜘蛛一样也有八只足。赛里斯人制造了于冬夏咸宜的小笼来饲养这些动物。这些动物做出一种缠绕在它们的足上的细丝。在第四年之前,赛里斯人一直用黍作饲料来喂养,但到了第五年——因为他们知道这些笨虫活不了多久了,就改用绿芦苇来饲养,对于这种动物来说,这是它们各种饲料中的最好的。它们贪婪地吃着这种芦苇,一直到胀破了肚子。大部分丝线就在尸体内部找到。"①两百年后的赫利奥多尔在他的著述《埃塞俄比亚人》里还做如是说:"然后,便把带来丝线和丝织物的赛里斯人的使节传了上来,这都是由生活在他们国家的蜘蛛所织。这些使者们另外还带来了服装,有的染作大红色,其余是素白色。"②

古罗马后期最大的历史学家阿米安·马尔塞林(330—?)在他的《史纪》残本里,也有关于赛里斯国的极重要的文献。他说:"更向东去,就到中国,一个著名的富饶而又广大的国土,高高的城墙像一个圈子似的把这个国家包在里面。"该国"国境是一片

----

① 戈岱司编,耿昇译:《希腊拉丁作家远东古文献辑录》,中华书局 2001 年版,第 54 页。
② 戈岱司编,耿昇译:《希腊拉丁作家远东古文献辑录》,中华书局 2001 年版,第 86 页。

广漠的平原,周围屹立着崇山峻岭,两条有名的河……悠悠缓缓的流通全国。……谷类、畜牧和花果都非常富裕"。"中国的气候宜人,天朗风和。有很多轩亮的树林,其中一种树木能生产类似毛绒的东西;这种东西经过水浸,抽出了细缕,再加纺织,就成为丝。从前丝只供贵人的用途,现在不分上下,大家都可以用这种料子。"①

马尔塞林在当时被称为最博学的人,他这里提到的"高高的城墙"包围着这个国家(赛里斯国),有"两条有名的河"缓缓地流通全国,或许指的就是中国的长城,以及黄河、长江两条大河。而关于丝的来历只不过延续了古人的神奇想象,但提到能享受丝制品的人越来越多,则反映了当时的消费时尚。

老普林尼曾算出罗马帝国的金库年年拨出大笔款项花费在购买奢侈品上,中国丝绸的进口与罗马帝国特产的出口不平衡:"每年至少有一亿罗马银币支付给印度、中国和阿拉伯半岛。奢侈和女人让我们付出昂贵的代价。"而罗马的不少皇帝,如黑利俄加巴鲁斯,就"鄙视希腊和罗马的传统服装,说这些服装是用羊毛做的,没有价值,只欣赏中国的丝绸"②。

事实上,罗马世界并不喜欢中国式样的丝绸。罗马上流社会需要的主要是半透明的丝罗纱,要制造这种东西,得把密纹织品的中国丝绸拆开来重新纺织。即如老普林尼所说的那样,穿着这种透明的轻纱,罗马淑女可以展示她们全部的妩媚,他幽默地称之为玻璃制造的。

---

① 钱钟书著:《欧洲文学里的中国》,《中国学术》(第13辑),商务印书馆2003年版,第12页。

② 白佐良、马西尼著,萧晓玲、白玉崑译:《意大利与中国》,商务印书馆2002年版,第12—13页。

二、长寿而温和的丝国人

随着对丝绸及赛里斯国的离奇想象,罗马作家对丝国人的特征也颇费猜思。

首先,在他们的想象中,赛里斯人非常高大,老普林尼说"他们的身材超过了一般常人"(《自然史》);皮肤黑,如诗人奥维德(前43—17)《恋情》(前14)第一卷里说:"怎么?你的秀发这样纤细,以至不敢梳妆,如像肌肤黝黑的赛里斯人的面纱一样。"①普林尼还说赛里斯人"红头发,蓝眼睛,声音粗犷,不轻易与外来人交谈",分明是将丝国人与别的民族混在一起。

其次,赛里斯人长寿。在希腊罗马人的著作里,经常谈论的一个主题就是中国人的长寿问题,有人甚至推测这是道教信仰传入西方的结果。老普林尼说赛里斯人活到 140 岁;斯特拉波则认为能活到 200 岁,他说,"有人声称赛里斯人比能活 130 岁的穆西加尼人还要长寿。……人称赛里斯人可长寿,甚至超过二百岁"②;2 世纪的卢西安又说可以活到 300 岁。在阿米亚诺斯看来,中国人的长寿原因很多:空气、地利、饮食。他解释说,"据说全体居民除水之外不喝别的",显然这指的是茶。

第三,性情平静温和,安居乐业,谨守秩序。"赛里斯人温和"(老普林尼);"他们之间极为平和"(索利诺);"他们过着极度平静的生活"(阿米亚诺斯);"中国人过的是太平日子,从来不知道兵器

① 戈岱司编,耿昇译:《希腊拉丁作家远东古文献辑录》,中华书局 2001 年版,第 4 页。

② 戈岱司编,耿昇译:《希腊拉丁作家远东古文献辑录》,中华书局 2001 年版,第 6 页。

和战争是什么一回事;这个温和平静的民族只喜欢安居乐业,因此对一切邻国都不生事起哄"(马尔塞林《史纪》)。他们不侵略别国,不觊觎他人的领土。

"只喜欢安居乐业"的赛里斯人是个"温和平静的民族"。在罗马人看来,这一点与地理环境有关:晴空万里,皓月朗朗,气候温和宜人,即使刮风也不是凛冽的寒风,而是和煦的微风。而赛里斯人"从来不知道兵器和战争是什么一回事",这大概是中国人(汉人)在西方所享有的最古老的美名,不过这样的"美名"也成为后世崇尚武力的欧洲人耻笑中国人的重要因素。如 16 世纪的一位无名氏作者即说:"一般来说,中国人民既不勇敢也不精巧,他们更没有任何天生的尚武好战的心性,如果说他们能维护自己,那是由于人多,城池坚固和军备供应。"①

第四,为人诚实公道,遵守祖传习俗,具有优良的道德规范,但宗教意识薄弱。地理学家梅拉坚信中国人"充满正义感"。2 世纪末,他在一篇文献中写道:"居住在地球一端的中国人所奉行的法律禁止他们杀人、通奸、卖淫、盗窃和敬拜神像,因此在那个幅员辽阔的国度里看不到庙宇、神像、妓女、通奸者;没有盗贼被审判,也没有某人被谋杀的记录。"②这真是一幅田园诗般的图画。

卒于 368 年的西赛尔在其《对话》里也有类似的说法:"在我们之中或其他民族中的每一地区,一概都存在有国王的法律,无论是成文法还是不成文法。在有些民族中具有成文法,另一些民族中的习惯则具有法律的效力。因为对于那些没有法律的民族来说,

① 赫德逊著,王申等译:《欧洲与中国》,中华书局 1995 年版,第 224—225 页。
② 白佐良、马西尼著,萧晓玲、白玉崑译:《意大利与中国》,商务印书馆2002 年版,第 8—9 页。

便以祖传的习俗取而代之。在这一类型的民族中,首先应该指出居住在大地边缘地带的赛里斯人。他们的法律是先祖的习惯,习惯法严禁他们卖淫、盗窃、通奸、崇拜偶像和求神等活动。因此,在他们之中既没有偶像也没有妓女,既没有通奸者也没有抢劫者,既没有杀人犯也没有盗贼。……在赛里斯人中,先祖之法要比天体的威力更强大。"[1]

最后,罗马作家还指出了赛里斯的其他特性。如:(1)穿长衣服。奥索纳(？—390)《诗集》:"穿着长服的赛里斯人,正在采集他们的森林羊毛。""穿着长服的赛里斯商人,已经飞越了海洋。"(2)精工制作。查理同(100年左右)《加拉和卡利赫》:"他将箭囊和弓弩挂在自己身旁,这些都是赛里斯人精工制作的。"斯塔西《短诗集》:"她穿着梯尔的紫红衣衫,安息在赛里斯国人精工制作的床台上。"(3)男子结发。伊彼芬尼亚(315—403)《反对异教徒》第三部分"论信仰":"在赛里斯人和其他民族中,具有无数法律、教理、异教和形形色色的差距。例如在赛里斯人中,男子也结发,在他们之中也如同女子一般使用香料和进行梳妆,以便讨取其妻子的欢颜;女子们的情况正好相反,所有的人都剪去自己的青丝,紧束一身男装,并且还从事所有的农业劳动。"[2]

三、丝国人奇特的贸易方式

在赛里斯人所有的特性中,最让罗马人感到难解的是他们那

[1] 西赛尔这段记载受到了巴尔德萨纳的影响:"在赛里斯人中,法律严禁杀生、卖淫、盗窃和崇拜偶像。在这一幅员辽阔的国度内,人们既看不到寺庙,也看不到妓女和通奸的妇女,看不到逍遥法外的盗贼,更看不到杀人犯和凶杀受害者。"参见《希腊拉丁作家远东古文献辑录》,第57、67页。
[2] 戈岱司编,耿昇译:《希腊拉丁作家远东古文献辑录》,中华书局2001年版,第68—69页。

种奇特的贸易方式。我们从下面四部在当时流传很广的著述里，可以看出罗马人普遍的惊异与不解。

梅拉《地方志》第一卷："赛里斯人住在临近东海岸的中心。"第三卷里说："赛里斯人是一个充满正义的民族，由于其贸易方式奇特而十分出名，这种方式就是将商品放在一个偏僻的地方，买客于他们不在时才来取货。"①

老普林尼《自然史》："赛里斯人本来是文质彬彬的，但在这件事情上却显得野蛮。他们不与别人交往，坐等贸易找上门来成交。""他们（赛里斯人）不轻易与外来人交谈。……商品只堆放在赛里斯人一侧的江岸上，如果商人们感到价格物品合适的话，就携走货物而留下货款。"②

索林《多国史》："赛里斯人高度文明开化，互相之间非常亲睦和气，但却躲避与其他人相接触，甚至拒绝同其他民族保持贸易关系。然而，这一国家中的商人渡过他们那条大江，双方在某江岸上进行没有任何语言交流，而仅根据简单的目测估价的方法进行贸易，他们出售自己的商品，但从不采购我们的商品。"③

阿米安·马尔塞林《史纪》："中国人是最节俭的民族，安安静静的过活，不爱跟其他人种交往。假如外国人过了河来买丝或旁的土产，中国人就把自己的货色摊开，一句话也不讲，只用眼色来表示价格，甚至肯把东西全盘奉送，不取报酬，因为他们最克己、肯

① 戈岱司编，耿昇译：《希腊拉丁作家远东古文献辑录》，中华书局2001年版，第8—9页。
② 戈岱司编，耿昇译：《希腊拉丁作家远东古文献辑录》，中华书局2001年版，第10—12页。
③ 戈岱司编，耿昇译：《希腊拉丁作家远东古文献辑录》，中华书局2001年版，第64页。

吃亏。"①

以上这种贸易特性常使欧洲人感受到一种怠慢:中国人对人冷淡,无意与他人建立和加强联系,对外国事物缺乏兴趣。在罗马人看来,这是中国人许多优点中的一个缺憾。他们无法知晓远方的中国人为何有如此顽强的优越感,视外邦为蛮族。后世欧洲人对此也多有看法。比如,法国人米歇尔·博迪耶(1589—1685)所著《中国国王宫廷史》(1625)里说:"这个国家惊人的优越条件已使地球上所有其他的国家不悦。……中国人可以无视和蔑视其他民族的援助,以及他们外省各省份的优良条件。这样,他们也就封闭了起来,如同生活在另一个世界里一样。""但中国的君王,以其迷惑人的宗教而自负,他对偶像虚伪地施礼,却像大地之子一样地生活。然而,其财富之巨大,力量之强大,国家之富庶,领土之辽阔,都使他在思想上骄傲到了蛮横无理的地步。他蔑视世上其他一切民族,只尊重中国人。欧洲人就算不太受其蔑视了,他常说,中国人有两只眼睛,欧洲人是独眼龙,而世上其他的人全都是瞎子。这番狂言是他的臣子们说出来的。"②

不过上述这些生意人是否就是丝国人(中国人),后代学者看法不同。英国汉学家赫德逊就说:"只要中国的统辖区向西扩张至帕米尔时,中国商人就可能和大夏和粟特直接进行贸易,但在其他时期则贸易便由居间的国家与部落来进行,或者至少由他们抽税。有时这些居间人和真正的中国人在一起被希腊和拉丁的作家们混称为丝国人。"针对罗马人描述的那些奇特的贸易方式,赫德逊明

① 钱钟书著:《欧洲文学里的中国》,《中国学术》(第13辑),商务印书馆2003年版,第13页。

② 柯孟德著,孟华译:《中国:在神话与游记之间——西方人看中国三例》,《国际汉学》(第4辑),大象出版社1999年版,第177页。

确指出："显然上文所指的并不是真正的中国人；倒像是指的帕米尔高原上各部族的人，他们当中至今还保留着碧眼金发的成分。哑子式的以货易货的交易，也适合于原始的山民，但决不适合于任何文明民族。"①

罗马和中国之间的贸易，使罗马变得日渐贫困。处在中间地区的安息帝国，借助于地理位置控制交通要道，对过境的帝国商品征收巨额关税而从中获益。罗马人和安息人进行了几个世纪的战争，就是企图从对方手中夺取贸易的垄断权，但并未取得决定性成果，征服出产昂贵丝绸的中国的美梦也付之东流。诗人卢卡诺在诗句中痛惜罗马人在内战中自相残杀而未能攻打东方，倘若他们这样做了，那么"中国人和 Arasse 蛮族以及那些晓得尼罗河在何处发源的人（要是他们存在的话）便早就被制服了"②。

其实，罗马帝国征服世界（包括中国）的野心，早就反映在著名诗人贺拉斯（前65—前8）的作品中。他在其颂扬民族主义精神胜利的《颂歌》（Odes，前24）中四次提及中国（赛里斯），除了表达这种野心外，还流露出对东方民族的猜惧。《颂歌》第1卷第12首颂扬奥古斯都说："也许他能击退帕提亚人（安息人），使他们遭受应得的惨败，因为帕提亚人威胁着拉丁地区；也许他能战胜东方各地的居民，赛里斯人和印度人，成为您（指朱比特 Jupiter）独立的附庸，他将公正地治理天下。"③《颂诗》第1卷第29首里，贺拉斯问他从军的朋友说："有那一个年轻的伙伴……已经学会了拉开祖传的

① 赫德逊著，王申等译：《欧洲与中国》，中华书局1995年版，第53—54页。
② 白佐良、马西尼著，萧晓玲、白玉崑译：《意大利与中国》，商务印书馆2002年版，第13页。
③ 戈岱司编，耿昇译：《希腊拉丁作家远东古文献辑录》，中华书局2001年版，第2页。

弓,把箭射到中国去?"他对自己的好朋友说:"您提心吊胆,只害怕中国人和波斯人暗算罗马。"(《颂歌》第 3 卷第 29 首)贺拉斯赞美奥古斯都为"文学艺术事业的保护者",并说:"只要他当朝执政,就不怕……有二心的中国人或波斯人违命作乱。"(《颂歌》第 4 卷第15 首)①

1 世纪的佩特洛尼厄斯所著《讽世书》是古罗马文学里两部著名小说之一。书里写到罗马帝国的荒淫残暴,称罗马人占有整个世界后,还不知足。"不管在天涯海角,那里有黄金,那里就成为罗马的敌国,就此命里注定要遭到战祸。""中国人搜刮了他们的精美的丝,阿剌伯人把自己的地皮刮光",都来供给罗马。②

对东方财富的渴求和对东方民族的恐惧,刺激着罗马人的征服欲望。这样一种对东方世界的征服野心随着罗马帝国的灭亡,又沉淀在欧洲人的心灵深处,成为左右后世欧洲人重塑中国形象的重要砝码。

(葛桂录)

---

① 钱钟书著:《欧洲文学里的中国》,《中国学术》(第 13 辑),商务印书馆2003 年版,第 7—8 页。

② 钱钟书著:《欧洲文学里的中国》,《中国学术》(第 13 辑),商务印书馆2003 年版,第 9 页。

鲁滨逊的中国印象

　　现在即使还有人不知道丹尼尔·笛福（1660—1731），恐怕没有人不知道流落到荒岛的鲁滨逊。我们在此来讨论的是关于这位久负盛名的英国作家对中国形象的看法。然而令我们中国读者不愿看到的是，笛福对中国文化是有偏见的。更令我们不解甚至有些义愤填膺的是，他通过笔下的人物鲁滨逊对中国文明的攻击是肆无忌惮、无所顾念的，可以说也是当时欧洲对中国一片赞扬声里最刺耳的声音。

　　众所周知，《鲁滨逊漂流记》奠定了笛福在英国文学史上的地位。不过我们通常看到的是这部名著的第一部内容，而其续编多为当代读者忽视，至于第三编（即《感想录》，*Serious Reflections during the Life and Surprising Adventures of Robinson Crusoe*）就更少有人问津了。有位笛福的传记作者这样说过，如果第一编有上百万人读过，第二编有几千人读过，那么关于第三编的存在，则只有几个人听说过。其实，这三部分内容在当时是一并流行的，而且也是互为补充的。即便是那现在"只有几个人听说过"的第三编，也与班扬的《天路历程》多有相似之处，而像后者那样的劝善书正是那时的畅销书。对我们中国读者而言，续编及三编更是无法忽略，因为

笛福的中国文化观就在其中。

在《鲁滨逊漂流记续编》(*Farther Adventures of Robinson Crusoe*, 1719)里笛福继续说着鲁滨逊的故事。这回他想到东方游览。于是上船东行,过好望角,过马达加斯加岛,到了波斯湾。后来过苏门答腊、暹罗、孟加拉湾、马六甲。最后船驶向南京,终于在广阔的南京湾的西南角下了锚。以下便是笛福借助鲁滨逊之口说出的对中国的印象。

一踏上中国的土地,鲁滨逊就觉得自己流落在遥远的异国他乡了。但抱着等待贸易的希望,继续留在当地。为了散散心,他到内地作了两三次旅行。首先花了十天工夫去了南京城,觉得这个城市很值得一看,有一百万人口,造得很正规,街道是笔直的,城市轮廓显得很美观。"但是当我把这些地方的困苦百姓同我国的一比,看看他们的房屋、生活方式、衙门、宗教、财富和有些人所说的荣华,我得承认,我觉得未必值得在这儿花时间一提。"①

虽然口说不值一提,但鲁滨逊还是禁不住提醒人们:"非常值得注意的是,对这里的壮丽和富足、浮华和礼仪、政体和衙门、生产和贸易以及这些百姓的行为举止,我们感到惊奇;倒不是其本身值得人家惊奇,或者说值得人家给以丝毫的重视,而是因为既对那些地方的鄙俗残暴,对普遍存在于那里的粗野和无知有了真切的印象,所以没想到会看见反差这么强烈的事物。"这里一看就明白其矛头对准了那些耶稣会士颂扬中国的言论。

笛福既然不赞成耶稣会士们对中国的印象,那么他又如何让人相信他自己的见解呢?这就是通过比较。小说中有一大段内容从多方面将中国与欧洲放在一起比较,目的当然是要把中国比得

---

① 本节以下所引作品内容均出自黄杲炘译《鲁滨孙历险记》,上海译文出版社 2001 年版,不再另注。

不值一提：

他们那些建筑同欧洲的官殿和皇家建筑相比，又算得了什么呢？他们的商业活动与英国、荷兰、法国和西班牙的世界性贸易相比，又算得了什么呢？他们的城市同我们的城市在财富、实力、服饰的艳丽、家具的富丽堂皇以及城市本身的变化无穷相比，又算得了什么呢？他们的港口只有区区几艘大小帆船进出，而我们的海上交通既有商船队又有强大的海军，怎能相比呢？我们伦敦城的贸易量比他们半个庞大帝国的贸易量还大；一艘配备八十门炮的英国、荷兰或法国的战舰，几乎可以同中国所有的船舶较量；然而，他们的巨大财富、他们的贸易、政府的权威和军队的力量也许可以使我们小小地吃一惊，因为我已说过，考虑到他们都是些信奉多神教的人，所以这些情形才有点出乎我们意料；这确实对他们非常有利，使他们在我们眼中显得伟大和强大；实际上，那本身没什么了不起的，因为我对他们的船舶所说的话，也同样适用于他们的军队……所以我得承认，回到国内后，听人们说起中国人在这些方面的光辉灿烂、强大昌盛以及贸易什么的，我总感到有些奇怪；因为就我所见，他们似乎是一批无知又肮脏的人，而且组织得不好；要不是同莫斯科的距离远得难以想象，要不是俄罗斯帝国同样落后、不中用和管理不善，那么俄罗斯帝国的沙皇可能轻而易举地把他们全赶出他们的国家，一举征服他们……再说，在知识上、学术上、科技上，他们也相当落后，尽管他们有天体仪或地球仪什么的，知道一点数学的皮毛，自以为懂得比世界上其他的人要多，但他们对天体的运动所知甚少，而他们普通百姓的极端无知更到了荒唐的地步……

　　鲁滨逊极其厌恶的是中国人的自傲言行。在他看来,所谓自傲,也不是什么第一等可恶的事情,可是中国人的自傲之所以特别讨厌,乃是由于他们实在毫无自傲之处,这简直连美洲的那些生番野人也比不上。我们来听听他信口开河的"高论":

　　　　中国人的骄傲,简直达到了无以复加的程度,只有穷困才达到更高的程度。穷困和骄傲合在一起,构成我所谓的苦难。我不得不认为美洲那些赤身裸体的生番,要比他们过活得快乐多了,因为那些人既然什么都没有,也就不需要什么了;至于中国人,则傲慢而无礼,但就大体而言,只是一些乞丐、一些苦力而已。他们还死要面子,那是不可以用言语形容的,主要表现在他们的衣饰和房屋上面,也表现在他们——大群的仆役或奴隶上面。此外,还有极其可笑的事:据说,世界上除了他们自己而外,任何人都是他们鄙视的对象。

　　除了以上这些对中国人空泛的攻击外,笛福又特意描写了两个人物:一个中国官僚,一个中国绅士。这两种人物的选择并不是随便的,因为当时备受欧洲人士称许的就是他们。中国官吏,被有些人理想化为开明政治的真身;中国士人,也被看做具备诸种美德且风雅无比的士绅。那么鲁滨逊所见到的乡绅和官僚是个什么样子呢?

　　培根有一篇文章《论国家真正伟大之道》,说"任何国家之所以伟大,主要在于是否有尚武的人种";只有通过军事活动才能建成世上最伟大的帝国,为了进行战争,必须寻找一切可以利用的借口,甚至一些"貌似有理的理由和原因";"一国若要成就帝国大业,最重要的事在于必须承认军事是我们的主要的荣誉、学问和职业。

任何国家若不直率宣布以军事立国，就不能奢望强大会从天而降"①。

笛福也特别看重军队的作用，因为一支强大的军队能对商贸活动起保护作用。所以他通过鲁滨逊的口再次将中国的军事力量与欧洲作比较：

> 一支精锐的法国骑兵或只穿上半身铠甲的德国骑兵，就能抵挡住中国所有的骑兵；他们的步兵即使有百万之众，只要不能包围我们的步兵队伍，那么尽管他们在数量上是我们的二十多倍，但照样顶不住我们步兵的进攻……三万名的德国或英国步兵，加上一万名的骑兵，只要指挥得当，就能打败中国的全部军队。在欧洲军队的攻击下，中国没有一座设防的城市能够坚守一个月的……当然他们也有枪炮，但那些枪炮质量低劣，发射不灵不准；而他们火药的爆炸力也很小。他们的军队纪律松懈，既不能巧妙地进攻，又不会冷静地退却。

如果说上述鲁滨逊关于中国军队的议论只不过是笛福自己别有用心的想象的话，那么，一百多年以后，却不幸被证实了。1836年初，《中国丛报》登载了一篇文章《与中国订约——一个巨大的迫切要求》，该文在追叙了中外关系的历史之后谈道："最近在沿海的侦察证明，天朝的联合舰队无能驱赶一艘只配备数名欧籍武装人员的商船。我们已经见识过一些他们自吹自擂的英雄们，可以断言，英国兵只要一个团就可以击退他们几个省的军队。"同年8月，《中国丛报》又发表了一篇对中国军事实力的情报调查，认为从军

---

① 参见黄宏煦选编：《培根作品精粹》，河北教育出版社1993年版，第239—251页。

事的角度看,中国实在不堪一击。①

笛福虽然是个商人,但对宗教也有兴趣。1720 年,在《感想录》里,鲁滨逊似乎更关心中国人的灵魂,因而集中攻击了中国的迷信。在批评完所有的中国政治、法制、艺术、技术、航海和海军等等之后,还特别谈到了两点,一是孔子的学说;二是中国的宗教。对于前者,谈的不太多,只是说在那里政治、道德和迷信纠缠在一起,既不一贯,也无多少道理。至于宗教,笛福说:"我所注意的,不在乎他们在艺术上的技巧,而在乎他们在宗教事体里所表示的愚蠢和可笑可鄙的冥顽;我竟以为最蒙昧的野人,也比他们略胜一筹了。"②这种刻薄的谩骂式批评,在当时欧洲颇不多见,难怪当年林纾先生译到这里,愤怒之极,差一点连译稿带原书一起撕了。

因此,笛福说,中国的宗教是最野蛮的。中国人在一个怪物的偶像前面弯腰致敬,而那个偶像一点也不可爱,一点也不和善,而是人类所能制造的最下流、最可鄙、最难看、最使人看了恶心反胃的东西。而在这样一个野蛮和未开化的国家传播基督教,势必难以给传教带来什么荣誉。

回顾一下天主教在中国的传播史可以发现,早期天主教传教士来华的目的是要"征讨这崇拜偶像的中国",用西方的上帝来"开导这个半开化的异教国家",来征讨这个"自古以来被魔鬼占领的在地球上最顽固的堡垒"。③ 但后来才发觉如果要在中国立足,就必须利用儒家经典并作出一些妥协,才能对中国的上层统治集团

---

① 顾长声著:《传教士与近代中国》,上海人民出版社 1981 年版,第 34—35 页。

② 葛桂录著:《雾外的远音:英国作家与中国文化》,宁夏人民出版社 2002 年版,第 109 页。

③ 葛桂录著:《雾外的远音:英国作家与中国文化》,宁夏人民出版社 2002 年版,第 111 页。

和士大夫阶层进行突破。于是利玛窦、汤若望等传教士主张合儒、补儒，主张调和儒家的天与基督教的上帝，甚至主张允许中国信徒祭祖祀孔。这里，笛福的意思是，如果中国人接受的不是上面所说的那种大杂烩式的宗教，而是一个宣讲得更好、更为纯正的基督教的话，那么，中国人在他们心灵受到纯化后，就很有可能把心中的魔鬼驱逐出去。

现在我们想知道的是，笛福从未到过中国，为何对中国的评价如此毫不留情，如此极端？

先说宗教信仰。笛福的父亲是个小屠户和蜡烛商，信奉反对英国国教的长老会。受其家庭出身和宗教信仰的影响，笛福反对英国国教会，与罗马天主教会更是格格不入，而耶稣会是天主教会的一支。他虽在斯图亚特复辟后英国国教会整肃不同宗教教派的环境里长大，却成为一个典型的反国教会的清教徒作家。有种说法是他曾参加以新教为主体的蒙茅斯公爵的叛乱。英国国教是16世纪上半期亨利八世宗教改革时确立的，后来成为封建专制统治的工具和支柱。16世纪60年代，加尔文教传入英国，后称"清教"，很快受到资产阶级和新贵族以及下层民众的拥护。清教宣扬从事工商业活动是上帝赋予选民的神圣使命，只有那些发财致富的人才能成为上帝的选民，才能得救，这便适应了新兴资产阶级发展工商业的要求。笛福正是如此。

笛福又是一个国家主义者。他以英国为荣，并攻击外国（尤其是西班牙与葡萄牙），在他的小说里（如《辛格顿船长》）随处可以看见。《鲁滨逊漂流记续编》也讲过这样一件事：一个西班牙人说他遇到的各种人里面，英国人在危难中最为沉着冷静，而他们这个倒霉的民族与葡萄牙人则相反，在同不幸的命运作斗争时，世界上就数他们的表现最差；因为他们一碰上危险，略略作了些挣扎之后，接着便是绝望，便是在绝望中躺下等死，根本就不会振作精神，

想出逃脱困境的好办法。

鲁滨逊听到这些好听的话,还谦虚了一番,说他做的事另一个人在同样情况下也是能够做到的,这倒引得西班牙人继续说道:"先生,在你那处境里,换了我们不争气的西班牙人,那么我们从那船上弄下来的东西决不会有你弄到的一半;不仅如此,我们根本还不会想办法来扎个筏子把它驾到岸边的;更不要说如果只有一个人的话,我们还能做点什么了!"这样一些话,英国人当然会觉得中听。

笛福还是一个商人,因而看待任何事物完全采取商人的尺度。他之所以崇奉军事力量,其中一个原因就是认为海军、陆军有护商的能力,进而以军队的强弱为评价文化的标准。

我们知道笛福生活的时代正是洛克为私有财产正名、追求财富已覆盖于全社会的时代。笛福在这个时代身体力行,渴求富足,投身于当时最赚钱的行业——对外贸易。不仅如此,他更把推崇商业,宣传商业作为毕生的己任,他的《评论报》(1704—1713)、《商业报》(1713—1714)明确地充当商业利益的喉舌。他还写过《贸易通史》《英国商绅大全》《英国商业方略》等著作。他对商人的赞扬同样无以复加:"如果说在任何行业中只有勤劳才能得到成功,那么在商业界,恐怕这样说才更确切:比起任何人来,商人更加依靠智慧生活。"他认为商人是"世界上最聪敏的人,因而在迫于无奈不得不另想生活门路的时候也是最能干的人;依照愚见,本书在讨论的题材中所涉及的种种计划都是从这种人中来的。在这种人身上很容易追溯出他们的本行是银行,股票,股票买卖,保险,互助会,彩票等等"①。他把不辞艰险在全世界经商、不择手段谋取利润、不

---

① 钱乘旦、陈晓律著:《在传统与变革之间:英国文化模式溯源》,浙江人民出版社 1991 年版,第 102 页。

惜以殖民手段进行掠夺的远洋商人奉为英雄,而鲁滨逊正是他理想中的典型人物。

总之,笛福是商业时代的鼓吹者。在《鲁滨逊漂流记续编》中他攻击中国文明,但对中国的一些物产表现出了商人的兴趣。鲁滨逊去南京湾的目的是卖掉船上的货,买进一些中国瓷器、白棉布、生丝、茶叶、丝织品等等,或者到澳门,把自己的鸦片卖到一个满意的价钱,然后用这钱买各种中国货。……当他们要离开中国时,(去了南京)买了九十四锦缎和二百来匹各种上好的丝绸,其中有些还是绣金的,并把这些货物运回北京;除此以外,还买了数量十分庞大的生丝和其他货物,单是这些货物就值到三千五百镑左右;另外还有茶叶和一些细布,加上三只骆驼驮的肉豆蔻和丁香,总共有十八头骆驼驮的货物,浩浩荡荡,离开北京,然后出关,进入俄罗斯帝国,取道阿尔汉格尔回国。而那些中国香料,一部分就在阿尔汉格尔销售,没有带回英国,只是因为"那里货价要比伦敦高得多"。

笛福认为英国如果"没有商业就不能维持下去,好比教堂没有宗教就不能维持下去一样"。"我们(指英国人)是一个做买卖的民族,我们的事务是经商,我们的目的是赚钱,商业上除了利润而外是没有什么兴趣可言的……我们同土耳其人、信仰邪教的人、信仰偶像的人、不信仰犹太教的人,信仰异教的人以及草昧未开的野蛮人打交道、做生意,只要能达到目的,只要对买卖有利,可以不管他们崇拜什么上帝……商业上崇拜的唯一偶像是赚钱。在商人看来,只要有利可图,不管同什么交易,都能一样的。"①

最后,笛福还是个"报章家",并享有"现代新闻之父"的美誉,

① 范存忠著:《笛福的〈鲁滨孙飘流记〉》,《英国语言文学论集》,《南京大学学报》1979年印行,第8页。

明白如何去渲染他的文字,怎样用似非而是的言论,知道故意与人相违以博取注意。1700 年,40 岁的笛福当上了一名记者,后来写了许多轰动一时的新闻稿件,他又是个绝妙的政治鼓动家,而在讽刺方面,又有拿手好戏。

这样一来,中国既然是不奉新教而又祀天祭祖,虽然名声扬溢,在书卷的记载上几要压倒英伦,但从使臣和商人的记载看又无强健的军备,而且商舶从未到过欧洲,那些传闻又少人确见,凡此种种,无不与笛福持有的文化观念方枘难合,这就难怪他对中国无甚好感了。

(葛桂录)

安杰丽嘉、图兰朵：美丽、冷酷的中国公主

首次自费环球旅行的意大利人弗朗西斯科·卡莱蒂（1573—1636）在其自述探险的《印度等国旅行见闻述评》中，这样记述着中国女人："据说，女人非常美丽，会打扮，但都是小眼睛，在她们中眼睛小更受人喜爱。男人们都很小心翼翼地爱护着自己的女人，不让人看，只有近亲才能看到。"中国男人在其笔下则相当丑陋："男人的脸面可不太好看，小眼睛，扁鼻子，没有胡须或胡须很少，大概只有 30 或 35 根黑毛，稀疏，长短不齐，下巴的胡须和嘴上的小胡子难看地下垂着。"马可·波罗在《马可·波罗游记》中讲述"蛮子国都行在城"（杭州）时也说"妇女皆丽"，讲到"福州国"，也说"其妇女甚美"。鄂多立克描述"蛮子省"时同样说："至于女人，她们是世上最美者！"与之相对照的是，迦勒底国（巴格达）却是"男人英俊，但妇女实在邋遢。男人真个衣冠楚楚……而女人除了穿一件到膝盖的破烂汗衫外，别无其他，……她们赤着足，裤腿在脚上荡来荡去，头发不编不梳，而是乱七八糟"①。

---

① 鄂多立克著，何高济译：《鄂多立克东游录》，中华书局 2002 年版，第 70 页。

可见，不论探险家、商人，还是传教士，对中国女人美丽这一点，没有多大分歧。在西方人眼中，中国女人长得俊美至极，由此产生了契丹公主——美丽的安杰丽嘉的神话。

意大利文艺复兴时期最出色的宫廷诗人博亚尔多（1441—1494），在他那首未写完的长诗《热恋中的奥兰多》中就出现了一位美丽的中国公主安杰丽嘉。法兰克王国加洛林王朝查理大帝在巴黎举行有两万余名骑士参加的赛马会。东方美丽的公主安杰丽嘉在其兄长的陪同下也出现在赛马会上。公主当众宣布，她将嫁于制胜其兄长的英雄为妻。骑士们为安杰丽嘉的绝色所动，纷纷挺身而出与其兄决一胜负。可是，这位东方公主反复无常，对自己许下的诺言后悔不已，于是趁厮杀的混乱之际逃出比武现场，众人骑马扬鞭紧追不舍，其中有查理大帝的贴身卫士奥兰多和拉那多。拉那多在森林中饮水中邪，对安杰丽嘉的爱慕顷刻之间消失殆尽，而公主因巫术之力狂热地爱恋着拉那多。为了保卫公主的安全，奥兰多终日随其左右，多次打退鞑靼国王的进攻。鞑靼国王子攻打法国，奥兰多毅然回国参战。安杰丽嘉公主出于对拉那多的一片痴情，也随他一起回到法国，但两人在森林中饮水再次中邪，公主转而将拉那多视为仇敌，而拉那多出于嫉妒与奥兰多决斗；查理大帝及时赶来制止了他们的厮杀，将安杰丽嘉托付给年迈的纳莫公爵照看，答应战事结束后，将她赐给他俩中英勇杀敌者为妻。

长诗中的东方公主安杰丽嘉绝色动人，散发着爱情的神秘魔力。在博亚尔多笔下，爱情已取代了宗教信仰的地位，成为骑士们英勇行为的主要动力。

法国国王查理八世的入侵，迫使博亚尔多停笔参战并阵亡，因而遗憾的是，这首长诗并未最终完成，美丽的中国公主安杰丽嘉的命运，牵动着无数读者的心绪。好在文艺复兴时期另一位杰出的作家阿里奥斯托（1474—1533）以其不朽史诗《疯狂的奥兰多》，继

承了博亚尔多的未竟诗篇。

阿里奥斯托这部最全面体现文艺复兴时代精神的杰作,展示了贵族文化崇尚肉欲爱情和赞美虚浮人生景致的流行情趣。作品以那位中国公主安杰丽嘉趁混乱之际再次出逃揭开长诗的序幕,接着是一连串充满神奇色彩的惊险离奇的故事。在长诗三条线索中,最重要的一条就是骑士奥兰多对东方中国公主安杰丽嘉至死不渝的爱情。无论何人都为安杰丽嘉的美貌而魂不附体,在她身后苦苦紧追。奥兰多更是为寻觅她的芳踪,走遍天涯海角,历经千难万险。当得知安杰丽嘉爱上了在战场上邂逅的摩尔王子麦多拉,并同他结为夫妇,在林中度蜜月时,奥兰多终因失恋而疯狂了,而且疯狂得出奇。诗人用极其高妙的比喻描写奥兰多变疯的过程。奥兰多心中的悲痛就像灌满水的细口瓶子颠倒过来,水都想涌出来,却被瓶口卡住。只见他赤身在野地里奔跑,见物即毁,树木、岩石、羊群、牧人都不能幸免。他把大树连根拔起,脱去盔甲、衣服,赤身裸体,到处骚扰,完全像个野人。某次他疯狂地捉住一牧羊人,把牧羊人的头从肩上拧了下来,"就像一个农家人从树茎上或嫩枝上掐一朵花似的那样轻松"。接着拎着死人的腿当棍棒,又打死其他两个牧羊人。人们纷纷逃散,有的躲到屋顶,从远处看他把农田搅得天翻地覆。村民们敲钟集合,操起棍棒。成千的人从山上下来,成千的人从山谷里上来,对付奥兰多一人,均被他杀退。他饿了,就杀野兽充饥。最后,奥兰多回到查理大帝宫廷中。另一骑士飞往月球,取回装有奥兰多理性的瓶子,让奥兰多从瓶口吸入理性,治好了病,恢复正常。在查理大帝人数众多的贴身武士中,偏偏是处事明智、品行高尚的奥兰多因得不到安杰丽嘉的爱而癫狂。

奥兰多为了爱情而放弃骑士荣誉与理性,可见爱情魔力的巨大,而爱情受损害的破坏力则更为可怕。全诗标题就表明诗人主

旨之一就是通过写失去爱情而产生的破坏,凸现出爱的力量、美的魔力,成为一首冲破中世纪神秘主义、禁欲主义和宗教信仰的束缚,讴歌现世生活欢乐的战歌。在阿里奥斯托笔下,东方美女安杰丽嘉成了青春和美色的象征,成为整部史诗的灵魂,即便是基督的信徒也为追求世俗幸福而跟在她身后紧追不舍。为此,这部《疯狂的奥兰多》成了16世纪西方脍炙人口、雅俗共赏的一部文学著作,反响强烈。

任何异域形象所体现的都是形象制造者自身的心理欲求。因此,将自身的情感欲望投射到他者身上,本是欧洲作家的一种写作策略。这样看来,美丽的中国公主安杰丽嘉遂成为15、16世纪欧洲人展示自身欲望的载体。两百年后,又一个美丽的中国公主,更撩拨着欧洲人的想象欲望,只不过这个公主既美丽、又冷酷,企羡与恐惧并存,更显出异域形象的无尽魅力。

1762年1月22日,一个天寒地冻的冬日夜晚,威尼斯圣撒母耳剧院里灯火辉煌,热闹异常。卡尔洛·戈齐(1720—1806)的一部"中国悲喜剧童话"——《图兰朵》,首次与观众见面。此剧一面世,受到不断排斥,却又倾倒了各国无数的艺术家,不经意间在西方掀起一股持久的"图兰朵"热。

戈齐出身于威尼斯贵族家庭,与哥哥卡斯帕雷·戈齐都是文艺批评家。为了让意大利传统的"即兴喜剧"重获新生,他在一生中作出了不懈的努力,为此发表了许多文章,诋毁威尼斯另一个杰出剧作家哥尔多尼所进行的喜剧改革,尤其是指责哥尔多尼在《一仆二主》《女店主》等剧中让中下层人民占领戏剧舞台的做法。为了与哥尔多尼的风俗喜剧唱对台戏,戈齐一口气写了十部童话剧,大多剧情怪诞,结构离奇。《图兰朵》就是其中一部风靡意大利并在欧洲产生重大影响的童话悲喜剧。

这是西方戏剧中少有的一出中国题材戏。戈齐在该剧里以渲

染人物的心理活动以及人们彼此之间的冲突来烘托故事的氛围：中国公主图兰朵是皇帝唯一的爱女，美丽而冷酷，聪明而高傲。为不被任何向她求婚的男子所征服，她想出了一条妙计，即凡向她求婚的人必须猜出她的三个谜语，否则即处以死刑。许多王公贵族慕名前往求婚，全都有去无回，北京城墙上悬挂着他们的首级。鞑靼王子卡拉夫痴迷公主的美色，决定冒死前去一试，但暗恋着他的女奴、被俘的鞑靼公主阿捷丽想方设法破坏他们的婚姻；品行高贵的卡拉夫看出了被他战胜的图兰朵公主的绝望心情，于是请公主猜他本人和他父亲的名字，如能猜中，她可以不嫁给他；阿捷丽出于嫉妒，将他们的名字事先告诉了公主；但是此时的公主已经深深爱上了卡拉夫，最终克服了自己傲视万物的心态，欣然同意与他结为夫妻。

童话剧构思新颖，情节一波三折，情趣盎然。戈齐又借鉴民间流行的即兴喜剧手法，加上剧中浓郁的东方情调和浪漫色彩，因此受到市民公众的热烈欢迎。不过，戈齐的剧作遭到意大利评论界的冷落与责难。当时著名诗人托马塞奥、客居英国的评论家巴雷蒂都撰文发难：《图兰朵》内容上背离现实生活，开历史的倒车，艺术上追求奇异和华丽，是对哥尔多尼喜剧改革的反叛。

我们知道，图兰朵的素材最早见于波斯诗人内扎米的故事诗《七美人》（1197）。在这首叙事诗中，王子七位妻子中的一位给他讲的故事，即俄国公主星期二在红楼上讲的故事，是关于图兰朵的谜语的故事。精通波斯文的语言学家和外交官拉克鲁瓦在波斯旅行期间，搜集了大量的波斯民间传说，修订加工后，于1710—1712年间以《一千零一日——波斯故事集》为题在法国出版。就在这部书中，拉克鲁瓦将图兰朵改成为一个中国女子，并且给在内扎米诗中无名无性的王子取名为卡拉夫，故事发生地点也由俄国移到了中国北京，借以迎合当时在欧洲，特别是在法国和德国风行一时的

"中国热"。拉克鲁瓦的这篇名为《王子卡拉夫和中国公主》的故事,异国情调十足,如卡拉夫回答问题时,皇帝端坐龙形御座上,接受排列两厢的贵族元老们的三跪九叩之礼;一位撒马尔汗的王子因答题失败而被处决时,绞架上裹着白绸,数千士兵列队排成人墙,场面非常壮观。这样的故事当然很有观赏冲击力。

德国浪漫派最早把目光投向《图兰朵》。1795 年,韦尔特勒斯把它译成德文,立即引起大作家席勒的注意。席勒将此译本,用五步抑扬格改编为剧作《图兰朵公主》,并在歌德支持下,1802 年 1 月30 日在魏玛剧院公演,随后又在德累斯顿、柏林上演。一向颂扬自由和叛逆精神、赞美女性的席勒,当时正转向对古代艺术的追求,像图兰朵公主这类题材,正在他钟情之列。因而《图兰朵公主》中凸现了浓郁的东方情调。此剧一出,不胫而走,影响甚广。

戈齐的《图兰朵》在威尼斯公演时增加了戴假面具的即兴喜剧角色。席勒在他的改编本中,让他的人物"取下意大利面具……成为受过欧洲教育的世界公民"。德国汉学家顾彬说:"假如席勒了解中国戏剧,他恰恰有可能在这儿给意大利的东西涂上中国色彩,因为戴假面具的角色是中国古典戏剧的传统。中国传统戏剧角色中,除了分为男角(末)和女角(旦)以外,还有画脸谱的角色(净)和滑稽角色(丑)。我认为这些角色跟意大利面具角色大体相似。"①

20 世纪初,意大利作曲家布索尼,依据戈齐原作,自己撰写脚本和谱曲,完成了戏剧《图兰朵》,1917 年在瑞士苏黎世首演。这部最早取材于戈齐童话剧的意大利歌剧,为普契尼的惊世之作提供了参照。

① 顾彬讲演,曹卫东编译:《关于"异"的研究》,北京大学出版社 1997 年版,第 154 页。

意大利伟大的歌剧作家普契尼(1858—1924)以非凡的艺术想象力和对爱情的独特阐述,使《图兰朵》大放异彩。阿达米和西蒙尼吸取戈齐童话剧及席勒改编本之所长撰写的脚本,为普契尼提供了厚实的文学基础。该剧于1926年4月25日,在米兰拉斯卡歌剧院首次上演,由托斯卡尼尼指挥,轰动一时。

普契尼歌剧《图兰朵》为三幕,故事发生地点也安排在北京。第一幕幕启时,一群人正在皇宫外,等待里面进行的一场考验的结果。当他们听到一个官员说波斯王子考验失败必须丧命时,感到无比高兴。他们和刽子手开着粗野的玩笑,怀着迫切的心情,等待月亮升起,因为月亮升起就是行刑的信号。在人群中间有被流放并双目失明的鞑靼国王帖木儿,陪伴他的是一个忠实的奴隶姑娘刘。他们碰到国王的儿子卡拉夫,格外高兴,鞑靼国王一直以为他死了。众人唱着,催刽子手去把祭刀磨快。月亮升起了。但是,当送葬的行列跟在悲惨的牺牲者后面,顺着弯曲的山路走上刑场时,人群的心理起了变化。有人乞求宽恕,卡拉夫则咒骂着那个把高贵而无辜的求爱者送上断头台的公主图兰朵。但当卡拉夫看到图兰朵之后,精神恍惚,情愿受生死考验,如不能赢她,宁愿落得像那波斯王子一样的下场。

第二幕帷幕揭开,王座所在的宫殿内,考验就在那里进行。最高的座位上坐着年老的皇帝,周围是他的大臣和卫士。皇帝劝卡拉夫放弃参加比赛,因为为图兰朵牺牲性命的人太多了。当卡拉夫表示不同意时,图兰朵对他讲述"几千万年以前",她的一位女祖先曾被一个外国侵略者欺凌,并被那外寇带到了异邦,最后在愁苦中死去;图兰朵说为了报复,就设计了这套考验男人的办法。她也劝卡拉夫不要冒险了,因为要猜的谜语虽有三条,但活命的机会却只有一个。卡拉夫婉言谢绝了图兰朵的劝告,并猜中了第一个谜语:"每天夜里诞生,每天白昼死去的幽灵,不是别的,就是那现在

鼓舞着我的希望。"图兰朵看他解答得那么快,吃了一惊,随即提出第二个谜语:"有时像是发烧,可是当你死了,它就冷却;当你想到重大的事情时,它就像烈火般地燃烧;你说这是什么呢?"卡拉夫想了片刻,又说对了:"这是血液。"图兰朵十分恼火,提出了第三个谜语:"那使你燃烧烈火的冰块是什么呢?"卡拉夫好像愣住了一下,面对着图兰朵带着嘲笑的表情,过了一会儿,解答说:"那使我燃起烈火的冰块就是你。"原来最后一个谜语的谜底就是"图兰朵"。全朝文武官员,无不叹服。唯有图兰朵仍不甘心,又害怕又生气地乞求皇帝,不要把她当做奴隶一样送给一个外国的王子。这时,卡拉夫也慷慨地来帮助图兰朵,说:"我固然猜中了你的三条谜语,但是如果在明天天亮之前你能发现我的名字——因为这是个秘密,你是不知道的——我就情愿像没有猜中你的谜语一样被处死刑。"

第三幕,夜晚传来一名官员的声音:"大家听着,图兰朵下令,今夜如不把那外国王子的名字查出,全北京城的人都不准睡觉,违者处死。"卡拉夫听罢不为所动。他唱着一首欢快的咏叹调"谁也不能睡",因为他相信只有他能够揭开这个秘密;等太阳升起时,图兰朵就要成为他的新娘了。图兰朵的卫兵逮捕了帖木儿及刘,并严刑拷打帖木儿。刘挺身而出:"我知道那个名字,只有我一个人知道。"但她拒绝说出那名字。"是什么给了你这反抗的力量呢?"图兰朵问。她的回答是:"公主,是爱。"她对图兰朵唱着"你这个冷血的人"。这首咏叹调是整个歌剧的高潮。刘唱完后,从一个士兵的手里夺过一把短刀,自杀了。刘的尸体被抬走了,后面跟着看热闹的群众,只剩下卡拉夫和图兰朵二人独在。

普契尼逝世时,这部歌剧并未完成。结尾的二重唱,作曲家只留下一些草稿。阿尔法诺根据这些材料,续写了结尾部分:卡拉夫责怪图兰朵的冷酷残忍,然后抓住她,大胆吻了她的嘴唇。图兰朵的力量消逝了,一切报复的念头烟消云散,所有的凶狠和胆量一去

不复返。天已黎明,新的一天即将到来,她在卡拉夫怀抱中哭了,这是"第一次哭泣"。她乞求卡拉夫带着他的秘密"走开吧"。卡拉夫知道自己已征服了她,回答说:"我已不再有什么秘密了。我的名字是卡拉夫,是帖木儿的儿子。我把我的名字连同我的生命都交给你吧。"

第二天早晨,报道要上朝的号声传来了。王宫中,图兰朵对她的宫臣们和老皇帝说:"我已经发现了这位外国人的秘密,而他的名字就是——爱。"①

需要提出的是,这部著名歌剧还出现了广泛流行的中国民歌"茉莉花"。普契尼曾专门研究中国民间音乐,使得这部中国题材的歌剧飘逸出东方花香的魅力,并在欧美世界流行不衰。

德国汉学家顾彬在分析这种流行趋势时指出,依据萨义德的东方主义理论,作品中或舞台上的东方不仅反映了西方的优越意识,而且也流露出西方对外来者、对未经驯服者、对不复存在者的恐惧。于是,东方在西方男人的思想上便跟女人、跟神秘置于同等地位,它不仅是享受性爱欢乐的所在,也是威胁性爱的地方。图兰朵这个题材之所以受人喜爱,而且众所周知,直到今天仍然以新的面目出现,也是与此有关的。② 图兰朵题材的文本中多次重复的"要么死亡,要么图兰朵"的生死选择,还有卡拉夫的自白"我不怕任何力量,只怕美人的力量",都指向这种目的。而没有人性的美人,正是游历过东方的旅行家对东方女人的想象与体验。

正如萨义德所说:"隐藏在东方学话语——我指的只是人们一

---

① 参见古斯塔夫·科贝著,张洪岛编译:《西洋歌剧故事全集》(第二册),人民音乐出版社 1983 年版,第 315—321 页。

② 顾彬讲演,曹卫东编译:《关于"异"的研究》,北京大学出版社 1997 年版,第 158 页。

谈到东方或书写东方时就必然会使用的词汇——各个部分下面的是一套用以表达的修辞方式或修辞策略。这套修辞策略与真实的东方的关系如同戏剧人物所穿的程式化服装与人物的关系。……我们没有必要寻找描述东方的语言与东方本身之间的对应关系，并不是因为这一语言不准确，而是因为它根本就不想做到准确。它想做的只是……在描写东方的相异性的同时，图式化地将其纳入一个戏剧舞台之中，这一舞台的观众、经营者和演员都是面向欧洲的，而且只面向欧洲。"①如此看来，在这里，中国和中国公主都不过是西方人假想的一部分。因此，图兰朵这个形象不单是西方人自身欲望代言的喉舌，而且也反映出西方对异域的向往和恐惧。

（葛桂录）

---

① 萨义德著，王宇根译：《东方学》，三联书店 1999 年版，第 92 页。

中国园林的世界意义

中国的园林,中国的造园学,在世界上也是极负盛名的。作为文化交流,它也是对外影响最有吸引力的因素。《日本书纪》载:显宗天皇元年(485)"三月上巳,幸后苑;曲水宴"①。这条记载很有意义,一是说明远在 5 世纪,日本就有了受中国文化影响的"曲水流觞"游赏内容;二是如果和《兰亭集序》中的"又有清流激湍,映带左右,引以为流觞曲水"相对照,就可发现其直接的影响。《兰亭集序》写于中国东晋永和九年(353),这就足以证明中国园林内容对外传播之早,影响之深。到日本钦明天皇十三年(552),佛教东传带去的中国园林,对日本影响进一步扩大,日本宫苑中开始造须弥山,架设吴桥。朝臣们也纷纷竞造宅园。奈良时代的庭园已出现曲折的水池,池中设岩岛,池边砌叠石,池岸和池底铺设石块,环池疏布屋宇等。12—14 世纪间,由于禅宗的兴盛,加之茶风和中国水墨山水画的相继传入,都对日本上层社会产生了很大影响,禅、茶、画三者的结合对日本住宅及庭园形成一种素雅、洗练而清幽的风

---

① 陆坚、王勇主编:《中国典籍在日本的流传与影响》,杭州大学出版社1990 年版,第 68 页。

格,从而奠定了今日日本住宅及庭园的基础。14—16 世纪间,日本枯山水式庭园逐渐发展起来。可以看出,中国园林文化对日本庭园的形成及发展具有很大的促进作用,这是很明显的。

中国园林对于欧洲的影响,追根探源,也可找到踪迹。如果从远处算起,应推到 13 世纪的马可·波罗。具体到造园艺术,在欧洲形成"中国热"的带头人则是法国传教士白晋。白晋于 17 世纪末在巴黎举办了一个中国文物展览,介绍了中国的情况,也描绘了中国的建筑和园林,这对于当时毫不了解中国的欧洲人来说,是一次极大的轰动。尤其对英国产生了很大影响。英国当时的资产阶级牢固掌握政权之后兴起建造的一些新花园,叫做自然风致园,就受到过中国造园经验的推动,开始对严整的中轴对称、纯粹几何形布局稍有突破,把花园布置得如田野牧场一样,花园气氛较之古典主义的严肃呆板略显优雅、宁静和清爽。但这和中国造园的情致仍有天壤之别,只能说是得到过中国造园经验的启发,借鉴了中国造园的一些手法和题材。

对欧洲造园最有影响的当数法国神父兼画家王致诚和英国建筑师钱伯斯爵士。他们分别作为画家和建筑师,对中国造园观察之深、领会之切都远较一些走马观花之单纯传教士要具体而准确。王致诚曾参加绘制圆明园四十景图,有机会在园内长期活动,因此对中国造园手法和意境,都能去琢磨体会。他曾在给住在巴黎的达索写的一封长信中详尽地描述了他对中国造园艺术的认识和理解。钱伯斯是苏格兰人,18 世纪中叶来中国后,搜集了一批建筑、园林、服装和艺术方面的资料,而且师从一位中国画家学过绘画和造园艺术。他后来在巴黎学建筑,又到意大利学习。后回到英国担任亲王的绘画教师,并为王太后主持丘园的花园和建筑设计,任宫廷总建筑师。钱伯斯十分喜欢中国,他以画家、建筑师身份曾写过好几本书,专门介绍中国的造园艺术,如《中国建筑·家具·服

装和器物的设计》《中国园林的布局艺术》《东方造园艺术泛论》等,向当时流行的自然风致园猛烈开火。……钱伯斯致力于中国造园艺术的研究,不仅写书、评论、宣传、赞扬中国造园艺术,而且还付诸实践来印证他对中国建筑和中国造园的理解。1761 年,他曾在王太后的丘园里特意造了一座中国塔,八角,十层、砖砌,高48.8 米,除层数尚不完全符合中国习惯上的吉祥单数外,其他形制、比例和细部在当时都是欧洲所建中国房屋中最接近中国式样的。在他的影响下,浪随风起,王公贵族、富商巨贾,纷纷新建花园,或改造旧园,都以中国庭园为榜样,一时成为仿照中国造园的时髦风尚。

中国的园林建筑,以其尊重自然环境、存在于与自然环境和谐的氛围之中,以其所具有的浓郁诗情画意的审美境界,以其所饱含的与自然共处的人生情趣和亲切感,如今已愈来愈多地受到世界各国人民的爱好和推崇。园林建筑对外直接输出,恐怕也算是独一无二的大事。据不详尽的资料记载,自 1983 年起,园林对外出口,已建成者有:美国纽约大都会博物馆的苏州网师园中的"殿春簃",慕尼黑的芳华园,利物浦的燕秀园,温哥华的逸园,德国拉塞尔多夫的中国园,鹿特丹海洋乐园中的名胜园、观赏园,悉尼的谊园,英国格拉斯哥的亭园,以及美国洛杉矶、旧金山私宅中的亭桥、石峰,佛罗里达州的牡丹亭,埃及开罗国际会议中心的园林,澳大利亚墨尔本的街心牌楼,美国芝加哥的华埠牌楼,美国纽约史坦顿岛植物园中的苏州式中国学者花园等。在建项目还有德国杜伊斯堡仿建的郢趣园,德国法兰克福的春华园,美国西雅图的中国园,瑞典哥德堡的丽沙白乐园。还有无锡拟在奥尔博斯特造中国园,在新加坡建盆景园等等。这些资料充分证明,中国的造园艺术在国际上日益受到重视和青睐。它也表明,中国造园艺术、中国园林建筑所表达的形象和它具有的深沉内涵,愈来愈多地得到国外

人士的赞赏和理解。中国园林建筑作为一种文化交流的特殊形式,正在进一步沟通中国与世界各国的真诚友好关系。通过进一步的文化交流,无疑会促进彼此各国建筑事业的发展。各国间的文化交流与相互影响应该是繁荣世界文化的一条重要途径。

（黄燕尤　李红梅）

中国文化在外国(上)

——中国文化向世界传播的途径

人类总是按照不同地域组成一定的社会结构并创造其文化的。不同民族生活在相异的自然环境和历史条件下,所产生的文化必然有所不同。正是由于文化差异的存在,各个文化体系之间才会有可能相互吸引、借鉴。文化的传播交流是人类社会向前发展的一种基本动力。因而研究人类的文化创造,离不开人类文化传播的探讨。

文化的传播与影响是一个复杂的过程,这就要求我们首先探讨一下文化传播的途径与方式。历史上中国文化向世界传播、影响外国文化的途径很多。概括起来,主要有以下几种情况:

(一)战争与扩张

战争几乎与人类文明同时出现,值得多方面研究。从文化角度看,战争是人类文化最危险的成果,具有极强的破坏性。而且越是文明时代的战争,其破坏性就越大。不过,战争又是人类文化得以传播的重要途径。作为文化交流的一种非常态的方式,它对文化进步也起到了特殊的积极作用。尤其是人类文化传播的手段尚

不发达和丰富的古代,文化的传播只能通过战争征服扩张的强迫认同来实现。因此这种充满血腥与野性力量的战争几乎成为每一次大的文化交流的推动力和冲击力。其积极作用表现在:作为征服者的拥有先进文明的民族,迫使被征服国家接受先进的生产方式与生活方式,促进落后民族文明的开化和进步;或者作为征服者的落后民族为被征服者的先进民族的文化所同化。

古代中国文化在向外传播的过程中,战争与扩张也为文化交流与传播创造了前所未有的条件。秦在统一中国之前的春秋战国时期,已先期将势力伸到西方,这等于打开了东西方文化交流的通道。此举是伴随着与西部、北部少数民族的战争和征服完成的,也促成了公元前6世纪至公元前5世纪文化交流的第一个勃兴期。汉民族原来活动范围在黄河与长江流域。汉武帝即位后,为建立一个大汉王朝,开始四周扩张。首先征伐匈奴,攻入蒙古草原以确保和西域来往的交通便利;后又转旗向南,利用南越国的内争,消灭南越国并且置南海八郡;同时又向西南少数民族地区进兵,征服了那里的滇国和夜郎国。通过这些征战,汉民族的先进文化也得到了广泛传播。在平息南、西、北各方后,武帝着眼于东方的朝鲜。公元前108年卫氏朝鲜灭亡后,汉朝在朝鲜半岛上设置四郡,直辖中央,中国文化也大量进入朝鲜,连一海相隔的日本列岛也间接从四郡受到了中国先进文化的影响。

横跨亚、欧、非三大洲的阿拉伯帝国在中西方文化交流和传播中起着非常重要的中介作用。历史上某些时期,中国文化往往是通过阿拉伯人西传到欧洲的。而早在8世纪,迎来中国与阿拉伯世界文化交往的黄金时代的事件,也是始于一场干戈冲突。这就是历史上人们常常提到的751年的怛逻斯之战,结果是唐代安西四镇节度使高仙芝的军队被阿拉伯军击溃。此战役在《新唐书》卷五《玄宗本纪》中有载:"(天宝十载)七月,高仙芝及大食战于怛逻

斯城,败绩。"这次战役本身并不算什么大事,但对文化交流有重大意义:大批汉地士兵被俘往阿拉伯地区,其中就有不少织匠、络匠等技术工匠。他们被带到两河流域,把中国的丝织技术也带到了阿拉伯世界,后来穆斯林的丝织作坊的产品控制了9至14世纪的欧洲丝绸市场。被俘的唐朝工匠还把造纸术传入阿拉伯世界,进而远播西方,对欧洲文艺复兴运动的发展起了很大促进作用。

13世纪,成吉思汗以其蒙古铁骑横扫亚欧,将亚欧大陆连成一片,打开了中西文化交流的陆上通道,造成了与基督教文化、伊斯兰教文化及其他各种文化直接会面的地理与交通便利。这种情况给国外关于中国的知识和观念带来了三个直接的结果:中国物态文化西传,其中包括火药、罗盘、印刷术、造纸术等极为重要的发明,多在这一时期传往外国;吸引了大批外国商人和旅行家来到中国;造成了罗马教廷对于向中国派遣传教士的急迫心理和浓厚兴趣,从而加速了中国文化全面而深入地向西方传播的进程。而战争中被俘的士兵则成了直接的文化传播者。发明于唐代的火药,宋代时已广泛用于军事,蒙古族南下中原,掌握这一科技成果,并挟之以西征。1260年埃及军队在大马士革一役击败蒙古远征军,俘获了制造火药的医师,缴获了大量火器。从此,一项古代中国的伟大发明——火药传入埃及,埃及人称配制火药的主要成分硝石为"中国雪"。中国元代也曾与越南一度交战,越军于1285年俘虏了元兵中的一位歌手李元吉,中国的歌戏便传入越南。

因此,战争与扩张确实在打通世界、传播交流文化中起过历史作用,但这仅是一种伴生作用,其客观结果恰为战争的发动者始料未及的。黑格尔曾说过,历史进步有两种形式,即"恶"和"善"的形式,战争正是以"恶"的形式充当文化进步的推动者的。历史上一次又一次的战争过后,往往会出现文化发展的繁荣现象,这是劫后余生的人民努力医治战争创伤,以历史的进步来弥补历史倒退的

结果。文化传播的和平方式才是文化交流和发展的真正杠杆。

（二）宗教传播

历史上宗教传播曾对沟通异质文化起过巨大作用，成为文化交流非常重要的形式。那些担任教义传播任务的信徒一般都具有较高的文化素养，更有坚定的信念和非凡的毅力，千里迢迢，不避艰险，奔向他们的目的地。如果说在交通不方便的古代，文化的交流和传播只有靠人的往来才能达到，那么传教士们就承担了这样的艰巨任务。而且由于宗教传播过程中常伴随着其他文化因素的引进，因此其文化传播的客观效果往往为传教者自己所难以预料的。

佛教从印度传入中国后，经过消化、吸收，又作为改头换面的中国文明的传播者，向周边地区渗透，最后确立了包括中国、朝鲜、日本、越南等在内的中国文化区域。比如，禅宗原在南朝宋末由印度传进中国，中唐时正式创立成宗。因其融合了儒、道、老庄、玄学等思想，成为典型的中国化佛教。禅宗传播到日本后，成为镰仓佛教的重要组成部分。由于南宋时禅宗与儒学互相渗透，对南宋文化精神风貌的形成起了重要作用。因而伴随禅宗引进到日本的南宋文化的各方面，如儒学、建筑、文学、绘画、雕刻、书法、印刷、生活习俗等都对日本文化产生了相当大的影响。由于它主张加强人的自我修养，追求一种淡泊宁静的精神世界，这种精神融化到茶道、生花、庭园建筑等各种活动中，对陶冶日本人民的心境起了相当大的作用。

16世纪以后，基督教的宗教宣传也一直是欧洲与中国关系中的一个重要因素。明清时代一批又一批的耶稣会传教士之所以来到中国，当初都是雄心勃勃地抱着用自己的宗教来感化异端的目的，认为和地大物博又兼古代文明大国的中国恢复接触是传教扩张的好机会，最终却被中国悠久的传统思想文化所折服，不仅没能

较为有效地传播天主教和基督教,反而变成了中国文化向西方国家传播的积极宣传者。正是通过他们的各种努力,中国文化才在17、18世纪的欧洲大放异彩。这些耶稣会士为了引起罗马教廷和西方人士对中国的兴趣,纷纷把在华见闻和中国古籍介绍给欧洲,并编辑、出版他们自己的报道和译著,向西方第一次传播中国的传统文化、现行制度、礼仪风俗等。如比利时籍耶稣会士金尼阁依据曾到中国的意大利传教士利玛窦遗留的大量资料与笔记,整理补充而成的《基督教远征中国史》(1615年出版),第一次详细地描述了中国的全貌,包括风土习俗、各种伦理道德和思想体系、宗教信仰,特别是孔子的言行和儒家经典以及儒生在社会上的崇高地位。这是一部在当时最有权威的认真介绍中国文化的著作,对欧洲学者了解中国有启蒙作用。当时欧洲的专制政权和教会的反动统治日益成为启蒙运动的抨击对象。而被耶稣会传教士们介绍的中国文化,不论对其解释是否正确,却向启蒙思想家们提供了反专制、反中古神学的思想武器,一步步地动摇着以致完全摧毁了中世纪蒙昧主义、禁欲主义的理论基础。正是靠这些传教士们对中国形象的美化描绘,一股来自异域他乡的"中国热"席卷了欧洲。中国艺术、工艺品也随之源源不断地进入欧洲,引起欧洲各国各阶层的浓厚兴趣,对18世纪欧洲艺术风格产生了很大影响。

（三）派遣使节

由政治目的外交出使他国而发展成为文化交流,也是文化传播的重要途径。早在公元前128年,为了寻找反击匈奴的政治同盟者,张骞就作为汉武帝的使者出使西域,试图联合大月氏从两面夹击匈奴。张骞出使西域途中,访问了解到以及根据有关传闻获得过一些国家的情况。后来对匈奴的大规模战争获得成功,西进道路打通后,中国使者陆续被派往张骞报告中所提到的所有各国。因张骞报告说西域没有蚕丝,所以用丝绸作为使者礼品的大部分,

并被出使国家视为珍贵物品接受,于是中国与西亚的正常交往便建立起来了,再经过西亚的转手间接贸易,把中国与欧洲联系起来,为进一步的文化交流作了铺垫。张骞的西行,开辟了中外交流上著名的"丝绸之路"。后来东汉时期的班超、班勇和唐代的王玄策等人也都是抱着外交目的出使他国,进而创造条件推动了中外生产技术和文化艺术的传播交流。唐代鉴真东渡日本,带去了唐朝建筑、雕塑、绘画等工艺技术和医药之学,作为重要的文化使节,至今为日本人民所怀念。

外国派遣使节到达中国的人也不少。他们不管出于何种形式,带有何种目的而来,客观上都促进了中国文化向世界的传播。当然,有些情况也不可忽视。历史上一些所谓的使团,实际上是一些商人的团体,装作自己是外交使节以增进其在中国做生意的机会。他们也被中国朝廷当做外交使节接待,因为中国朝廷为了显示自己的威望,总是欢迎遥远国度派来"进贡"的使团。如 2 世纪和 3 世纪的大秦(罗马)使团,实际上都是私人的远征团体。

8 世纪中日文化交流之所以有重大发展,就是由于中国与日本之间实现了横越东海的直接联系。这其中就有日本始自 7 世纪初先后派遣的四批遣隋使团,这样便直接而全面地吸收了中国文化。随使团而到中国的还有一些留学生和学问僧。这些人大部分是渡来人的子孙。他们在中国居留时间很长,归国后在著名的大化改新及其后的新政中起了相当重要的策划作用。

中国唐代是封建社会文化繁荣的顶峰,作为亚洲文明的中心,吸引着各国人士,纷纷前来进行经济文化交流。持续了 260 余年的日本遣唐使团的活动就是突出的事例。不断派遣不定期的外交使团来唐朝,促进两国关系,从而吸收唐的先进制度和昌明的文化,成为日本约二百年间的基本国策。日本派往中国的使团肩负探求中国文明的重大任务。对于中国文化的强烈憧憬,曾激发了

日本许多贵族和僧侣的航海冒险的热情。因此，几乎每一次使团都有世俗学者或僧侣学者参与其中。这样一批又一批的日本僧俗学者先后抵达中国，便自然地架起了中日文化交流的桥梁。他们归国时，带回许多中国文物礼品，归国后又大多主张中国思想文化移植于日本。这样中国的先进文化传入日本，大大推动了日本社会各方面的进步和发展。

（四）经商与贸易

商人贸易对文化交流也有直接影响。古代中国的贸易起源很早。早在秦代，即开始了科学意义上的对外贸易。在漫长的岁月中，中国对外贸易长期处于世界领先地位。从物态文化方面看，中国通过陆上和海上"丝绸之路"流入世界市场的物品很多，如丝绸、陶瓷、茶叶、棉布、漆器、钱器、食糖、笔墨纸张等，它们作为中国文化传播的物质载体，对输入国家的社会生活、经济利润、政治思想、文化发展、艺术风格等产生了直接或间接的影响。其他方面，如文学作品、绘画艺术、书籍文献等也经商人之手向外国传输，所产生的文化辐射影响同样有案可稽。"丝绸之路"就是联系中国与欧洲的第一座桥梁。早在欧洲罗马时代其与我国的贸易和文化交流就已有一定水平。

唐宋时期，大量阿拉伯商人前来中国经商，广州、泉州等地常聚居着数以万计的阿拉伯商人。他们把大量中国先进的古代文化信息带回阿拉伯地区，如中国的造船、陶瓷、丝织、棉纺等行业的情况，还特别注意当时中国的社会习俗、文化心理等精神方面的文明。自9世纪后半叶起，中国私人商船携带一些书籍、器物开始去日本贸易，12世纪起日本商人也开始来中国贸易，这样双方商人以及随船的僧侣的互相往来，形成继唐之后的另一个文化交流的高潮。

中国文化之传入欧洲并影响启蒙运动，这是众所周知的事实。其传播的途径却得益于两个并非专意于此的因素。一个是指明清

之际欧洲来华传教士的返欧活动；另一个因素就是 17 世纪初荷兰与英国旨在殖民扩张的东印度公司的贸易。仅英国东印度公司在 1600 年到 1833 年间，就向欧洲输入大量的中国商品，有茶、丝、棉织品、丝织品、陶瓷与各种工艺品、装饰品等。17 世纪到 18 世纪通过中法两国商人，中国工艺美术品也源源不断流入法国。1698 年 3 月 6 日，第一艘法国商船"昂菲德里特"号从法国西海岸的洛瑟尔港开出，驶往中国。这件事本身就象征着法国正通过经济贸易的途径，大量吸收中国文化。整个 18 世纪差不多每年都有一只乃至数只法国船只载运着中国物品到达西方，但仍供不应求。一时法国社会风行穿着丝绸，摆设瓷器、漆器。这一文化传播的直接产物，便是"中国风格"于 17 世纪后期和 18 世纪在法国及欧洲弥漫。那些中国物品与中国的建筑、绘画一起对法国艺术史上的洛可可运动有较大影响。洛可可风格与"中国风格"作为新时代艺术风格的异名同义词，其直接的契机，毫无疑问取决于商业贸易的开通。因此，经商贸易在中外文化交流方面起着非常重要的媒介作用。中国物态文化向世界传播主要靠的就是贸易渠道。

（五）向外移民

世界历史上因天灾人祸等种种原因造成的民族大迁移并不鲜见，它对促进各地区各民族文化的融合和进步产生过不可忽视的积极作用，当然其副作用也会引起战争冲突和民族间的长期不和。为了逃避异族压迫或战争骚乱，也有的为经济生存原因所计，历史上出现了中国向周边国家和地区移民的现象。这些移民无论是有组织，还是自发的，都促进了中国文化向移居国家的传播，构成了某一时期两国文化交流的突出特点。加之中国移民与当地居民联姻通婚，使得中国文化更深入广泛而持久地融注于所移民国家的文化之中，成为其文化形成与发展不可分割的重要组成部分。

日本史籍上所谓的"归化人"就是指古代移民到日本列岛的外

来移民,当然其中有很多是中国人。他们带去了本国的先进文化,促成了日本列岛的开化,而且他们远至日本定居,并非一定出于有意识,乃是因多种原因被迫所致。因此这与"归化"一词的含义,即外来移民钦慕日本文明而前往归化定居,有很大出入。二战后的日本史学工作者就改用"渡来人"这一名词来代替,以便与史实相符。事实就是,日本的开化,进入文明社会都和外来移民,特别是中国移民有关,这可从出土的遗物、遗迹看出。早在日本历史上的绳文中期,就有包括中国移民在内的外来移民来到日本列岛定居。到绳文末期,定居到日本列岛的外来移民更多,他们带来了先进文明和生产技术,促使日本列岛的生产方式发生突变,从采集经济进入农耕经济,从延续了几千年的生产停滞的绳文时代发展到以种植水稻为主和金属器文化的弥生时代。当然进入日本列岛的中国移民是经过一番苦斗,才征服和统治了原住的土著居民,把先进文化技术输入到他们移民区的。

如上所论,逃避战乱和异族压迫是促进中国移民自觉而大批向外流动的重要原因,这大都是由历史上朝代更替所引发的。比如,秦亡及汉末时,已有中国人为避战乱去朝鲜,又因朝鲜半岛上高句丽、新罗、百济不断战争,居于乐浪、带方二郡的汉人遂转到日本。在4、5世纪之交,自称秦始皇后裔的弓月君率120县人民去日本,被称为"秦人"。后来,自称汉灵帝二世孙的阿知使主率七性十七县汉人去日本。这些移民带到日本的是根源属于中国汉魏文化的"乐浪文化"。5世纪初,百济吞并了乐浪、带方二郡,日本大和朝廷又从当地的汉人中招聘了优秀工匠来到日本,称为新汉人。他们则把制造质硬的灰陶、绘画、纺织、刺绣等工艺传入日本,推动了日本生产力的发展。宋末及明末,由于蒙古族及满族即将入主中原,为了逃避统治,也有不少中原汉人,包括僧侣、文人、工匠等东渡日本,客观上起了传播中国文化的作用。

第九章 文学与文化交流

中国移民奔向东南亚国家也是传播中国文化的突出例子。比如中国传统医药几乎同时与中国移民传入马来西亚，受到当地各种族人民的喜爱和信赖。中国移民移居这些国家时，不仅带去了多种农业和工艺技术，也从他们的故乡带去各种风俗习惯和社会风尚。又由于他们移民时多不携家眷，因此与当地妇人通婚，形成人数日益众多的混血后代，也便构成了独特的混合文化。中国文化通过这些混血后代更加广泛而深入地在移居国传播开来，对当地国家的社会和文化经济发展做出了重要贡献。在诸如农业、手工业生产技术、科学技术、建筑技术、雕刻术、绘画、戏剧、音乐、服饰、饮食、烹饪及风俗习惯等各种方面都产生了深远影响。

总之，中国移民的每一次向外迁徙、移居，都会使中国的先进文化输出和传播到一些比较落后的地区去，从而很大程度上促进移居国家本土文化的开化进步与丰富发达。

当然，中国文化向世界传播的途径并不仅仅体现在以上五个方面。其他如冒险与旅行、来华留学生和文化团体、图书交流和翻译，以及借助西方殖民者占据的殖民地等，都可作为文化传播的渠道。正是靠这多种通道，世界各国人民才了解到了中国丰富而灿烂的古老文化传统，并根据时代和社会需要充分吸取中国文化中对自己生存与发展有益的部分，进一步消融到本土文化中去。中国文化走向世界，既充分体现了中国文化的世界历史性意义，也是通过中外文化的对话交流与相互借鉴，进而促进自身文化变革发展的必由之路。

（葛桂录）

中国文化在外国(中)

——中国物态文化在外国的传播及其影响

中国文化在多方面影响了外国文化,外国文化在借鉴中国文化的过程中不断进行补充、模仿或更新,进一步完善与改造自己的本土文化。本部分以及下一部分,我们将从物态文化与精神文化两个方面加以描述,试图全面展示中国文化绚丽多彩、博大精深的独特魅力,以及对世界文化发展的重大贡献。

物态文化的传播主要通过中国与亚洲、欧洲、美洲的直接或间接贸易方式进行的。中国向外国输出的物品及其制造技术很多,这些物质凝聚着我国人民的聪明才智和审美情操,作为中国文化精神的物质载体深受世界各国人民喜爱。我国古代劳动人民的四大发明创造也对外国文化的发展造成了深远影响。

(一)丝绸

中国是世界上首先饲养家蚕和织造丝绸的国家。秦汉时期,质地精美的中国丝绸就通过著名的"丝绸之路",源源不断地输往西亚和欧洲各国。古希腊、罗马称中国人为丝国人(Seres),即一个由于其有名的产品而著称的民族,"seres"这个词显然是从中国的

"丝"音转化过去的。中国丝绸很早就影响着罗马帝国的东方商业贸易,以至于有人曾把丝绸看做一种令人悲叹的奢侈品。因为罗马上流社会对丝绸,还有香料、珠宝的需求大大超过东方国家对罗马产品的相应需求。东方大量需求的都是罗马的如黄金与白银之类的贵金属,而这正是罗马世界的经济体系的基础。于是罗马经济形势由于多种原因果然恶化到了极点,据说丝绸的价格等于同等重量的黄金。4 世纪经济形势好转时,崇尚奢华的风气又卷土重来。罗马政府后来从私商手里收回了进口丝绸的职能,并用这种奢侈品作为外交工具以达到某种政治目的。

中国丝绸的西传得力于波斯人。当时有两名到过中国的波斯僧侣向东罗马皇帝述说在中国见到的养蚕和缫丝过程。皇帝令他们设法把中国蚕茧带至东罗马。两位波斯僧侣后来果真巧妙地用通心竹杖藏蚕卵,运到东罗马献给皇帝。这样,蚕丝业便传入欧洲,首先对意大利各城市的巨大发展做出不少的贡献,并成为文艺复兴的条件。

在元代,欧洲人开展与中国直接的商业往来。14 世纪运到欧洲的中国丝绸大部分都是锦缎、织锦和其他花绸,至今欧洲还保存着少量这个时期的遗物。考古学家曾发掘整理意大利北部维罗那城统治者甘格朗德的墓穴,发现棺中遗体遍以中国丝绸裹身。明清时代,虽然欧洲已生产出自己的生丝,但丝绸贸易一如古代那样重要。中国丝绸以其价廉、特殊工艺和装饰魅力在欧洲市场独占一席。这一时期中国丝绸织品又大量输往拉美市场,西班牙殖民者因经营中国丝绸获得了丰厚利润。在拉美各地,不仅西班牙殖民地贵族用中国丝绸打扮自己,西班牙僧侣用它来缝制法衣,装饰华丽的教堂,连一些印第安人以及其他穷苦人也因中国丝织品价格便宜而购买以缝制衣服,或做教堂的饰物。

(二)瓷器

瓷器最初是经由阿拉伯世界传入欧洲的,而阿拉伯世界则是15世纪从中国输入的。通往印度群岛的好望角航线开辟之后,葡萄牙人就直接从中国运去瓷器。在18世纪欧洲人的概念中,"瓷器"(china)就是"中国"(China)。法国人喜欢中国的彩瓷,德国人偏爱中国的青瓷。洛可可时代,欧洲社会出现中国瓷器热,瓷器的温雅清脆象征这一时代的特有情调。

20世纪以来,在世界许多国家地区,东起邻国朝鲜、日本,南到菲律宾、印尼等国,西至印度、阿拉伯地区、非洲东部海岸、西西里岛以及西班牙,都出土了大量中国瓷器。因此有的国外学者甚至将这条连接东亚、西亚和地中海世界的东西贸易海上运输线称为"陶瓷之路"。

中国瓷器对于国外社会文化生活产生的影响很大。

首先,它作为价格低廉、精致美观和耐用便于洗涤等优良品质的新颖饮食器具,普遍地更新了许多国家和地区人民的日常生活用具。比如在欧洲,中国瓷器由于荷兰人的大量贩运,普遍取代了传统的金属与木质食具。

其次,中国瓷器被看做财产的象征,成为人们衡量贫富、地位声望高低的重要标准。它最初出现于欧洲时被称为奇珍,只有宫廷和王室贵胄才能享受。东南亚国家也从中国瓷器作为世代相传的传家宝,又可用作娶妻的聘金、嫁女的妆奁、交易的媒介、死者的葬具及殉葬品,部落或家族之间械斗后的和解也多以中国瓷器作为赔偿。

再次,中国瓷器所具有的淡雅或浓艳的色彩与仪态万千的纹样,本身就是一种赏心悦目的工艺品,给各国人民的精神生活带去了美好的艺术享受。中世纪东非地区用中国瓷器装饰墓碑,成为人们对死者的最美好的纪念和祝愿,祝愿逝者在另一个世界里仍

能有精美的中国瓷器与他做伴,供他观赏与使用。在欧洲,瓷器以及色丝、刺绣、漆柜、漆屏等中国装饰物器直接促进了洛可可装饰艺术的形成和发展。洛可可这种充满"中国味的新风尚",曾在一段时间内支配了大多数欧洲国家的文化艺术情趣。洛可可时代中国的影响遍及欧洲社会生活的各个方面,直到今天还能感觉到。

(三)茶叶

我国是世界上种茶、制茶和饮茶最早的国家,相传早在四千多年前就用茶叶来治病。秦汉以后饮茶之风逐渐传开。唐朝时,陆羽系统地编著了世界上第一部茶叶专著——《茶经》,内有茶的历史、种植、加工、生产工具和饮茶风俗等内容,被尊为"茶神"。5 世纪,我国的茶叶输出亚洲一些国家。在中国宋代,饮茶之风盛行。1168 年日本僧人荣西入宋,返回日本时曾携带茶种,后逐渐普及日本各地。14 世纪时,一些长期居留在中国的日本僧人则把中国的"唐式茶会"介绍到日本,使饮茶无形中变成一种社会交往、增进友谊的活动。与饮茶活动相关的是,日本茶室的建筑结构、室内布置和装饰、使用的器皿、食用的点心等都讲究具有中国风趣和禅宗风味。

16 世纪后葡萄牙人、荷兰人开始将中国茶叶输往欧洲。饮茶的习惯则于 17 世纪下半叶传入欧洲。饮茶风习的流行,促进茶叶需求量的增大,茶叶贸易通过陆路和海路两条路线进行。受茶叶贸易路线不同的影响,外国语言中对茶叶的称呼也不相同。从陆路得到中国茶叶的国家,如俄国、蒙古、土耳其、希腊以及阿拉伯世界,它们语言中表达茶叶的单词读音都受到中国北方话"茶"(chá)的发音的影响。而从海路通过贸易获得中国茶叶的国家,其语言中对茶叶的读音,如英语(tea)、法语(thé)、德语(tee)等来自汉语(té),后者是中国福建省方言中对茶的称呼。茶叶作为一种温和而无害的兴奋剂,一经出口就立即受到输入国人民的珍视,逐渐成为

与咖啡、可可并称的世界三大饮料,成为社会普遍的消费品,给人
民的生产劳动、生活需求提供了很大帮助。

(四)四大发明创造

指南针、造纸术、火药和活字印刷是中华民族奉献给世界,并
改变了整个人类历史进程的伟大技术成果,经过阿拉伯人西传,在
西欧各国广泛使用,为欧洲文艺复兴运动做了物质、技术上的准
备,对欧洲近代文化产生了深远影响。所以,马克思说:"火药、罗
盘、印刷术——这是预兆资产阶级社会到来的三项伟大发明。火
药把骑士阶层炸得粉碎,罗盘打开了世界市场并建立了殖民地,而
印刷术则变成新教的工具,总的来说变成科学复兴的手段,变成对
精神发展创造必要前提的最强大的杠杆。"[①]

中世纪欧洲流行以羊皮作为信息的物质载体。据估计,生产
一本羊皮纸《圣经》至少需要三百多只羊的皮,文化信息的传播因
材料的限制,范围极为狭小。中国造纸术经阿拉伯人传至西欧,致
使欧洲 15 世纪才普遍学会造纸术,这时正是欧洲文艺复兴发展的
时代,各国学会了造纸术,放弃了原来使用的羊皮纸,大大推动了
新文化的发展。德国人亚可布说:"希腊罗马的人,从来没有想到
纸的发明,我们还是靠中国人蔡伦的智慧,才能享受现在这种便
利。"[②]

我国雕版印刷大约在 8 世纪传到日本,12 世纪或略早传入埃
及,活字印刷则于 14 世纪传到朝鲜。15 世纪以前,中国的印刷术
还没传入欧洲时,欧洲所有书籍都是手抄本。1450 年德国人约
翰·古登堡首先使用中国的活字印刷术把《圣经》全部刊印发行全

---

① 《马克思恩格斯全集》(第 47 卷),人民出版社 1959 年版,第 427 页。
② 亚可布著:《论东方对于西方文化之影响》,转引自李述一等著:《文化
的冲突与抉择——中国的图景》,人民出版社 1987 年版,第 31 页。

欧。从此印刷术在欧洲流行,这不仅避免了手抄本的笔误,而且保证了书籍的质量和速度。另外,印刷术也把学术和教育从基督教修道院中解放出来。恩格斯指出:"印刷术的发明以及商业发展的迫切需要,不仅改变了只有僧侣才能读书写字的状况,而且也改变了只有僧侣才能受较高级的教育的状况。"①从此欧洲的学术中心由教会修道院转到了各地的大学。这大大加速了文化知识的传播,为文艺复兴和宗教改革提供了有力的武器,为资本主义生产方式的确立和思想文化的交流传播起了巨大作用。

我国古代劳动人民在长期的生产实践中发现硝石和硫磺的功能,为火药的发明奠定了基础。欧洲人于 13 世纪后期,从阿拉伯人的书籍中获得了火药的知识,到了 14 世纪前期,又从对伊斯兰教国家的战争中学到了制造、使用火药火器的方法,于是掌握了火药的秘密,后来火药则成为欧洲市民反对封建贵族的锐利武器,推动了社会的进步发展。

罗盘的发明,是世界航海业中划时代的事件。宋朝时中国商船在南洋、印度、波斯湾一带极为活跃,同时波斯和阿拉伯船只也在红海和波斯湾一带航行,他们不久就从中国人那里学会采用指南针来指导航向;以后经他们又传播到欧洲,进而促使地理大发现,极大地开拓了欧洲人的视野,成为文艺复兴的重要原因之一。德国人亚可布说:"我们近代的世界观的形成全靠深入异邦文化的精神,只有罗盘针才能够帮助我们达到这种境界。"②可见指南针对欧洲近代文化的影响是极其深远的。

中国向外国传播的物态文化还包括其他许多物品,如棉布、食

---

① 《马克思恩格斯全集》(第 7 卷),人民出版社 1959 年版,第 391 页。
② 亚可布著:《论东方对于西方文化之影响》,转引自李述一等著:《文化的冲突与抉择——中国的图景》,人民出版社 1987 年版,第 32 页。

糖、壁纸、大黄、铁器、石雕、抬轿、工艺装饰品等等。大量的中国物品出现于海外市场,为世界市场的繁荣和发展提供了充实的物质基础,较大程度地满足了各国人民的物质文化生活需要。中国各类型物品的美观实用一直为人们所首肯,而且它们还作为中国文化的某种代表,从中可想象东方这一文明古国的绚丽文化图景。漆器、丝绸、瓷器上的栩栩如生的山水景致、人物图像,充满东方异国情绪的花虫树鸟,以及呈示中国生活习俗、礼仪交往、居室装饰、家具式样、丝绸陶瓷等制作过程的图画等,无不为好奇的外国人提供了一扇扇窥察中国文化的"窗口"。正因为中国输往外国的物品包蕴着中国文化的内涵,所以我们从外国对中国物品的喜爱珍视程度,也可反观出中国文化的强大魅力所在。

(葛桂录)

中国文化在外国(下)

——中国精神文化在外国的传播及其影响

　　中国是一个历史悠久的文明古国,其光辉灿烂的物质文明对世界人民的生产劳动、日常生活及精神享受带来了很大影响。在精神文化方面,中国对亚洲、非洲、欧洲、美洲等区域文化的发展同样是一种强大的推动力。中国文化参与了世界上一些国家和地区文化的形成与更新,尤其是在历史上的某些时期或在某些国家中,中国文化的深刻持久的影响是非常广泛的,成为其民族文化中不可缺乏的有机组成部分。

(一)对亚洲国家文化的影响与借鉴

　　中国自两汉大一统王朝建立以来,与周边一些国家、地区、民族开展了经常性交往和多方面的频繁接触。中国文化曾给予这些国家民族文化以巨大影响,如我们的邻邦日本、朝鲜、越南,以及东南亚地区国家,在其本土民族文化建立与成熟的过程中,都浸润了中国文化的雨露。特别在东亚地区,汉字自公元前4世纪后,便相继传入朝鲜、越南、日本等国,相当长的时期内成为通行于这些国家的唯一公用文字以及国际间交往的通用文字。随着汉字的流

传,中国的典章制度、生活习惯及科技学术、文学艺术、儒学宗教也传播于各国,从而形成具有共同文化要素的中国文化圈。由于汉字是中国文化在东亚地区传播的基础与媒介,因此又称为"汉字文化圈",它是世界上最古老而历史又延续不断的文化圈之一。

日本是中国一衣带水的邻邦。中国文化向日本的传播,其年代之长(已有两千多年历史)、覆盖面之广(几乎遍及物态文化与精神文化各领域)、影响之深刻程度(对日本国家的社会面貌、生活习俗,甚至国家命运都有很大影响),这些在世界文化交流史上都是非常突出的现象。

中国文化对日本的影响首先表现在汉字在日本的广泛流传及其深远影响。日本本来并无文字,记录都借用汉字。285 年,日本开始正式地大量使用汉字。后来,日本人民逐渐从汉字中创造出日本自己民族的文字,如日语假名都是从汉字的草体(平假名)或偏旁(片假名)变化而来的。汉字传入日本后,使中国书籍直接传入日本成为可能,这对于中国文化思想的大量传入,对于促进日本民族的开化与进步有极其重要的意义。

就中国传统文化思想的影响而言,儒学在日本的传播与借鉴是非常明显的事实。自日本应神天皇至推古天皇的三百年间,以《易》《诗》《书》《礼》《春秋》等儒学典籍为中心的中国古代思想文化,通过朝鲜半岛逐渐传到日本。从 7 世纪开始,中日两国互派使者,打开了两国文化交流的直接通道。来自日本的遣隋使、遣唐使、留学生、学问僧等回国时,大都带回许多中国文物礼品,其中包括儒学典籍,回国后积极主张移植中国思想文化以适应日本社会各方面的需求。比如日本大化改新(645)过程中的改革措施和律令制度,都以隋唐法式为模式,是在中国儒学的强烈影响下进行的。13 世纪时,因为中日禅僧的交往,中国宋学开始传入日本。14至 15 世纪,日本兴起学习讲习宋学的热潮,把宋学作为一种独立

思想学说加以研究,促进了宋学的普及与推广,后来宋学逐渐日本化,形成了日本的宋学学派。自 1603 年德川幕府的建立,直至明治维新的整个江户时代,是日本儒学发展的全盛时期。简而言之,以中国儒家为代表的先进文化传入日本后,经过日本学者的本土化,对日本民族和社会产生了巨大而深远的影响。它一方面为日本的治国方案、官僚制度、律令政治及其意识形态提供了模仿与借鉴的依据,也为日本历史上的多次社会革新提供了指导思想,促进了日本社会的进步与发展。另一方面,儒学在其日本化过程中,与日本特有的传统思想融为一体,长期积淀为日本的民族精神,即"大和魂",日本的国民性都受到了日本化的儒学思想的熏染。再一方面,中国儒学给予日本学术文化的影响遍及各个领域,在道德教育、哲学、史学、文学、艺术诸文化领域,随处可见儒学的渗透影响。即使在日本的现代企业管理中,儒学也发挥着重要作用,构成了以日本为典范的,包括东亚汉字文化圈的"儒家资本主义"文化现象。

中国的文学艺术对日本的影响也非常显著。日本最早的汉诗总集《怀风藻》(751)收录了 100 余首汉诗,最古的和歌总集《万叶集》在文艺思想上也受到中国南朝《昭明文选》的影响。随着日本遣唐使的归来,有许多中国的诗文作品传到日本。比如白居易的《白氏文集》在作者还活着的时候就传到日本。由于白诗浅显易懂,并反映社会各阶层生活,传入日本后很快受到日本文人的普遍喜爱,争相传诵和仿写,影响很大,日本诗风为之一变,由过去的从驾宴游的宫廷诗的殿堂中解放出来,出现了一些揭露时弊、同情劳动人民遭遇的现实主义诗篇。产生于 10 世纪初的日本物语文学虽然是在民间传说基础上形成的,但同时也吸收了中国六朝小说和唐代传奇文学的精华。紫式部的《源氏物语》作为世界上最早的一部长篇小说,吸收了中国古典文学的营养,广泛地运用了汉诗,

还大量引用《礼记》《战国策》《史记》《汉书》等中国古籍中的史实与典故,并将它们融化于故事情节之中。日本文学中除了存在着一个模仿汉诗且成就颇高的强大的汉文学传统外,即便比较传统化的日语文学,如能乐、俳句等,也很多以中国故事为题材,或借用中国诗词的意境。17世纪以后,中国小说开始对日本产生重大影响。日本通过翻译和改写接受中国小说,或把中国故事改做日本故事,写成新的小说。如把《水浒传》翻译并改作日本故事的作品有《本朝水浒传》、《忠臣水浒传》和《倾城水浒传》等。中国白话小说陆续传到日本后,适应了日本市民阶层对新文学艺术的需要,《水浒传》《三国演义》《金瓶梅》《三言二拍》《红楼梦》等都在日本出版了多种刻本。江户时代以前,中国文学对日本来说是唯一的外国文学。明治维新以后,欧美文学也传入日本,但传统上,文人们依然很深地关注中国文学。在日本人心目中,中国文学是最亲密的外国文学。

在艺术方面,中国文化也给日本以深厚的影响。早在奈良文化时期,日本便接受了唐代的建筑艺术、雕刻与绘画艺术。奈良(平城京)就是模仿唐都长安、洛阳而建造的。明清的建筑风格、佛像塑造也直接影响到日本,如长崎的兴福寺、福济寺和崇福寺等都是由中国人直接建造的。中国书法绘画也给日本以直接影响,尤其是赴日或返日的僧侣和商人,随身带去大量书画,备受日本人民喜爱。赴日僧侣还把中国的刻印技术传到日本。这些都对日本文化艺术的发展成熟有较大影响。

中国与朝鲜两国唇齿相依,同样有着悠久的友好往来和文化交流的历史。汉唐以降,中国典籍如《五经》《史记》《汉书》《后汉书》《文选》《三国志》《毛诗正义》《册府元龟》等陆续传入朝鲜,在朝鲜知识阶层和王公贵族中产生广泛影响。由于汉文化的传入和影响,唐时起,朝鲜派往中国的留学生迅速增加,对传播中朝文化

做出了较大贡献。朝鲜文化在高丽王朝发展到相当程度。程朱理学、佛教自中国传入朝鲜后,对朝鲜国家政治、思想、学术均产生巨大影响。北宋毕昇发明胶泥活字之后,高丽朝在此基础上发明金属活字印刷,比德国用金属活字,和中国用铜活字要早几个世纪,成为中朝文化交流的一大硕果。明清两代及以后,随着中朝文化交流的进一步发展,中国文化的影响也遍及文学艺术、思想学术、道德风尚等许多方面。

越南文化也是在全面接受汉文化的影响下形成与发展起来的。越南自有文字直到20世纪初,一直把汉字作为全国通用的文字。一切制度借仿效中国成法,大力提倡儒学,用汉文汉制开科取士,建立文庙,并设立国子监以培养人才,养成尊孔读经的社会风气。越南民族文学一开始即与汉语文学有着血肉相连的关系。汉文学长期成为越南文学的主流,越南作家在创作方法、艺术风格、文体等方面都仿效中国。越南字喃的产生是越南希望摆脱中国文化束缚的一种标志。但这是采用汉字的结构和形声、会意、假借等造字方法而创造出的一种新的俗字,也就是借用汉字来标识越南音的文字。所以,字喃文学仍然与汉文学保持着千丝万缕的联系,作品也多以中国文学为基础写成,创立的诗体如韩律、六八体、双七六八体诗,其音韵格律仍未超出汉诗的规矩。而贯穿整个越南文学创作过程的思想,也一直是从中国传入的儒道并重的精神。

(二)对欧美国家文化的影响与借鉴

早在罗马帝国时期,欧洲就接触到了中国文化,随着13世纪横跨欧亚两洲的蒙古大帝国的创建,中国和西方世界间的直接通道就形成了。

威尼斯商人和旅行家马可·波罗(1254—1324)曾在中国生活了17年时间(1275—1292),回国后根据他的口述由别人笔录而成的《马可·波罗游记》,被称为描述Cathay(即中国)文化的"大史

书"。此书在 14、15 世纪风行一时,从财富充裕、人口繁盛、生活舒适、政治开明、物产丰富、工商业发达、交通便利、纸币通行、使用石炭(煤)、建筑华丽等十个方面描绘了契丹。这些有关中国富裕强大、文明昌盛的信息,在欧洲引起无穷的联想与震动,初则难以置信,惊为"天外奇谭",继而惊羡向往。终于随着资本主义萌芽和文艺复兴兴起,唤起了不少欧洲禁欲主义者对现实生活的向往,并开始了向东方寻财觅宝的大运动,成为哥伦布开辟新航路,发现美洲大陆的一个诱因。也就是说,为寻找《游记》中梦幻般的契丹,成为哥伦布冒险航海的主要目的之一。《游记》所描述的中国人名、事件、地名都成为文艺复兴中绘画、文学、科学等借以发展的题材。比如,达·芬奇不朽名作《蒙娜丽莎》,其画面背景却是一块中国式的山水。

在欧洲,中国文化在一定意义上动摇了中世纪神学统治。火药、指南针、印刷术、造纸术等中国伟大的发明创造,为西方历史由中古走入近代提供某些物质条件,这已是尽人皆知。同样,中国思想文化尤其是儒学也参与了欧洲近代思想文化的革新。16 至 18 世纪是中国与欧洲在经济、政治、文化上进行较大规模直接交往的时期。欧洲宗教组织耶稣会则是中国儒学思想在欧洲的传播者。

正式把西学介绍到中国的,应从明朝万历年间来华的意大利籍耶稣会士利玛窦算起,而有关中国思想文化的知识,也是由利玛窦和其他传教士最早带到西方去的。利玛窦留下来一部回忆录,即他的《中国札记》,后经耶稣会士比利时人金尼阁整理和补充后在西方出版,成为继马可·波罗之后全面介绍中国的巨著。书中除详细描述中国地大物博、繁荣昌盛,无与伦比这个总情况外,还较多地谈及工艺技术、汉字结构、人文科学等,并且第一次介绍了孔子和儒家的学说。以后,传教士们陆续有介绍中国文化的著译,对中国思想文化有所介绍。比如殷铎泽、郭纳爵合译《大学》为拉丁文,名为《中国的智慧》;殷铎泽译《中庸》为拉丁文,名为《中国的政治道德学》。最初来华的传教士多为意大利人和葡萄牙人,后来则多为法国人,遂使法国成为欧洲传播中国思想文化的中心。

总的说来,经过这批到过中国的传教士们的努力,中国哲学思想、宗教信仰、历史、天文、地理、语言、文学以及科学知识都被介绍到了西方。这些有关中国的知识被没有到过中国的耶稣会士杜哈德辑录成为《中国通志》,于1739年在巴黎刊行,此后很长一个时期成为西方流行的有关中国的百科全书,为启蒙运动者对中国文明的向往与借鉴提供了最重要的思想资料。

真正引起欧洲启蒙学者对于中国的思想文化和政治制度产生浓厚兴趣的,是欧洲天主教会有关中国的礼仪之争,即中国的敬祖、祭孔、祀天是符合于天主教义,抑或为宗教异端。这场争论成为中国思想向欧洲传播的一个良好机会。启蒙运动的领袖人物伏尔泰认为中国文化的发现对思想界来说,同达伽马和哥伦布在自然界的发现是同等重要的一件大事。他甚至指出,人们现在对中国比对一些欧洲省份还熟悉。这便形成中国对西方的第一次巨大文化冲击。

中国这个非基督世界的人类优秀文明的存在,对欧洲思想界起了振聋发聩的作用。它动摇了基督创世的谬说并打破了欧洲文化至上的偏见,这就为以反对中世纪传统为己任的启蒙思想家提供了抨击旧制度及其意识形态的有力思想武器。自罗马帝国以来,所谓一个公教(基督教)、一个普遍的文化(西欧文明)的观念,一直萦绕着欧洲人的思想。正是由于在他们面前呈现出的高度发达的中国古代文明,许多欧洲人才打消了这样的文化偏见,懂得了欧洲和基督传教的相对性。德国古典思辨哲学先驱莱布尼兹,便是第一位注意并肯定人类多元结构的欧洲人,也是第一个认为中国文化对西方发展具有精神意义的人。他依据来华传教士有关中

国的报道汇编成《中国近事》（1697）一书,表露出对中国文化的巨大热情,认为中国和欧洲两大文化源泉相互交往将大有裨益于双方,中国的实用哲学和国家道德对于西方有所启发。继莱布尼兹之后,伏尔泰更加充分认识和利用中国这个楷模,特别强调中国文化在世界历史进程中的作用,指出"欧洲王公及商人们发现东方,追求的只是财富,而哲学家在东方发现了一个新的精神和物质的世界"①。

中国孔子及儒家关于伦理道德和注重教育的学说,也给了以追求理性与智慧,反对愚昧与盲从为宗旨的启蒙运动一种巨大的精神鼓舞。伏尔泰称中国人是在所有的人中最有理性的人,把中国文化看成是最合乎理性和人道的文化。莱布尼兹的学生沃尔夫则盛赞中国的学校制度是施行品德教育的模范。在德国,以"哲学的宗教"来代替正宗的宗教的哲学思潮,也受到中国哲学的影响。

从各种具体学说的形成过程中,启蒙学者从古代中国的文物制度中汲取了丰富的思想营养。如莱布尼兹也是近代数理逻辑的创始人,他的某些观点则是读了有关谈论中国学问的著作而得到启发的。他有关单子的理论,即把世界看成是由各个独立的单子所组成的更高一级的有机统一体,每个单子都反映着全宇宙,在它们之间存在着一种"先定的和谐",这种观点相当程度上吸收了中国哲学,尤其是宋儒理学和朱熹的有机主义观念的精华。由此可见,莱布尼兹的哲学体系中,有意识地吸收和融合了来自中国的思想。从此,中国古代朴素的辩证法因素汇入了德国古典的思辨哲学之中。

中国文学也对18世纪的欧洲文化产生了深远影响。正当启

---

① 利奇温著,朱杰勤译:《十八世纪中国与欧洲文化的接触》,商务印书馆1962年版,第79页。

蒙思想家希冀改革古典戏剧艺术,推动其健康发展的时候,中国戏剧传入欧洲,其中所蕴涵的深刻思想以及独特的东方艺术技巧使欧洲艺术家们耳目一新。中国戏剧的魅力,使欧洲戏剧界出现了"中国热"。17、18世纪的意大利和法国出现了一种前所未有的新剧种,即"中国戏",它多以中国事物为题材及背景,使用中国剧的服装、道具,甚至有时还夹杂着中欧混合语对白。"中国戏"首先出现在喜剧中,接着在风靡一时的歌剧中也有所出现。元代纪君祥所作《赵氏孤儿大报仇》是第一部译成欧洲语言的中国剧本。耶稣会中第一批汉学家之一的马若瑟于1732年翻译了这部剧本,取名为《中国悲剧赵氏孤儿》。杜哈德《中国通志》第三卷也收录了该剧本,随着《中国通志》的英、德、俄译本的相继问世,该剧便流行欧洲。法国著名启蒙思想家、作家、哲学家伏尔泰曾将元曲《赵氏孤儿》与欧洲同类戏剧作对比研究,认为该剧具有美好的"理性主义",有许多"合理近情"的原则,故事离奇有趣,高于同一时期的法国戏剧,并亲自将它改编为宣扬"理性"的《中国孤儿》,于1755年8月20日在法兰西剧院公演,几乎整个巴黎轰动。剧中崇尚武功,企图以暴力取胜的成吉思汗,最后折服于崇高的道义,体现了伏尔泰晚年坚持百科全书派的理想,以及同专制政治继续斗争的信念,这就是理性和才智最终必然凌驾于愚昧和野蛮。因此,17、18世纪中国戏剧在欧洲传播的结果,给欧洲思想家提供了新的精神食粮,使更多的西方人接触了中国古老的文化,艺术家们则从我国古典戏剧中吸收表演手法和舞台要素,大大丰富了他们的艺术创作。

德国作家歌德和席勒也是最早发现中国文学之美和价值的人,认定能在"中国本质"的"奇幻—淡雅"中找到乐趣。两人都曾大卖力气,想把中国文学用德国文学艺术的形式表现出来。席勒读过《好逑传》的德译本(库恩译)并对此留下深刻印象,后来(1800)试图将之改编成剧本,可惜未能成功。其后不久,他又依据

意大利剧作家戈齐的同名剧本改编、创作了一个哑谜式的中国神话剧本,取名《图兰朵——中国的公主》,抒写了他对古代中国的赞美,同时也寄托了他的向往与追求。歌德生活的时代,欧洲处于中国强大的文化影响之下,他自幼受中国文化濡染,青年时代广有机会接触18世纪的"中国之物",印象特别深刻。启蒙运动中,歌德曾通过拉丁文译本看到《大学》《中庸》《论语》等汉学经典。1781年他在《赵氏孤儿》这个中国故事的影响之下写作悲剧《哀兰伯诺》。19世纪初,歌德与中国文化的接触更为密切。1827年细读了由德国人穆尔从英文转译成德文的中国小说《好逑传》,得出了"世界文学时代已快到来"的结论。他还在清代小说《花笺记》《玉娇梨》启发下,仿效中国古典诗歌形式创作著名组诗《中德四季晨昏杂咏》十四首,把他自己晚年得自中国的美好印象融合进去。中国儒家之"德"和道家之"道"对高年的歌德的世界观是有影响的,他已从年轻时代对中国艺术的"不平衡的冲动",进入对中国伦理的宁静和稳定的向往,实际上这也符合他一生思想的发展过程。

俄国伟大作家列夫·托尔斯泰对中国的文化、历史、哲学作过深刻研究。他在19世纪70至80年代思想观念和生活方式上发生了激变,同他所属的贵族地主阶级传统观念决裂,而想在耶稣基督的教义、东方的古代宗教哲学,特别是在中国的老子和孔子等人的思想哲学中寻找生活的真理。他通过英、法、德等国文字,阅读有关中国的著作达32种之多。1891年10月彼得堡的一位出版家询问他,世界上哪些作家和思想家对他的影响时,他回答说中国的孔子和孟子"很大",老子则是"巨大"。他翻译老子的《道德经》,非常欣赏老子的"无为"思想,后来就发展成为他的"不用暴力抵抗邪恶"的理论,主张用"无为"来对待一切事物。

19世纪末20世纪初的象征派诗人进行艺术探索时,从中国文化中得到启迪或与之沟通的,是道家的灵性,庄子的心灵哲学。象

征派诗人是富有探求精神的一代,他们是双重的探索者:探索宇宙,探索自我。这两者都和中国文化有着千丝万缕的联系。第一次世界大战后出现的欧洲文化危机,使不少知识分子再次把目光转向东方,希望在东方文化,尤其是中国哲学、文学中去寻找克服欧洲文化危机的方法。德国现代杰出戏剧家兼诗人布莱希特(1898—1956)十分赞赏墨子哲学对解决个人与社会取得和谐问题的探索。墨子提出的"非攻"、"兼爱"等思想常被布莱希特所援引。老子庄子的学说,如修身治国的哲学理论以及所强调的"柔弱胜刚强"的事物发展规律也同样为布莱希特所特别关注。作为一个戏剧家,布莱希特因创建"史诗剧"和"间离效果"理论而在西方戏剧史上开辟了一个新的时代。对于这一创造性的理论与实践,他自己公开承认是接受了中国古典戏曲艺术的深刻影响。1935 年他在莫斯科观看了中国戏曲艺术家梅兰芳的表演后,曾兴奋地表示自己多年来所朦胧追求而尚未达到的,在梅兰芳都已经发展到极高的艺术境界。他所提倡的开放式戏剧结构、演示性技巧、象征性动作、抽象化布景,以及讲究韵律与节奏,夸张的化装与服饰,讲唱的结合与风格化的演出等都十分明显地表现出中国传统戏剧的深刻影响。他的《伽利略传》《大胆妈妈和她的孩子们》《四川好人》《高加索灰阑记》等史诗剧都明显接近于中国古代戏曲,其中《高加索灰阑记》更是受到中国元代戏剧家李行道《包待制智赚灰阑记》的启迪。因此,在布莱希特潜移默化的影响下,欧美戏剧舞台上出现了一系列崭新的表现方法,如写意的布景、框式舞台的突破、演员下剧场与公开检场,歌队上舞台等,都是使人觉察到中国戏曲美学的再现。20 世纪欧美剧坛出现了日益朝着高度写意的东方戏剧靠拢的趋势。

美国于 1783 年正式独立建国,当时美国与中国一样,基本上是孤立于世界的,美国公众对中国的道听途说都是来自欧洲人的

著作。19世纪30年代美国传教士来到中国,学习汉语,了解中国政治法律、文学历史、风土人情。传教士卫三畏的《中国总论》是美国人写的第一部介绍中国历史文化的学术性著作。此书承认中国文化在异教文化中达到很高地位。

从19世纪中期到20世纪中期的一百年间,中国文化也曾涵养了美国的一些文化流派。无论是19世纪中期美国"超验主义派"及其首领爱默生(1803—1882),还是20世纪初期美国"意象派"诗歌及其倡导者庞德(1885—1972),抑或20世纪上半期的美国戏剧家尤金·奥尼尔(1888—1953)等,都执著于中国文化,如儒家孔孟道德、中国古典诗歌艺术、道家老庄哲学等,他们融化其中的某些成分而丰富自身的文化学说及其表现形式。

爱默生的"超验(灵)论"思想受到了孔孟学说中承认人的神圣性,并看重个人的无限潜力等观念的启示,而每个人之所以具有发展的无限潜力,正是因为人的灵魂是他所说的"超灵"的组成部分。他认为,宇宙间存在一种无所不容,无所不在,扬善抑恶的力量,他称之为上帝或超灵。超灵为人所共有,每个人的思想都存在于超灵中,人以直觉官能同它交融。这一思想贯穿于他的全部著作中。另外,关于天道与人生的关系,爱默生不仅从孔子的阐述中获得自己思想的灵感和佐证,即便在表达思想的方式上也颇受孔子的影响。总之,爱默生的性善论、道德论和人具有神性的观点,与他所受到的孔孟学说的启示是分不开的,他也被称为"乐观主义的歌颂者"。

1912年以后崛起的以意象派诗歌为代表的美国新诗运动,深受中国古典诗歌的启发。其主将庞德公开宣称,中国之于美国诗歌的复兴,正如希腊之于欧洲文艺复兴。意象派是20世纪初由一些英美青年诗人组成的诗派,被认为是英美现代诗歌的发轫。他们反对诗中含混的抒情、陈腐的说教、抽象的感慨,强调诗人应当

使用鲜明的意象来表现诗意。意象派运动的产生,受到法国象征主义的影响,但给予它更大影响的是中国古典诗歌。庞德当时并不能识别汉字。他根据一个研究日本文学的美国东方学家费诺罗萨(1853—1908)死后留下的对汉字逐字注释的笔记进行翻译的。费氏的主要研究领域是日本美学,长期侨居日本,在那里研究了中国古典诗歌。他去世后,1912 年其遗孀遇到庞德,将费氏的笔记手稿托付给他。庞德以此材料翻译出版了《华夏集》(1915)。这本仅包括 19 首李白和王维等人短诗译文的小册子引起了英美人对中国诗的极大兴趣,在英美诗坛掀起了一阵"中国热",以后几年间在英国和美国出版了好多本汉诗英译本。1921 年由美国女诗人艾米·洛厄尔(1874—1925)与其他人合译的《松花笺》问世,内有英译中国诗 160 多首,并有很长的引言与详尽的注释。意象派诗人之所以喜爱中国诗,原因在于中国诗的写法在许多方面与意象派诗人关于诗歌创作的想法相符合;意象派诗人所追求的艺术特征,他们在中国古典诗中可以找到。这些中国诗篇以成功的范例给了他们启示。诗人们竞相仿效中国诗的风格进行创作,在意象的处理,如全意象、意象并置、意象叠加方面,在诗的简练与含蓄方面,他们都向中国古典诗歌取法,进而在选材与意境上向中国诗学习,并有所创造。正是由于中国诗歌新血液的注入,英美诗歌得到了新生。

与爱默生醉心于包括孔子学说的东方思想有别,诺贝尔文学奖得主,美国剧作家尤金·奥尼尔(1888—1953)是循着道家思想进入中国文化的。本世纪 20 年代初期,奥尼尔开始研究东方思想。当时他有着双重目的:一是迫切需要搜集剧本《泉》和《马可百万》的背景材料;更深一层的愿望则是探讨足以阐明他自己对现实的神秘的直觉在理智上和精神上的体系。道家思想一再出现在他的剧本中,他承受着道家关于阴阳两极思想观点的影响。在他的

许多剧本中,"阴"与"阳"两极对立与统一表现在场景的设置中、人物的塑造中以及思想的冲突中。剧本《马可百万》许多场景都设置在中世纪的中国,而以马可·波罗为主角,忽必烈汗和他的孙女、阔阔真公主为主要配角。剧本提出了东方智慧和西方的贪婪之间水火不容的矛盾。马可和公主之间的关系体现了东、西方之间所代表的两极冲突,尽管这阴(东方,公主)和阳(西方,马可)两者显然是对立的、冲突的,但奥尼尔思想中的神秘主义又促使他力求探讨这两者之间的协调与统一。正是道家学说对他的这种影响,使他在这方面的探索如愿以偿。1938 年,在美国加利福尼亚,奥尼尔造了一座住宅,用汉字铸上"大道别墅"。他深为东方思想特别是老子的道家学说所吸引,从而使老子的哲学思想成为他写作的源泉,也使他对东方和西方从哲学到文学的交融、交流做出了卓越的贡献。

综上所述,中国文化对外国产生了广泛而深刻的影响。历史上随着世界对中国文化价值认识的逐步觉醒,外国在借鉴和研究中国文化方面取得了不少富有成效的成果,这充分体现了中国文化所具有的世界历史性意义。

(葛桂录)

第九章 文学与文化交流

参 考 书 目

乐黛云:《比较文学简明教程》,北京大学出版社 2003 年版。

叶绪民等:《比较文学理论与实践》,武汉大学出版社 2004 年版。

黄燕尤:《在比较文学视野里——中外文学研究与阐释》,宁夏人民出版社 2005 年版。

李光羽:《科学进化论的奠基人达尔文》,商务印书馆 1981 年版。

鲁迅:《中国小说史略》,人民文学出版社 2006 年版。

福斯特著,陈炳文译:《小说面面观》,花城出版社 1984 年版。

刘再复:《性格组合论》,安徽文艺出版社 1999 年版。

刘介民:《类同研究的再发现:徐志摩在中西文化之间》,中国社会科学出版社 2003 年版。

勃兰兑斯著,徐式谷、江枫、张自谋译:《十九世纪文学主流》,人民文学出版社 1984 年版。

李万钧:《中西文学类型比较史》,海峡文艺出版社 1995 年版。

曹禺:《曹禺选集》,人民文学出版社 2002 年版。

文美惠、胡湛珍:《外国名剧故事》,中国戏剧出版社 1987 年版。

蓝棣之:《新月派诗选》,人民文学出版社 1989 年版。

S·C·圣笈多著,董红钧译:《泰戈尔评传》,湖南人民出版社1984年版。

冰心:《冰心全集》,海峡文艺出版社1994年版。

李然:《外国文化名人自画像》,中央编译出版社1996年版。

张英伦、吕同六等:《外国名作家传》,中国社会科学出版社1979年版。

利奇温著,朱杰勤译:《十八世纪中国与欧洲文化的接触》,商务印书馆1962年版。

李述一等:《文化的冲突与抉择——中国的图景》,人民出版社1987年版。

陆坚、王勇:《中国典籍在日本的流传与影响》,杭州大学出版社1990年版。

吴元迈等:《外国文学史话》,吉林人民出版社2001年版。

陈子善:《想飞:徐志摩散文经典》,上海社会科学院出版社2003年版。

伊丽莎白·朱著,李力、余石屹译:《当代英美诗歌鉴赏指南》,四川人民出版社1987年版。

文聘元:《西方文学的故事》,百花文艺出版社2002年版。

黄杲炘:《恋歌:英美爱情诗萃》,上海译文出版社2002年版。

卢今:《鲁迅短篇小说欣赏》,广西教育出版社1987年版。

谢泉铭、徐如麟:《世界必读短篇小说一百篇》,华夏出版社1988年版。

罗钢:《历史汇流中的抉择:中国现代文艺思想家与西方文学理论》,中国社会科学出版社2000年版。

梁漱溟:《东西文化及其哲学》,商务印书馆2010年版。

葛桂录:《雾外的远音:英国作家与中国文化》,宁夏人民出版社2002年版。

后　记

为中学生写一部比较文学的课外阅读鉴赏著作,这个愿望由来已久。早自20世纪末学界同仁们就已有了这样的看法和愿望,但中学的参考类鉴赏著作往往比大学的要难写的多。毕竟比较文学是一门理论性、跨越性较为突出的学科,具有较强的学术性、抽象性和深奥性,与中学生的知识水平和接受能力具有一定的距离。让中学生走近比较文学,首先须要清楚地告诉青年学生比较文学学科的基本原理,但是,又不能以概念形式直接论述,另外写作过程中还须时时考虑到年轻读者的阅读兴趣和理解能力,所以,要写好这本书,无疑相当于从事一个新的领域的工作。

除了面向中学生外,本书也有意为中学教育工作者的教学提供具有理论意义和学术意义的参考,书中的多数篇目不仅既注重知识的拓展、情趣的培养,同时本书内容基于比较文学学科性质所特有的淡化学科意识和学科边界,促进学科间知识的互补整合,并在思维活动中兼容并包的态度,对于一线文科教师如何实现在教育活动中实现知识的综合与理论的创新也具有重要的借鉴、启发意义。因此我们衷心地祈愿本书能够真正对当代中学的教育教学改革工作有所补益、有所帮助。

本书的研讨、写作、出版历经数年之久,中间遭遇过多种意想

不到的波折,可贵的是我们这个团队始终没有放弃要为年轻的学子们写作一部真正地贴近他们的学习实际和接受能力的比较文学阅读著作的初衷。也正是这个简单而美好的信念和愿望,推动着我们选择了坚持,而非放弃。

为了本书的著述与出版,北京师范大学的陈惇教授、潍坊学院的刘献彪教授、上海师范大学的孙景尧教授等都对本书倾予了极为热切的关心与支持。另外撰稿期间,北方民族大学的黄燕尤教授、福建师范大学的葛桂录教授不仅在学术问题上严格把关,而且也特邀尹建民、王福和、赵峻、任海林、黄孝萍、张晋军、胡亚瑜、张黎敏、雷慧、吴春兰、陈雅谦、李淑婷、王小虎、温玉芳等众多同行与知名学者积极参与到本书的初稿撰稿过程中来,尤其是赵峻老师、张晋军老师在组稿过程中的联络协调、热心张罗,为书稿的最后形成作出了很大的贡献。另外浙江工业大学的王福和教授身为比较文学界的知名学者,为了支持我们的工作,曾不辞辛苦于百忙之中为本书写了多篇稿子,虽然由于本书整体立意的特殊性,最后只选用了一篇,遗憾之余,让我们感受更深的却是这位优秀学者对比较文学事业不计回报的投入和奉献。上述各位老师为本书的出版所给予的热情支持和帮助将永远铭记在我们团队每个人的心中,也犹如温润的沃土永远滋润着本书所代表的比较文学普及精神的成长和传播。谨对这些可敬的老师、同行和朋友们表示崇高的敬礼与衷心的感谢!

我们这本小小的阅读书籍,是国内第一本写给中学生的比较文学读物,在我们仅是一种尝试。由于经验和学术水平有限,书中的错误和不足一定很多,恳请学界前辈和青年学者给予批评指导,使我们能得以不断的完善。

李红梅

2014 年 4 月 10 日

后记

图书在版编目(CIP)数据

比较文学视野里的中外名篇／李红梅,黄尤燕,葛桂录著.
—济南:齐鲁书社,2014.9
ISBN 978 - 7 - 5333 - 3182 - 5

Ⅰ.①比… Ⅱ.①李… ②黄… ③葛… Ⅲ.①阅读课—
中学—教学参考资料 Ⅳ.①G633.333

中国版本图书馆 CIP 数据核字(2014)第 186832 号

比较文学视野里的中外名篇

李红梅 黄尤燕 葛桂录 著

主管单位	山东出版传媒股份有限公司
出版发行	齊魯書社
社 址	济南市英雄山路 189 号
邮 编	250002
网 址	www.qlss.com.cn
电子邮箱	qilupress@126.com
营销中心	(0531)82098521 82098519
印 刷	日照日报印务中心
开 本	880mm×1230mm 1/32
印 张	11
插 页	2
字 数	276 千
版 次	2014 年 9 月第 1 版
印 次	2014 年 9 月第 1 次印刷
标准书号	ISBN 978 - 7 - 5333 - 3182 - 5
定 价	38.00 元